CMEC

教育部高等学校机械类专业教学指导委员会规划教材

汽车消费心理学

（第2版）

王 莹 主编

清华大学出版社

北京

内 容 简 介

本书将普通心理学和社会心理学应用于汽车市场营销活动领域,详尽阐述了汽车消费者购车行为的心理活动过程和心理状态、汽车消费者的需要和动机、汽车消费者的个性心理和群体心理特征,分析了社会环境因素与汽车消费者心理的关系,以及消费流行、销售环境等因素对消费者购车行为的影响,讨论了汽车营销策略、销售服务等因素与汽车消费者心理的关系,阐述并分析了二手车消费市场的发展以及二手车消费者的购车心理。

本书适合作为汽车营销、汽车服务工程等相关专业的教学用书及汽车行业相关销售人员的学习和参考用书。

图书在版编目(CIP)数据

汽车消费心理学/王莹主编. —2 版. —北京:清华大学出版社,2019(2024.3重印)
(教育部高等学校机械类专业教学指导委员会规划教材)
ISBN 978-7-302-53236-1

Ⅰ. ①汽…　Ⅱ. ①王…　Ⅲ. ①汽车－消费心理学－高等学校－教材　Ⅳ. ①F766 ②F713.55

中国版本图书馆 CIP 数据核字(2019)第 134542 号

责任编辑:许　龙
封面设计:常雪影
责任校对:王淑云
责任印制:沈　露

出版发行:清华大学出版社
　　　　网　　　址:https://www.tup.com.cn,https://www.wqxuetang.com
　　　　地　　　址:北京清华大学学研大厦 A 座　　　　　　邮　　编:100084
　　　　社 总 机:010-83470000　　　　　　　　　　　　邮　　购:010-62786544
　　　　投稿与读者服务:010-62776969,c-service@tup.tsinghua.edu.cn
　　　　质量反馈:010-62772015,zhiliang@tup.tsinghua.edu.cn
印 装 者:三河市龙大印装有限公司
经　　销:全国新华书店
开　　本:185mm×260mm　　印　张:15.75　　　　　　字　　数:380 千字
版　　次:2013 年 9 月第 1 版　2019 年 7 月第 2 版　　印　　次:2024 年 3 月第 5 次印刷
定　　价:48.00 元

产品编号:080531-02

本书第 1 版自 2013 年出版至今，共重印 6 次，说明消费心理学在汽车消费领域的应用和研究得到了越来越多的关注和重视，作者在此衷心感谢全国各地读者的支持！

汽车消费心理学是普通心理学理论指导汽车市场营销和汽车销售实践的一门应用性理论学科，是以探讨汽车消费者消费心理活动特点及其规律的科学，是应用心理学的一个分支。汽车行业作为国民经济的重要支柱产业之一，近年来以迅猛的发展速度备受全世界的关注，2009 年至今，中国已连续十年蝉联全球第一汽车生产国，并成为全球最具活力的汽车市场和汽车生产基地。随着我国社会主义市场经济体制的建立和发展，市场竞争日趋激烈，消费者对商品和服务的要求也与日俱增。成功征服消费者是企业在竞争中制胜的关键，而征服消费者首先要征服消费者的心。因此，研究和把握汽车消费者心理，对汽车企业研发、生产适销对路、满足消费者需求的车型，增强企业的核心竞争力，显得尤为重要。

本书由上海工程技术大学王莹编写，上海工程技术大学王岩松审稿。

为了及时跟踪世界和中国汽车工业的发展步伐，满足广大读者了解汽车领域最新变化的要求，本书作者在保持第 1 版框架基本不变的基础上，根据近期收集的资料，在不同章节中对相关内容进行了更新和添加，尤其是新兴行业的发展对汽车消费领域的影响，以及销售环境的变化对消费者心理的影响等，在第 2 版中都有所增加。

书中既有深入浅出的理论分析，又有具体生动的营销案例，同时为便于学习，每章后有小结，根据章节内容设置了相应的思考题、实训题及案例分析等，集理论性、实用性和操作性于一体。

本书对高等院校的汽车营销、汽车服务工程等相关专业的学生而言是一部实用的专业教材，对从事汽车营销、经营、管理实务的专业人士而言是一部实用的工具书，可作为从事汽车领域相关工作者的参考、阅读用书。

本书在撰写过程中参考和借鉴了国内外相关教材和很多专家学者的研究成果，同时引用了互联网上一些颇具见解的阅读资料，以丰富教材内容，开拓学生视野。在此，向有关作者和专家，以及在本书编撰过程中给予帮助的单位和个人表示衷心的感谢。

由于水平有限，加之时间仓促，书中难免存在疏漏和不足之处，敬请广大读者和有关专家不吝赐教，以便日臻完善。

作者

2018 年 10 月

目　录
CONTENTS

汽车消费心理概述

学习目标：通过本章的学习，掌握汽车消费心理学的基础知识；了解汽车消费的发展历史，明确其在人们工作和生活中的现实意义；掌握汽车消费心理学的研究对象和研究方法，明确汽车消费心理学的研究意义。

关键概念：汽车消费心理（automobile consumer psychology）　研究对象（subject investigated）　研究方法（research approach）　研究意义（research significance）

汽车工业从诞生开始，发展至今已逾百年，中国作为最具活力的汽车市场，也在全世界的瞩目中跃升为全球第一大汽车消费国，越来越多的汽车企业愈加关注消费者的需求变化和心理感受。随着中国经济的持续快速发展，以及人民收入水平的不断提高，越来越多的家庭具备购买私人轿车的能力。

汽车，特别是用于消费的私人轿车保有量的多少，与经济发展、经济活跃程度、国内生产总值、人均国内生产总值的增长，以及道路建设的发展有密切的联系。随着家庭可支出经济收入的增长，汽车消费逐渐成为人们社会经济活动的重要组成部分，也是人们满足自身生产、生活需要的基本行为。作为汽车消费的主体，人们生活在复杂的社会环境中，在消费的过程中会慢慢形成独特的消费习惯，这同每个人的生活环境、价值观是分不开的。研究汽车消费不能脱离对消费活动中人的研究。而决定消费行为除了生存必需外，一个主要因素就是人的消费心理。因此，对汽车消费者在购买、使用汽车这一耐用消费品的过程中，所形成的一系列心理特征和行为表现的研究，构成了汽车消费心理学研究的基本内容。

1.1　中国汽车工业的发展历程及其对汽车消费的影响

1.1.1　中国汽车工业的发展历程

中国汽车工业的发展历程可分为创建、成长、全面发展和高速增长四个阶段。

1. 创建阶段（1949—1965 年）

1953 年 7 月 15 日，一汽在长春动工兴建；1956 年 7 月 13 日国产第一辆解放牌载货汽车驶下总装配生产线，结束了中国不能自己制造汽车的历史。1966 年以前，汽车工业共投资 11 亿元，形成了"一大四小"5 个汽车制造厂，年生产能力近 6 万辆、9 个车型品种。1965年年底，全国民用汽车保有量近 29 万辆，其中国产汽车 17 万辆（一汽累计生产 15 万辆）。

2. 成长阶段（1966—1980 年）

在这个历史阶段，主要是贯彻中央的精神建设三线汽车厂，以中、重型载货汽车和越野汽车为主，同时发展矿用自卸车。在此期间，一汽、南汽、上汽、北汽和济汽 5 个老厂投入技术改造扩大生产能力，并承担包建和支援三线汽车厂的任务；地方发展汽车工业，几乎全部仿制国产车型；改装车生产向多品种、专业化生产，生产厂点近 200 家。1966—1980 年生产各类汽车累计 163.9 万辆。1980 年，生产汽车 22.2 万辆，全国民用汽车保有量 169 万辆，其中载货汽车 148 万辆。

3. 全面发展阶段（1981—1998 年）

在改革开放方针指引下，汽车工业进入全面发展阶段，主要体现为：老产品（如解放、跃进和黄河车型)升级换代,结束30年一贯制的历史;调整商用车产品结构,改变"缺重少轻"的生产格局;建设轿车工业,引进资金和技术,国产轿车形成生产规模;行业管理体制和企业经营机制进行改革,汽车品种、质量和生产能力大幅提高。

4. 高速增长阶段(1999年至今)

在此期间,我国的汽车工业尤其是轿车工业技术进步的步伐大大加快,新车型层出不穷;科技新步伐加快,整车技术特别是环保指标大幅度提高,电动汽车开发初见进展;与国外汽车巨头的生产与营销合作步伐明显加快,引进国外企业的资金、技术和管理的力度不断加深;企业组织结构调整稳步前进。经过十几年的发展演变,如今初步形成了"3+X"的格局,"3"是指一汽、东风、上汽3家企业为骨干,"X"是指广汽、北汽、长安、南汽、哈飞、奇瑞、吉利、昌河、华晨等一批企业。中国汽车工业已经从原来那个各自独立的散、乱、差局面改变成现在的以大集团为主的规模化、集约化的产业新格局。如今中国已成为世界第一大汽车生产国。中国汽车工业已经成为世界汽车工业的重要组成部分。

1.1.2 中国汽车消费的产生和发展

新中国成立后,汽车最初仅限于政府和公务用车。

20世纪70年代末,中国老百姓,一万个人中间也许不会有一个人梦想有一天会开上私家车。当时中国的轿车价格是国际市场的三四倍,大多数工薪族月薪四五十元,不吃不喝攒半辈子钱,也买不起一辆轿车。

百姓拥有轿车,在当时甚至是个禁区。20世纪30年代的上海曾是远东私人轿车保有量最多的城市,有"万国汽车博览会"之称。新中国诞生的前30年里,出于意识形态的考虑,私人轿车作为资本主义的象征,从50年代的限制直到1966年在"文革"中彻底消失。即使公务车,也严格按等级,实行配给。1984年以前,如县团级干部只能乘用国产吉普车。

当时中国的轿车千人保有量不足0.5辆,在全球130个国家和地区中排名最后。

中型卡车一枝独秀,"缺重少轻,轿车几乎是空白",是当时中国的汽车产业结构的写照。国产红旗轿车从1958年投产到1981年停产,23年间一共只生产了1540辆;当时量产的上海牌,年产3000辆,不足国外汽车大厂商一天的产量。由于闭门造车,批量小,国产轿车和国际技术水平差距达二三十年。

20世纪80年代,改革开放初期,公务车的级别限制松动,经济发展和对外交往使国产轿车不符合需求,丰田、皇冠等日本轿车通过合法进口与走私,涌进国门,并于1985年达到顶峰。两三年间,耗用的外汇相当于30年中国汽车工业总投资的两倍多。这一状况引发了全社会巨大反响,造车,还是买车,已经上升到涉及民族自尊心的政治问题,中央决策层开始高度关注。

中国汽车工业强烈要求发展轿车生产,面对当时资金和技术的严重短缺,1982年,邓小平同志批示"轿车可以合资"。1985年前后,北京吉普、上海大众、广州标致三个有尝试性质的合资企业开始建立。其中上海大众,在上海市领导的支持和组织下,坚持严格按照德国大众的认证实现零部件国产化,实现中国轿车制造和零部件体系的高起点。

私人买车,也在这时出现松动,在北京,一些专家教授、演艺界明星或者"有门路"的人,可以通过"特批"，买到国外驻华机构淘汰的"二手车"；通过易货贸易，一批东欧生产的微型轿车也流入中国，私家车以一种灰色的面目在中国崭露头角。

1987年夏天，中央领导在北戴河的一次会议上，正式确定建立中国的轿车生产——"以一汽、二汽两个国有大企业为骨干，以合资的上海大众做补充"。

20世纪90年代初，一汽大众、神龙两个大型合资企业先后上马。形成上海大众、一汽大众、神龙，以及天津夏利、北京吉普、广州标致"三大三小"格局。中国轿车工业以"引进合资"为主的模式开始起步，建立国际工艺和质量标准的轿车生产体系，依靠改革开放迅速缩小着与国际汽车业的差距。

但是，单一公务车消费的模式，造成国家"一个口袋掏钱造车，一个口袋掏钱买车用车"的尴尬局面。20世纪90年代中期，全国社会集团购买力的70%用在公务车的消费上，出现车造得越多，国家财政越不堪重负的尴尬局面。从1989年起，汽车业、经济界、媒体中的一批有识之士开始呼吁打破禁区，鼓励轿车私人化，以此形成从生产到消费的良性循环。

1994年，国务院公布了第一个《汽车工业产业政策》，其中有如下表述："国家鼓励个人购买汽车……任何地方和部门不得用行政和经济手段干预个人购买和使用正当来源的汽车。"虽然没有落实的细则，但是对突破私家车禁区具有重大观念上的意义。

1994年年底，北京国际家庭轿车研讨会在国贸中心召开，全球各大汽车公司送来各自的家庭车型参会。奔驰公司和保时捷公司还专门送来为中国潜在的家庭轿车市场开发的FCC和C88。配合研讨会的车展也在北京引起轰动，从此，中国有了第一批车迷。

1995年以后，我国合资生产了桑塔纳、捷达、富康；引进技术生产了天津夏利、长安奥拓以及易货贸易进口的小型车。私人购买量在北京以及深圳、广州、温州等沿海经济发达城市日益增多。而一部分"先富起来"的人士则成为关税高达220%的天价高档豪华车的买主，拥有劳斯莱斯、法拉利成为他们的财富标签。

在计划经济时代，中国没有汽车市场，卡车作为生产资料，按国家计划直接调拨给用户。20世纪90年代，轿车合资企业先后成立了销售公司，开始建立经销商网络。

北京最初的轿车销售，大多是经销商在二环、三环高架路下面租一块场地卖车，被人们称为"大桥下面"时期；1997年前后，北京亚运村汽车交易市场等大卖场式的销售模式声名鹊起。

1998年前后，上海通用和广州本田成立，在同步引进国际先进制造技术的同时，开始学习国外先进的市场整合营销模式。广州本田、上海通用、一汽大众、奥迪先后建立起集销售、维修、零部件、信息为一体的4S品牌专卖店。买车人第一次尝到做"上帝"的滋味，轿车的消费过程开始得到日益良好的服务和有力的保障。

2001年12月11日，中国正式加入世界贸易组织。3天后，面向百姓消费的小型轿车天津夏利宣布大幅度降价。同月，以3万元价格为主打的自主品牌吉利在千辛万苦之后，终于拿到了轿车的"准生证"。这一年，上海通用的"十万元家轿"赛欧问世。

进入21世纪，两股巨大潮流把中国老百姓的轿车梦带进现实。

一是"鼓励汽车私人消费"的方针首次写进党中央对"十五"计划的决议，至此，历时近50年的公务车一统天下的格局被打破。

二是我国入世迎来了全球化冲击。日本、美国、欧洲、韩国等主要汽车厂商悉数进入中国。全球汽车市场成熟的观念、规则、流程、资本急风暴雨般冲刷着中国汽车业深厚的计划经济烙印。中国汽车业"全军覆没"的预言成为泡影,逐步适应并融入全球化市场,开始成为这一平台上最活跃的角逐者。

中国老百姓被压抑多年的轿车需求急剧释放,表现出一种势如破竹的市场原动力。国产轿车市场出现了"井喷"式增长,从 2001 年的 82 万辆,增加到 2018 年的 1117 万辆,增幅最高的年份超过 50%。2009 年至今,中国汽车市场已经连续十年成为全球第一位的汽车生产和消费大国。中国轿车业也从引进合资走向自主创新阶段,吉利、华晨、奇瑞、上汽、长城、比亚迪等自主品牌,近年来依靠研发物美价廉的百姓车型在国内市场的竞争中站住脚;上海大众、一汽大众、广州本田等合资企业成功推出本土开发的车型。与此同时,国家也在积极鼓励和倡导节能环保安全车型的研发,新能源汽车市场快速发展。

轿车的生产、消费过程给国民经济创造了巨额的税费和财富,轿车业的波及效益也给上下游相关产业带来众多的发展机遇和就业岗位。

随着中国汽车工业的发展和崛起,私家车逐渐走进人们的生活,越来越多的寻常百姓把轿车当作自己的生活、出行、谋生的现代化工具。自 20 世纪 80 年代开始中国出现私人汽车,到 2003 年社会保有量达到 1219 万辆,私人汽车突破千万辆用了近 20 年,而突破 2000 万辆仅仅用了 3 年时间。据统计,2010—2018 年中国私人汽车保有量从 6539 万辆增长到了 20730 万辆,每年均以 10% 以上的幅度在增长(见图 1-1)。由此可见中国汽车消费市场的强劲需求和市场活力。

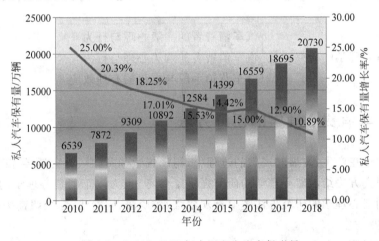

图 1-1　2010—2018 年中国私人汽车保有量

1.2　汽车消费心理学的基础知识

汽车消费者心理的反应是能动的反应。汽车消费者的心理活动支配着其行为活动——购车决策和行为。因此,通过观察和分析汽车消费者的行为活动可以深入分析其内心所想、所感,分析不同的汽车消费群体的心理特征和规律,从而掌握汽车消费者的需求和动机,为提升企业的营销效果创造有利条件。

1.2.1　汽车消费心理学的含义

心理学一词来源于希腊文，意思是关于灵魂的科学。直到 19 世纪初，德国哲学家、教育学家赫尔巴特才首次提出心理学是一门科学。科学的心理学不仅对心理现象进行描述，更重要的是对心理现象进行说明，以揭示其发生、发展的规律。心理学是研究人的心理现象的发生、发展及其规律的科学，即研究心理过程和个性心理规律的科学。

汽车消费心理学是在应用心理学的基础上，针对汽车行业，以汽车消费者（现实消费者和潜在消费者）为研究对象，对其在购车过程中所表现出来的心理过程和行为加以研究，从而得出适用普通汽车消费者的、一般性的规律，继而运用这些规律，更好地服务于汽车消费的生产和实践。

1.2.2　汽车消费心理学的研究对象

汽车消费心理学是研究汽车消费活动中消费者心理与行为发生、发展及规律的科学。即汽车消费心理学以汽车消费者购车过程中的一般心理现象和行为作为主要的研究对象。具体来讲，汽车消费心理学是研究汽车消费者一般的心理与行为、汽车消费者的个性心理、汽车消费者的群体心理与行为特征、营销手段和媒介的心理效应的一门综合性应用管理科学。

$$汽车消费心理学的研究对象\begin{cases}汽车消费者的一般心理与行为\\汽车消费者的购买心理与行为\\汽车营销手段与方法的心理效应\end{cases}$$

1.2.3　汽车消费心理学的研究方法

消费心理学在产生、发展和成熟的过程中，与广告学、心理学、社会学、经济学密切相关，这些学科的研究方法给消费心理学的研究提供了参考，也为汽车消费心理学的研究奠定了基础。汽车消费心理学的研究方法主要有观察法、访谈法、问卷法、综合调查法和实验法等。

1）观察法

观察法是指调查者在自然条件下有目的、有计划地观察消费者的语言、行为、表情等，分析其内在的原因，进而发现消费者心理想象的规律的研究方法。观察法是科学研究中最一般、最方便使用的研究方法，也是心理学的一种最基本的研究方法。

2）访谈法

访谈法是调查者通过与受访者的交谈，以口头信息传递和沟通的方式来了解消费者的动机、态度、个性和价值观念等内容的一种研究方法。

3）问卷法

问卷法是以请被调查的消费者书面回答问题的方式进行的调查，也可以变通为根据预先编制的调查表请消费者口头回答、由调查者记录的方式。问卷法是消费者心理和行为研究的最常用的方法之一。

4）综合调查法

综合调查法是指在市场营销活动中采取多种手段取得有关材料，从而间接地了解消费者的心理状态、活动特点和一般规律的调查方法。

5）实验法

实验法是一种在严格控制的条件下有目的地对应试者给予一定的刺激，从而引发应试者的某种反应，进而加以研究，找出有关心理活动规律的调查方法。

1.2.4 汽车消费心理学的研究意义

随着社会主义市场经济体制的逐步确立，我国汽车消费品市场的迅速发展，以汽车消费者为主体的"买方市场"格局逐步形成。与此同时，汽车消费者的消费水平、结构、观念和方式也都发生了一系列变化，消费的主体意识和成熟程度逐渐提高。在这一背景下，无论是理论界还是工商企业，都对汽车消费给予了前所未有的关注，纷纷开展了对汽车消费者的购车态度、家庭收入、学历、职业、喜好、消费趋势等信息的调查，及时跟踪分析我国汽车消费者心理和行为的变化动态。相关企业也将消费者的态度、行为趋势等作为制定企业未来战略规划和发展的重要依据，甚至将汽车消费者心理与行为研究的有关理论应用到市场营销的实际活动中，用以指导和改进产品设计、广告宣传和营销服务等。

1. 有利于企业根据汽车消费者的需求变化组织生产经营活动，提高市场营销活动的效果，增强企业的市场竞争力

从企业角度来分析，研究汽车消费心理学有利于企业切实树立"消费者是上帝"的理念，科学开展企业营销活动，高效地进行营销决策。

市场的主体和核心是消费者，消费者是决定企业生存和发展的命脉。汽车企业的一切活动的开展都要以消费者为中心，脱离了这一主题，企业就会失去生命力和竞争力。企业必须研究汽车消费者心理，满足其需求，洞察其需求的变化和趋势。随着经济的发展和人们收入水平的提高，消费者的需求日趋复杂多样，这不仅要求企业能够提供各种品质优良、数量充足的商品供应，同时还要提供完善的服务；不仅要满足消费者物质的需要，还要满足其心理、情感的需要。另外，随着市场经济的迅速发展，所有汽车企业都处于市场竞争的激流之中，而市场供求状况的改善和汽车买方市场的形成，使汽车企业间竞争的焦点集中在争夺消费者上。因此，汽车企业为了在激烈的市场竞争中寻求生存和发展，必须千方百计地开拓市场，借助各种营销手段赢得消费者，满足消费者多样化的需求，从而不断巩固和扩大市场份额。

汽车企业要想提升营销效果，使其最大化，必须加强对消费者心理的研究，了解和掌握汽车消费者的购车心理与购车行为的特点及规律，从而有利于制定科学高效的营销战略和销售策略。在企业的实际运营管理过程中，只有根据汽车消费者心理活动的特点与规律制定和调整营销策略，才能不断满足消费者需求的动态变化，使企业具备较高的市场应变能力和竞争实力。

2. 有利于汽车企业提高服务质量和水平

汽车消费者购车选择的要素，除了注重汽车本身的品质之外，销售人员的服务水平、专业素养、销售服务人员的仪态仪表、言行举止都会影响消费者的购车决策。因此，营销人员只有认真研究和掌握消费者的购车心理活动及其变化规律，针对不同的顾客采取不同的应对方式，使消费者高兴而来，满意而归。这样，不仅可以提高顾客满意度，同时还为企业树立良好的形象、提高知名度和美誉度创造有利条件。

3. 有利于汽车消费者提高自身素质，科学消费

汽车消费者的消费活动不仅受社会经济发展水平、市场供求状况及企业营销活动的影响，还更多地取决于汽车消费者自身的决策水平和行为方式，而消费决策水平和消费方式又与汽车消费者自身的心理素质有直接的内在联系。因此，加强汽车消费者心理与行为的研究是十分必要的。它使汽车消费者能更好地了解认识自身的心理过程和个性，以及现代汽车消费者应该具备的知识和能力等素质条件，掌握科学进行决策的方法和程序，学会从庞杂的信息中筛选有用成分的能力，懂得如何更科学地确立消费观念和消费方式。比如：在形形色色的商品和促销方式中，如果汽车消费者具备一定的知识和素质，就能够辨别真伪，远离骗局。

在纷繁复杂的现代社会，由于汽车消费者的商品知识不足、认识水平偏差、信息筛选能力参差不齐等原因，造成决策失误、行动盲目、利益受损的现象随处可见，一方面需要汽车消费者提高自身素质，另一方面还需要汽车企业进行正确的引导，帮助消费者树立健康、文明、科学的汽车消费观和消费方式。因此，研究汽车消费心理学有利于消费者更好地认识和保护自己，科学消费。

4. 有利于国家制定宏观的经济政策和法律，增强我国的国际竞争力

在社会主义市场经济条件下，市场作为经济运行的中枢，是国民经济发展状况的晴雨表。而处于买方地位的消费者，对市场的稳定运行进而对国民经济的协调发展具有举足轻重的作用。消费者心理与行为的变化会直接引起市场供求状况的改变，从而对整个国民经济产生连锁式影响，不仅影响市场商品流通和货币流通的规模、速度及储备状况，而且对生产规模、生产周期、产品结构、产业结构以及劳动就业、交通运输、对外贸易、财政金融、旅游乃至社会安定等各方面造成影响。重视和顺应消费心理制定的各种相应政策和法律就能为广大消费者接受和支持，各种调控措施也能达到预期效果；相反，忽视或违背消费者的心理趋势，则有可能引起决策失误，导致宏观调控无力，甚至失灵。

随着社会主义市场经济的发展和世界经济全球化、一体化趋势的加强，特别是加入WTO之后，中国将进一步打开国门，更多地参与到国际经济活动中，并加入到国与国之间的竞争行列。研究和了解其他国家、地区、民族的消费者在消费需求、习惯、偏好、禁忌以及道德观念、文化传统、风土人情等方面的特点和差异，对汽车企业尤其是我国自主品牌打入和占领国际市场，把握世界消费潮流动向及变化趋势创造了有利条件。在此基础上确定国际市场营销策略，使自主品牌汽车在品质、性能、款式、包装、价格，以及广告宣传等方面更符合销往国特定消费者的心理特点，从而为自主品牌汽车的国际化竞争提供

有力保障,对我国进一步开拓国际市场、增强企业及自主品牌汽车的国际竞争力具有十分重要的现实意义。

本 章 小 结

汽车消费是人类社会经济活动的重要组成部分,也是人们满足自身生产、生活需要的基本行为。汽车消费者的心理活动是消费者在购买、使用及消耗汽车这一耐用消费品的过程中反映出的心理态势,而在社会范围内消费者千万次的购买、使用和消费行为的总和,就构成了汽车消费者心理活动和社会总体消费行为。从企业角度来分析,研究汽车消费心理学有利于企业根据汽车消费者的需求变化组织生产经营活动,提高市场营销活动的效果,增强企业的市场竞争力;有利于汽车企业提高服务质量和水平。从消费者的角度来分析,研究汽车消费心理学有利于消费者更好地认识和保护自己,提高自身素质,科学消费。从社会角度来分析,研究消费心理学有利于国家制定宏观的经济政策和法律,增强我国的国际竞争力。

思 考 题

1. 消费心理学的含义及研究对象是什么?
2. 消费心理学的研究内容是什么?
3. 消费心理学的研究方法主要有哪些?
4. 以汽车为例,说明研究消费心理学的现实意义。

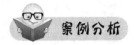 案例分析

乔·吉拉德的故事

乔·吉拉德在15年的时间内卖出了13 001辆汽车,并创下了一年卖出1425辆、平均每天4辆的记录,被人们誉为世界上最伟大的推销员。你想知道他推销成功的秘诀吗? 以下是对乔·吉拉德故事的介绍,可供参考!

记得曾经有一次一位中年妇女走进我的展销厅,说她想在这儿看看车打发一会儿时间。闲谈中,她告诉我她想买一辆白色的福特车,就像她表姐开的那辆,但对面福特车行的营销人员让她过一个小时后再去,所以她就来这儿看看。她还说这是她送给自己的生日礼物:"今天是我55岁生日。"

"生日快乐! 夫人。"我一边说,一边请她进来随便看看,接着出去交代了一下,然后回来对她说:"夫人,您喜欢白色车,既然您现在有时间,我给您介绍一下我们的双门式轿车——也是白色的。"

我们正谈着,女秘书走了进来,递给我一打玫瑰花。我把花送给那位妇女:"祝您长寿!

尊敬的夫人。"

显然她很受感动，眼眶都湿了。"已经很久没人给我送礼物了。"她说，"刚才那位福特营销人员一定是看我开了辆旧车，以为我买不起新车，我刚要看车他却说要去收一笔款，于是我就上这儿来等他。其实我只是想要一辆白色车而已，只不过表姐的车是福特，所以我也想买福特。现在想想，不买福特也一样。"

最后她在我这儿买了一辆雪佛兰，并开了一张全额支票，其实从头到尾我的言语中都没有劝她放弃福特而买雪佛兰的词句。只是因为她在这里感觉受到了重视，于是放弃了原来的打算，转而选择了我的营销产品。

试分析：

1. 乔·吉拉德的故事对你有何启发？
2. 如何在销售过程中运用消费心理学？

汽车消费者的心理活动过程

导入案例：一汽奔腾——"让爱回家"

2011年春节前夕，一汽奔腾"让爱回家"第一季视频感动了无数中国人。自2011年起，连续多年围绕春节展开的"让爱回家"的主题营销，通过每一次都赋予"让爱回家"不同的主题和新的含义，让春节期间在外的游子备受感动，通过传递关爱与温暖，树立了奔腾有温度，向为爱奋斗的平凡人致敬的品牌形象。2017年，在北京举行的"2017汽车视频营销大奖"的颁奖仪式上，一汽奔腾凭借"让爱回家"系列微视频将"最受网友欢迎广告奖"收入囊中。

消费者的认识过程、情感过程和意志过程是消费者心理过程的三个方面。对此进行研究，有助于企业掌握消费者的共性心理规律，从总体上认识和研究消费者的心理。能够激发出消费者内心柔软情感共振的营销，可以帮助汽车品牌赋予不一样的情感附加价值。

阅读并思考：

➢ 一汽奔腾成功的原因何在？

➢ 试述此案例给你的启示。

学习目标：通过本章的学习，掌握感觉与知觉、记忆与注意、想象与思维等基本概念的含义及作用；了解汽车消费者心理活动的认识过程、情感过程和意志过程的内容和三者之间关系；掌握消费者心理活动的特征与消费者行为的关系。

关键概念：心理活动（mental activity）　认识过程（cognitive process）　情感过程（emotional process）　意志过程（will process）

2.1　汽车消费者心理活动的认识过程

置身于纷繁复杂的商品世界中，各种各样、形形色色的商品、服务、广告等每时每刻都在刺激着消费者，向他们传递着各种消费信息。汽车消费者通过大脑对外部信息加以接收、整理、加工、储存，从而形成对汽车及相关服务的认知，这一过程就是汽车消费者心理活动的认识过程。认识过程是汽车消费者心理过程的起点和第一阶段，也是汽车消费者购车行为的主要心理基础。各种消费心理与购车行为现象，诸如购车动机的产生、购车态度的形成、购车过程中的比较选择等,都是以对汽车及相关服务的认识过程为先导的。可以说,离开认识过程就不会产生汽车消费行为。

2.1.1　汽车消费者的感性认识阶段（认识形成阶段）

认识过程不是单一的、瞬时的心理活动。汽车消费者对汽车及相关服务的认识,通常经过由现象到本质、由简单到复杂的一系列过程。例如,汽车消费者接收到某品牌汽车的信息后,首先会对车型、外观、造型等表层信息做出直觉反应,产生外部印象;然后集中注意力,进一步观察、了解该品牌汽车的内在质量和性能;最后还要运用已有的知识和经验,对已获得的汽车信息进行综合分析,去粗取精,去伪存真,在此基础上得出对该品牌汽车全面、正确的认识和结论。由此可见,汽车消费者的认识过程是通过一系列心理机能的活动共同完成的。构成认识过程的心理机能包括感觉、知觉、注意、记忆、思维、想象、联想等。

【案例2-1】　有些消费者买车就像找女朋友,看重所谓"第一眼感觉"。在长沙一中学就职的晏先生不久前买了一辆别克凯越。他比较喜欢美系车随意简洁的外形设计,而凯越这一车型就很对他的胃口,第一眼看到就比较喜欢,而别克又是个不错的品牌,他毫不犹豫就买了下来。

【分析】　心理学家认为,所谓的"第一眼感觉"就是人们对事物的初步感性认识,感觉是一种最简单的心理现象,是人脑对客观事物外部特征和外部联系的直觉反映。消费者通过感觉获得的只是对商品属性的表面、个别、孤立的认识。因此,若仅仅依靠感觉对商品做出全面评价和判断,显然是不可靠的。但是,感觉又是认识过程乃至全部心理活动的基础和起点。通过感觉,消费者才能取得进一步认识商品的必要材料,形成知觉、记忆、思维、想象等较复杂的心理活动,从而获得对商品属性全面正确的认识。也正是以感觉为基础,消费者才能在认识商品的过程中产生各种情感变化,确认购买目标,做出购买决策;反之,离开对消费对象的感觉,一切高级的心理活动都无从实现,消费者将失去与客观环境的联系,消费行为也无从谈起。因此,从一定意义上说,感觉是消费者一切知识和经验的基础。

一款车或者是其外观,或者是其整体风格能够引起一个人的认同和舒适感,再加上足够的品牌质量系数,让晏先生第一眼就喜欢上了,这款车的各个方面都符合他潜意识中的模型,"移情别恋"的可能性就很小了。

1. 汽车消费者的感觉

汽车消费者对汽车的认识过程是从感觉开始的。感觉是人脑对直接作用于感觉器官的客观事物个别属性的反映。在汽车消费活动中,当消费者与汽车发生接触时,会借助眼、耳、鼻等感觉器官感受汽车的物理属性(如颜色、形状、大小、软硬、光滑、粗糙等)和化学属性(如气味等),并通过神经系统传递至大脑,从而引起对汽车的各种感觉,包括视觉、听觉、嗅觉、触觉等。例如,一种新型护肤品,消费者用眼睛看到奶白色的膏体,用鼻子嗅到清新馥郁的香气,用手触摸到膏体的细腻柔滑和滋润感,由此产生对该护肤品的颜色、香型、状态、质地等方面的感觉。

作为认识过程的心理机能之一,感觉有其特殊的表现形态和作用方式,具体包括感受性和感觉阈限、感觉适应、联觉等。

(1)感受性:是指感觉器官对刺激物的主观感受能力。它是消费者对商品、广告、价格等消费刺激有无感觉以及感觉强弱的重要标志。感受性通常用感觉阈限的大小来度量。

(2)感觉阈限:是指能引起某种感觉持续一定时间的刺激量,如一定强度和时间的光亮、色彩、声音等。消费者感受性的大小主要取决于消费刺激物感觉阈限值的高低。一般来说,感觉阈限值越低,感受性就越大;感觉阈限值越高,感受性就越小,两者成反比关系。

消费者的每一种感觉都有两种感受性,即绝对感受性和相对感受性。在消费活动中,并不是任何刺激都能引起消费者的感觉。如果要产生感觉,刺激物就必须达到一定的量。那种刚刚能够引起感觉的最小刺激量,称为绝对感觉阈限。对绝对感觉阈限或最小刺激量的觉察能力,就是绝对感受性。绝对感受性是消费者感觉能力的下限。凡是没有达到绝对感觉阈限值的刺激物,都不能引起感觉。例如,电视广告的持续时间若少于3秒,就不会引起消费者的视觉感受。因此,要使消费者形成对商品的感觉,就必须了解他们对各种消费刺激的绝对感受性和绝对感觉阈限值,并使刺激物达到足够的量。

在刺激物引起感觉之后,如果刺激的数量发生变化,但变化极其微小,则不易被消费者察觉。只有增加到一定程度时,才能引起人们新的感觉。例如,一种商品的价格上涨或下降1%~2%时,消费者可能毫无察觉;但是,如果调幅达10%以上,则会立刻引起消费者的警觉。这种刚刚能够觉察的刺激物的最小差别量,称为差别感觉阈限,而人们感觉最小差别量的能力即差别感受性。差别感觉阈限与原有刺激量的比值为常数,与差别感受性成反比。即原有刺激量越大,差别阈限值越高,差别感受性则越小;反之则相反。这一规律清楚地解释了一个带有普遍性的消费心理现象,即各种商品因效用、价格等特性不同而有不同的差别阈限值,消费者也对其有不同的差别感受性。例如,一台彩电的价格上调三五元乃至十几元,往往不被消费者所注意;而如果一袋豆浆提价0.50元或1元,消费者就会十分敏感。了解消费者对不同商品质量、数量、价格等方面的差别感受性,对合理调节消费刺激量、促进商品销售具有重要作用。

(3)感觉适应:消费者的感受性会受到时间因素的影响。随着刺激物持续作用时间的延长,消费者因接触过度而造成感受性逐渐下降,这种现象叫作感觉适应,而适应是一种普遍的感觉现象。在消费实践中,人们连续品尝十几种糖果之后,对甜味的味觉会变得迟钝;接连观看同一新款服装,会丧失新奇感。显然,感觉适应对增强刺激效应、不断激发消费者的购买欲望是不利的。要改变这一现象,使消费者保持对消费刺激较强的感受性,就要调整消费刺激的作用时间,经常变换刺激物的表现形式。例如,采用间隔时间播放同一内容的广告,以及不断变换商品的包装、款式和色调等。

(4)联觉:人体各感觉器官的感受性不是彼此隔绝的,而是相互影响、相互作用的,即一种感觉器官接受刺激产生感觉后,还会对其他感觉器官的感受性产生影响,这种现象就是联觉。消费者在同时接受多种消费刺激时,经常会出现由感觉间相互作用引起的联觉现象。例如,在优雅柔和的音乐声中挑选商品,对色泽的感受力会明显提高;进餐时,赏心悦目的菜肴会使人的味觉感受增强。除了不同感觉器官之间的联觉外,同一感觉器官内不同部分的感受性也会产生联觉现象。联觉对消费者行为有直接影响。热带国家某快餐店的墙壁原为淡蓝色,给人以凉爽宁静的感觉,顾客浅斟慢酌、流连忘返,影响了餐桌周转率。后来,店主将墙壁刷成橘红色，顾客进店后感到燥热不安，吃完饭立刻离去，从此，餐桌周转率明显提高。可见，巧妙运用联觉原理，可以有效地对消费者行为进行调节和引导。英国一家公司根据人的嗅觉位于大脑的情感中心，气味可以通过情感中心的直接通道对人的态度和行为产生强烈影响的原理，专门为商店提供可以给人带来宁静感的气味，以便诱使顾客延长停留时间，产生购买欲望。

2. 汽车消费者的知觉

在认识过程中，汽车消费者不仅借助感觉器官对汽车的个别属性进行感受，而且能将各个个别属性联系、综合起来，进行整体反映。这种人脑对直接作用于感觉器官的客观事物个别属性的整体反映，就是知觉。

知觉与感觉既紧密联系，又相互区别。知觉必须以感觉为基础，因为任何客观事物都是由若干个别属性组成的综合体，事物的整体与其个别属性是不可分割的。消费者只有感觉到商品的颜色、形状、气味、重量等各方面属性，才有可能形成对该商品的整体知觉。感觉到的个别属性越充分、越丰富，对商品的知觉就越完整、越正确。但是，知觉不是感觉在数量上的简单相加，它所反映的是事物个别属性之间的相互联系，是建立在各个个别属性内在联系基础上的事物的完整映像。此外，知觉是在知识经验的参与下，对感觉到的信息加以加工解释的过程。没有必要的知识经验，就不可能对客观事物的整体形象形成知觉。因此，知觉是比感觉更为复杂深入的心理活动，是心理活动的较高阶段。

在现实当中，汽车消费者通常以知觉的形式直接反映汽车等消费对象，而不是孤立地感觉它们的某个属性。例如，映像在人们头脑中的是汽车、轮毂，而不是红色、圆形或黑色、长方形。因此，与感觉相比，知觉对消费者的影响更直接、更重要。知觉的形成与否决定汽车消费者对汽车信息的理解和接受程度；知觉的正误偏差制约着消费者对商品的选择比较；经知觉形成的对汽车的认知，是消费者购车行为发生的前提条件。

知觉是消费者对消费对象的主动反应过程。这一过程受到消费对象的特征和个人主观因素的影响，从而表现出某些独有的活动特性，具体表现在选择性、理解性、整体性、恒常性等方面。

现代汽车消费者置身于商品信息的包围之中，随时受到各种消费刺激。但是，汽车消费者并非对所有刺激都做出反应，而是有选择地把其中一部分刺激作为信息加以接收、加工和理解，这种在感觉基础上有选择地加工、处理信息并加以知觉的特性，就是知觉的选择性。

引起汽车消费者知觉选择的原因，首先源于感觉阈限和人脑信息加工能力的限制。凡是低于绝对感觉阈限和差别感觉阈限的较弱小的消费刺激，均不被感觉器官所感受，因而也不能成为知觉的选择对象。只有达到足够强度的刺激，才能被消费者所感知。而受人脑信息加工能力的限制，消费者不能在同一时间内对所有感觉到的信息进行加工，只能对其中一部分加以综合解释，形成知觉。有研究表明，平均每天潜在地显现在消费者眼前的广告信息达1500项，但被感知的广告只有75项，产生实际效果的只有12项。因此，消费对象如果具有某些特殊性质或特征，如形体高大、刺激强度高、对比强烈、重复运动、新奇独特、与背景反差明显等，往往容易首先引起消费者的知觉选择，见图2-1。

汽车消费者自身的需要、欲望、态度、偏好、价值观念、情绪、个性等，对知觉选择也有直接影响。凡是符合消费者需要、欲望的刺激物，往往会成为首先选择的知觉对象，而与需要无关的事物则经常被忽略。当消费者对某种商品抱有明显好感时,很容易在众多商品中对其迅速感知;反之,对不喜欢甚至持否定态度的商品,则感知速度缓慢。从情绪状态看,一般在欢乐的心境下,人们对消费刺激的反应灵敏,感知深刻;心情苦闷时,则可能对周围的事物"听而不闻,视而不见"。价值观念的差异使消费者对同一商品表现出不同的知觉反应:注重物质享受的人对奢侈品、消遣品的感知深刻,崇尚节俭、勤奋的人对此可能印象模糊;就个性而言,独立型、性格坚定的人通常对事物的知觉深刻、选择明确,而顺从型、性感懦弱的人对事物的知觉模糊,容易盲从。

你看到的是一个花瓶还是两个人像

图 2-1 双面花瓶

防御心理也潜在地支配着消费者对商品信息的知觉选择。趋利避害是人的本能。当某种带有伤害性或于己不利的刺激出现时,消费者会本能地采取防御姿态,关闭感官通道,拒绝信息输入。

知觉是在知识和经验的参与下形成的。消费者在以往的生活实践中积累了一定的商品知识和经验,只有借助这些知识和经验,消费者才能对各种感觉到的信息加以选择和解释,认知为可以理解的确定的事物。知识和经验在知觉理解中的作用主要通过概念和词语来实现。概念和词语是知觉对象的标志,如电视机、音响、汽车、软饮料等。人们借助于各种概念和词语的命名,把商品的个别属性联合成为整体。相反,如果缺乏必要的知识和经验及相应的概念、词语,消费者就不能形成对商品的正确知觉。例如,20 世纪 70 年代以前,我国大多数消费者从未接触乃至耳闻过冰箱、彩电、洗衣机、音响等高档家用电器,因此,即使面对这些商品,也很难做出准确判断。消费实践和知识、经验水平的不同,造成了消费者之间在知觉理解能力和程度上的差异。知识、经验的不足,将直接导致消费者对商品的知觉迟缓和肤浅。

心理学研究表明,尽管知觉对象由许多个别属性组成,但是,人们并不把对象感知为若干个相互独立的部分,而是趋向于把它知觉为一个统一的整体。在认知商品的过程中,消费者经常根据消费对象各个部分的组合方式进行整体性知觉。之所以如此,是由于通过整体知觉可以加快认知过程,同时获得完成、圆满、稳定的心理感受。

这一特性的具体表现形式有:

(1)接近性——在空间位置上相互接近的刺激物容易被视为一个整体;

(2)相似性——刺激物在形状和性质上相似,容易被当作一个整体感知;

(3)闭锁性——当刺激物的各个部分共同包围一个空间时,容易引起人们的整体知觉;

(4)连续性——当刺激物在空间和时间上具有连续性时,容易被人们感知为一个整体。

除了根据消费对象各部分的组合方式进行整体认知以外,知觉的整体性还表现在对消费对象各种特征的联系与综合上。人们通常把某种商品的商标、价格、质量、款式、包装等因素联系在一起,形成对该商品的整体印象。在评价一家商店时,顾客依据的不是某一单项因素,而是对商品的种类档次、服务质量、购物环境、企业信誉等多种因素加以综合考虑。知觉的整体特性使消费者能够将某种商品与其他商品区别开来；当环境变化时,可以根据消费对象各种特征间的联系加以识别和辨认,从而提高知觉的准确度。

由于知识、经验的参与和整体知觉的作用,人们对客观事物的认知更加全面和深刻。即使知觉的条件发生变化,知觉的映像仍能保持相对不变,即具有恒常性。知觉的这一特性使消费者能够避免外部因素的干扰,在复杂多变的市场环境中保持对某些商品的一贯认知。有些传统商品、名牌商标、老字号商店之所以能长期保有市场份额,而不被众多的新产品、新企业所排挤,其重要原因之一就是消费者已经对它们形成了恒常性知觉,在各种场合和条件下都能准确无误地加以识别,并受惯性驱使连续进行购买。知觉的恒常性可以增加消费者选择商品的安全系数,减少购买风险,但同时也容易导致消费者对传统产品的心理定势,阻碍新产品的推广。

3. 汽车消费者的错觉

知觉的上述特性为消费者正确、全面地感知商品提供了保障。但是,在现实当中,消费者并不总是能够准确无误地认知商品。由于某些因素的作用,人们的知觉经常会偏离事物的本来面目,发生歪曲。知觉歪曲又称错觉。引起错觉的原因是多方面的。消费对象的固有特征,如商品与相关事物的几何图形,就经常引起消费者的视错觉。如宽大的物体因为竖条纹而显得窄小,而窄小的物体又因为横条纹而显得宽大。当知觉与过去的经验相互矛盾时,消费者往往会因固守已有经验而产生错觉。

最容易产生视觉错觉的几何图形如图 2-2 所示。

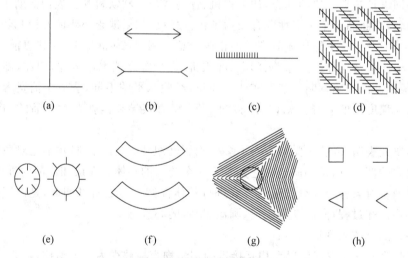

图 2-2　视觉错觉几何图形

(a) 垂直与水平错觉,即运动错觉;(b) 谬勒-莱依尔(Muller-Lyer)错觉;(c) "填充"与"空白"错觉:左半段似乎长于右半段;(d) "平行"与"交叉"错觉:平行线似乎不平行了;(e) 结构错觉:实际上两个圆形相等;(f) 空间错觉:实际上两个空间相等;(g) 背景错觉:由于直线与曲直线的作用,圆形似乎不圆了;(h) 闭合错觉:闭合图形比开口图形显得小

据分析,造成以上错觉的原因可能是大脑皮层的响应部位首先产生较强兴奋,从而引起附近部位的抑制。另外,当感官提供的刺激信号较小时,大脑皮层的感应及综合分析减弱,也会造成人的某些错觉。

　　错觉现象并非绝对无益,在商品经营中巧妙利用消费者的错觉,有时可以取得意想不到的效果。例如,两瓶同样容量的酒,扁平包装会比圆柱形包装显得多一些。又如,狭长形商场若在单侧柜台的对面墙壁装饰镜面,可以通过光线折射使消费者产生商场宽敞、商品陈列丰富的视觉效果。

　　【案例2-2】　日本三叶咖啡店,有一次请了30名消费者喝咖啡。他们先后端出四杯浓度完全相同,而咖啡杯颜色不同的咖啡,请这30人试饮。结果是:当用咖啡色杯子喝时,有三分之二的人评论“咖啡太浓了”;用青色杯子喝时,所有的人异口同声地说:“咖啡太淡了”;当用黄色杯子喝时,大家都说:“这次咖啡浓度正合适,好极了”;而最后端上用红色杯子盛的咖啡时,十人中有九人都认为“太浓了”。

　　根据这一调查结果,三叶咖啡店将杯子一律改用红色。该店借助于颜色,既达到了节约原材料、节省成本的目的,同时又能使大多数顾客感到满意。

　　【分析】　不同的颜色会对人产生不同的感觉刺激,从而对消费者产生心理、生理的影响。三叶咖啡店成功地把握了目标顾客的心理特征,根据消费者的个性特点和感觉的灵敏程度,运用产品颜色、视觉、味觉特征,对消费者的感觉产生积极的刺激作用,以促进消费者的购买欲望。此方法巧用感官的刺激,用得精妙至极。

2.1.2　汽车消费者的理性认识阶段(认识发展阶段)

　　汽车消费者在认识汽车时,首先通过机体的感觉和知觉对刺激物产生直观、表象的反应,在储存刺激信息、进行初步辨认中形成认识的初级阶段,并将由感性认识发展到理性认识,从而形成消费者认识的完整体系。

1. 汽车消费者的注意

　　在复杂的消费活动中,消费者经常需要把感知力、记忆力、思考力等集中在某个特定的消费对象上。这种把心理活动指向并集中于特定对象的状态就是注意。与认识过程的其他心理机能不同,注意不是一个独立的心理活动,而是各个心理机能活动的一种共有状态或特性。这一特性主要体现在指向性和集中性两个方面。

　　注意的指向性表现为心理活动不是同时朝向一切对象,而是有选择、有方向地指向特定的客体;集中性则是指心理活动能在特定的选择和方向上保持并深入下去,同时对一切不相干的因素予以排除。指向性和集中性相互联系,密不可分。正是在这两者的共同作用下,人们才能在感觉、知觉、记忆、思维以及情感、意志等活动中有效地选择少数对象,对其做出深刻、清晰、完整的反应。

　　作为心理活动的一种共同特性,注意在消费者认知商品的过程中具有一系列重要功能。

　　(1) 选择功能。即选择有意义的、符合需要的消费对象加以注意,排除或避开无意义的、不符合需要的外部影响或刺激。面对浩如烟海的商品世界,消费者不可能同时对所有的对象做出反应,只能把心理活动指向和集中于少数商品或信息,将它们置于注意的中心,而使其他商品或信息处于注意的边缘或注意的范围之外。只有这样,消费者才能清晰地感知商品,深刻地记忆有关信息,集中精力进行分析、思考和判断,在此基础上做出正确的购买决策。反之,没有注意,消费者的心理活动就会陷入茫然无绪的状态。

（2）维持功能。即把对选择对象的心理反应保持在一定方向上，并维持到心理活动的终结。由于注意的作用，消费者在对消费对象做出选择后，能够把这种选择贯穿于认知商品、制定决策乃至付诸实施的全过程中，而不致中途改换方向和目标，由此使消费者心理与行为的一致性与连贯性得到保证。

（3）加强功能。即排除干扰，不断促进和提高消费者心理活动的强度与效率。在注意的情况下，消费者可以自动排除无关因素的干扰，克服心理倦怠，对错误和偏差及时进行调节和矫正，从而使心理活动更加准确和高效率地进行。例如，在注意感知时，消费者对商品的感受性会大大增强，产生错觉的可能性则有所降低。

消费者在认知商品的过程中，往往表现出不同的注意倾向。有的漫无目的，有的目标专一；有时主动注意，有时被动注意。根据消费者有无目的以及是否需要意志努力，可以将注意分为无意注意、有意注意、有意后注意三种类型。

（1）无意注意。又称随意注意，指没有预定目的、不加任何意志努力而产生的注意。消费者在无目的地浏览、观光时，经常会在无意中不由自主地对某些消费刺激产生注意。刺激物的强度、对比度、活动性、新异性等，是引起无意注意的主要原因。例如，包装色彩鲜艳的商品、散发诱人香味的食物、形体巨大的广告、与背景反差明显的商品陈列、不停旋转的电动器具、闪烁变换的霓虹灯、造型或功能奇特的新产品等，都会因其本身的独有特征而形成较强的刺激信号，引起消费者的无意注意。此外，消费者的潜在欲望、精神状态等也是形成无意注意的重要诱发条件。

（2）有意注意。又称故意注意，是指有预定目的、需要经过意志努力而产生的注意。在有意注意的情况下，消费者需要在意志的控制之下，主动把注意力集中起来，直接指向特定的消费对象。因此，有意注意通常发生在需求欲望强烈、购买目标明确的场合。例如，急需购买某品牌轿车的消费者，会刻意寻找、搜集有关信息，并在众多的同类商品中，把注意力直接集中于期望的品牌。这期间需要消费者付出意志努力，采取积极主动的态度，克服各种困难和障碍。与无意注意相比，有意注意是一种更高级的注意形态。通过有意注意，消费者可以迅速地感知所需商品，准确地做出分析判断，从而缩短对商品的认知过程，提高购买效率。

（3）有意后注意。又称随意后注意，是指有预定目的但不经意志努力就能维持的注意。它是在有意注意基础上产生的。消费者对消费对象有意注意一段时间后，逐渐对该对象产生兴趣，即使不进行意志努力，仍能保持注意，此时便进入有意后注意状态。在观看趣味性、娱乐性广告或时装表演时，人们就经常会出现有意后注意现象。这种注意形式可以使消费者不致因过分疲劳而发生注意力转移，并使注意保持相对稳定和持久。但是，有意后注意通常只发生在消费者感兴趣的对象和活动中。

以上三种注意形式并存于消费者的心理活动中。它们之间既交替作用，又相互转化，如无意注意可以转化为有意注意，有意注意进一步发展便转化为有意后注意。在交替与转化的过程中，三种注意形式共同促进消费者心理活动有效进行。

在消费实践中，消费者的注意经常表现出一系列活动特征，诸如范围、分配、紧张、分散、稳定、转移等。

注意的范围是指消费者在同一时间内能清楚把握的消费对象的数量。在多个消费对象中，人们往往只能同时注意到少数几个对象。实验表明，成人在十分之一秒的时间内能注意到 4～6 个彼此不联系的物体或符号，儿童只能注意 2～3 个。但是，如果消费对象的位置集中,彼此具有内在联系,消费者注意的范围就会扩大。

注意分配是指消费者能在同一时间内把注意分配到两种或两种以上消费对象或活动上。例如,在注意倾听广播广告的同时,注意观察某种商品。注意分配的重要条件是,在同时存在的两种以上消费对象中,只能有一种是消费者不太熟悉的,需要集中注意感知或思考,其他则相对熟悉或了解,无需过分注意。

注意紧张是指消费者集中注意一定对象时聚精会神的程度。当消费者进入紧张注意状态时,他的意识中会极其清晰和鲜明地反映这一对象,同时,其他对象将远离注意中心。此时,消费者的注意范围和注意分配能力都有所降低,但是,注意的效果将明显提高。

长时间高度的紧张注意会引起疲劳,注意力便趋向于分散。注意力分散是指消费者无法控制和集中自己的注意力。这种情况通常发生在生理疲劳、情绪激动或意志薄弱的消费者身上。当处于注意力分散状态时,消费者对商品的感知和思考能力都会大大降低。

注意的稳定是指消费者在一定时间内把注意力保持在某一消费对象或活动上。稳定是与分散相反的注意状态。显然,当消费者稳定地保持注意力时,他对商品的了解将更加全面、深入。能否保持注意的稳定与消费对象是否单调、枯燥有关,但更取决于消费者的主观状态和意志努力。

注意转移是指消费者根据新的消费目标和任务,主动把注意力从一个对象转移到另一个对象上。转移注意力是一种有意识的、需要意志加以控制的注意状态,它要求消费者具备较高的灵活性和适应性。如果能够迅速自如地转移注意力,将有助于消费者更好地适应外部环境的变化,高效率地从事消费活动。

以上各种特征表明,注意在消费者的心理活动中具有重要作用,它既可以维持和加强心理活动的强度,也可以降低或减弱心理活动的效率。

鉴于消费者注意的上述活动特征,在汽车设计、包装、广告宣传等营销活动中,营销人员应当有针对性地采取多种促销手段,以引起和保持消费者的有效注意。

(1)可以通过增加消费刺激强度来引起消费者的无意注意。无意注意是有意注意的先导,许多消费者都是在无意注意的基础上对某种商品产生有意注意,进而引发购买行为的。因此,通过增加消费刺激的强度,诸如汽车的色泽明艳度、款式新奇度,以及广告的音频高度、构思巧妙程度等,来提高消费者感觉器官的感受性,就可以在更大范围内促进无意注意的产生。

(2)可以通过明确消费目标、培养间接兴趣来维持消费者的有意注意。有意注意是促进消费者购买的直接条件,是各种注意形态中最有意义的一类。但是,有意注意的形成不完全取决于消费对象的刺激强度,而是主要取决于预先拟定的消费目标。很显然,预定目标越明确,有意注意的形成就越顺利。因此,广泛利用各种宣传媒体,帮助消费者在充分了解某品牌汽车的基础上明确目标,不失为赢得消费者有意注意的有效途径。此外,无意注意以直接兴趣为基础,即消费对象具有趣味性,对消费者具有强烈的吸引力;而有意注意以间接兴趣为基础,即消费对象本身缺乏吸引力,消费者的主要兴趣在于消费活动的结果。因此,充分展示商品效能和使用效果,增强消费者的间接兴趣,也是维持有意注意的重要途径。

(3)消费者自觉排除外部干扰,加强意志努力,是从主观方面保持注意稳定和集中的重要条件。随着市场竞争的加剧,消费者在把注意指向某品牌汽车时,经常受到其他品牌刺激的干扰,造成注意力分散和非主动转移。这就需要消费者增强自我控制能力,通过意志努力使注意力保持在稳定状态。就经营者而言，也应力求突出自身品牌的独特性，采取多样化的促销手段，帮助消费者克服无关因素的干扰，尽快由有意注意转入无需意志努力即可保持相对稳定的有意后注意状态。

2. 汽车消费者的记忆

记忆是过去经验在人脑中的反映。具体来说，记忆是人脑对感知过的事物、思考过的问题或理论、体验过的情绪或做过的动作的反映。与感知相同，记忆也是人脑对客观事物所做的反映活动。两者的区别在于，感知是人脑对当前直接作用的事物的反映，而记忆是人脑对过去经验的反映。也就是说，记忆中保留的映像是人的经验。

记忆是人脑的重要机能之一，也是消费者认识过程中极其重要的心理要素。在消费实践中，消费者感知过的广告、使用过的商品、光顾过的商店、体验过的情感以及操作过的动作等，在经过之后，并非消失得无影无踪，而是在大脑皮层留下兴奋过程的印迹。当引起兴奋的刺激物离开之后，在一定条件的影响下，这些印迹仍然能够重新活跃起来。这样，消费者就能重新再现已经消失的消费对象的表象（表象是过去感知过的事物在头脑中再现出来的形象）。

记忆在消费者的心理和行为活动中具有重要作用。正因为有了记忆，消费者才能把过去的经验作为表象保存起来。经验的逐渐积累推动了消费者心理的发展和行为的复杂化；反之，离开记忆，则无法积累和形成经验，就不可能有消费心理活动的高度发展，甚至连最简单的消费行为也难以实现。例如，如果丧失对商品外观、用途或功效的记忆，消费者再次购买同一商品时，将无法辨认并做出正确的判断和抉择。

记忆作为人脑对客观事物的一种反映形式，其生理基础是大脑神经中枢对某种印迹的建立和巩固。人类在长期进化的过程中形成了惊人的记忆能力，人脑可以储存大量的信息，容量大约相当于人能将地球上所有的文字知识信息全部接收下来、记忆下来。因此，记忆的容量是十分巨大的。而且，记忆保存的时间也很长。人的有些记忆常常能保持七八十年或更长一些。有的推销商或广告制作人认为，消费者是非常健忘的，几乎什么都记不住。因此，要根据人的记忆规律，赋予消费对象以鲜明的特征，把不好记忆的变为好记忆的、不便回想的变为便于回想的、短时记忆变为长久记忆，使消费者能够很快地、更多地和长时间地记住有关商品信息。

消费者对过去经验的反映，是要经历一定过程的。心理学研究表明，这一过程包括识记、保持、回忆、再认等几个基本环节。

（1）识记。识记是一种有意识的反复感知，从而使客观事物的印迹在头脑中保留下来，成为映像的心理过程。整个记忆过程是从识记开始的，它是记忆过程的第一步。

① 根据消费者在识记时是否有明确目的和随意性，识记可以分为无意识记和有意识记。

无意识记是事先没有明确目的，也没有经过特殊的意志努力的识记。当消费者随意浏览商品，或阅读报纸、观看电视时，虽然没有明确的目的和任务，也没有付出特别的努力，但某些商品或广告的内容却可能被自然而然地识记下来，这就是无意识记。无意识记具有很大的选择性。一般来说，那些在消费者的生活中具有重要意义，适合个人需要、兴趣、偏好，能够激起情绪或情感反应的消费信息，给人的印象深刻，往往容易被无意识记。

有意识记是预先有预定目的，并经过意志努力的识记。例如，欲购买小汽车的消费者，对各种汽车的品牌、性能、质量、价格、外观等特性，均需进行全面了解和努力识记。可见，有意识记是一种复杂的智力活动和意志活动，要求有积极的思维参与和意志努力。消费者掌握系统的消费知识和经验，主要依靠有意识记。

② 根据所识记的材料有无意义和识记者是否理解其意义，识记可以分为机械识记和意义识记。

机械识记是在对事物没有理解的情况下，依据事物的外部联系，机械地重复所进行的识记，如没有意义的数字、生疏的专业术语等。机械识记是一种难度较大的识记，容易对消费者接收信息造成障碍。因此，企业在宣传产品、设计商标或为产品及企业命名时，应当坚持便于消费者识记的原则。例如，20 世纪 30 年代，上海祥生出租汽车公司成立之初无人问津，后来不惜重金买到一个"40000"的电话号码，这个电话号码非常好记，对公司开展电话叫车业务起到了举足轻重的作用。

意义识记是在对事物理解的基础上，依据事物的内在联系所进行的识记。它是消费者通过积极的思维活动，揭示消费对象的本质特征，找到新的消费对象和已有知识的内在联系，并将其纳入已有知识系统中来识记的。运用这种识记，消费者对消费对象的内容和形式容易记住，保持的时间较长，并且易于提取。大量的实验表明，以理解为基础的意义识记，在全面性、速度、准确性和巩固性方面，都比机械识记优越得多。

（2）保持。保持是过去经历过的事物映像在头脑中得到巩固的过程。但是，巩固的过程并不是对过去经验的机械重复，它是对识记的材料进一步加工、储存的过程。即使储存起来的信息材料不是一成不变的，随着时间的推移和后来经验的影响，保持的识记在数量和质量上也会发生某些变化。一般来说，随着时间的推移，保持量呈减少的趋势；也就是说，人对其经历过的事物总是要忘掉一些的。此外，储存材料的内容、概要性、完整性等，也会发生不同程度的改变。

识记保持的数量或质量变化有的具有积极意义，例如，消费者在识记商品的过程中，逐渐了解并概括出商品的基本特性，对无关紧要的细节忽略不计，从而把有关必要信息作为经验在头脑中储存起来；但有的变化会产生消极作用，例如把主要的内容遗漏，或者歪曲了消费对象的本来特征，后者主要表现为遗忘。

（3）回忆。回忆又称重现，是对不在眼前的、过去经历过的事物表象在头脑中重新显现出来的过程。例如，消费者购买商品时，往往把商品的各种特点与在其他商店见到的或自己使用过的同类商品在头脑中进行比较，以便做出选择，这就需要回想，这个回想过程就是回忆。

根据回忆是否有预定目的和任务，可以分为无意回忆和有意回忆。无意回忆是事先没有预定目的，也无需意志努力的回忆。有意回忆则是有目的的、需要意志努力的回忆。例如，消费者在做出购买决策时，为慎重起见，需要努力回忆以往见过的同类商品或了解到的有关信息。

消费者对消费信息的回忆有直接性和间接性之别。所谓直接性，就是由当前的对象唤起旧经验。例如，一见到瑞士雷达表广告，就想起过去了解到的瑞士钟表技术及各种溢美之词。这种直接的回忆或重现有时比较容易。所谓"间接性"，即要通过一系列的中介性联想才能唤起对过去经验的回忆。例如，购买卡西欧计算器，消费者一时想不起卡西欧的品牌，但通过阿童木的广告卡通形象则可能很快回想起来。这种回忆有时需要较大的努力，经过一番思索才能完成。这种情况叫作追忆。运用追忆的心理技巧，如提供中介性联想，利用再认来追忆，或暂时中断追忆等，有助于帮助消费者迅速回忆起过去的经验。

（4）再认。对过去经历过的事物重新出现时能够识别出来，就是再认。例如，消费者能够很快认出购买过的商品、光顾过的商店、观看过的广告等。一般来说，再认比重现简单、容易，能重现的事物通常都能再认。

上述四个环节彼此联系、相互制约，共同构成消费者完整统一的记忆过程。没有识记，就谈不上对消费对象内容的保持；没有识记和保持，就不可能对接触过的消费对象回忆或再认。因此，识记和保持是再认和回忆的前提，而回忆和再认则是识记与保持的结果及表现。同时，通过再认和回忆，还能进一步巩固、加强对消费对象的识记和保持。消费者在进行商品选择和采取购买行动时，就是通过识记、保持、回忆和再认来反映过去的经历和经验的。

（1）根据记忆内容或映像的性质，可以分为形象记忆、逻辑记忆、情绪记忆和运动记忆。

形象记忆是指以感知过的消费对象的形象为内容的记忆，如对商品形状、大小、颜色的记忆。心理学研究表明，人脑对事物形象的记忆能力往往强于对事物内在逻辑联系的记忆，两者的比例约为1000：1。所以，形象记忆是消费者大量采用的一种主要记忆形式，其中又以视觉形象记忆和听觉形象记忆起主导作用。

逻辑记忆是指以概念、判断、推理等为内容的记忆，如关于商品质量、功能、质量标准、使用效果测定等的记忆。逻辑记忆是通过语言的作用和思维过程来实现的，是人类所特有的具有高度理解性、逻辑性的记忆，是记忆的较高级形式。但是，因为逻辑记忆对消费者的逻辑思维能力要求较高，在传递商品信息时要酌情慎用。

情绪记忆是指以体验过的某种情绪为内容的记忆，如对过去某次购物活动的喜悦心情或欢乐情景的记忆。情绪记忆在消费者的记忆过程中经常使用，它可以激发消费者重新产生过去曾经体验过的情感，成为出现某种心境的原因。情绪记忆的映像有时比其他记忆的映像更为持久，甚至终身不忘，因此，在宣传商品时，恰当调动消费者的情感体验，可以使其形成深刻的情绪记忆。

运动记忆是指以做过的运动或动作为内容的记忆，如消费者对在超级市场购买商品的过程，即由进场挑选到成交结算的动作过程的记忆。运动记忆对于消费者形成各种熟练选择和购买技巧是非常重要的。

（2）根据记忆保持时间或记忆阶段，可以分为瞬时记忆、短时记忆和长时记忆。

瞬时记忆也叫感觉记忆，它是极为短暂的记忆。据研究，视觉瞬时记忆在1秒以内，听觉瞬时记忆在4～5秒以内。瞬时记忆的特点是，信息的保存是形象的，保存的时间很短，而且保存量大。消费者在商店等购物场所同时接收到大量的消费信息，但多数呈瞬时记忆状态。在瞬时记忆中呈现的信息如果没有受到注意，就会很快消失；如果受到注意，就转入短时记忆。

短时记忆的信息在头脑中储存的时间长一些，但一般不超过1分钟。例如，消费者对广告上出现的某生产厂家的电话号码边看边记，依靠的就是短时记忆。如果不重复，短时记忆的信息在1分钟内就会衰退或消失。此外，短时记忆的容量也不大。因此，在告知消费者数字、符号等机械性信息时，不宜过长或过多。

长时记忆是指1分钟以上，直至数日、数周、数年，甚至保持终身的记忆。与短时记忆相比,长时记忆的容量是相当大的,并且是以有组织的状态储存信息。长时记忆对消费者知识和经验的积累具有重要作用,它会直接影响消费者的购买选择和决策。就企业而言,运用各种宣传促销手段的最佳效果,就是使消费者对商品品牌或企业形象形成长时记忆。

在了解消费者记忆类型及其特点的基础上,企业在传递商品信息时,首先要考虑消费者接受信息的记忆极限问题,尽量把输出的信息限制在记忆的极限范围内,避免因超出相应范围而造成信息过量,使消费者无法接受。例如,在电视的"5秒广告"中,播出的信息应尽量安排在7~8个单位内,超出这一范围,就会大大降低广告的宣传效果。其次,从记忆类型的效果看,情绪与情感因素对记忆效果的影响最为明显。消费者在愉快、兴奋、激动的情绪状态中,对商品及有关信息极易形成良好、鲜明、深刻的记忆表象,并将这一表象保持较长时间。在适当环境下,消费者也会迅速回忆和再认原有表象及情绪体验。例如,消费者在某商店受到售货员热情周到的服务,由此形成良好的心理感受,这一感受会长久地保存在他的记忆中。所以,企业在营销活动中应特别注重发挥情绪记忆的作用,如在广告和公共关系活动的创意设计中,就可以利用情感性的诉求手段来加强消费者对企业与商品的良好印象。

在消费实践中,无论是哪一种类型的记忆,都难以做到永远保持。这是因为在记忆过程中,存在着另一个重要的心理机制,即遗忘。对识记过的事物不能再认或回忆,或者表现为错误的再认或回忆,称为遗忘。遗忘是与记忆保持相反的过程,其实质是由于不使用或受别的学习材料的干扰,导致记忆中保持的材料丧失。遗忘可能是永久性的,即不再复习时就永远不能再认或重现。例如,对许多文字或电视广告,倘若不加注意和有意识记,很可能会完全忘记。但是,遗忘也可能是暂时的,消费者叫不出熟悉商品的名称、想不起使用过商品的操作程序,这些都属于暂时性的遗忘。

关于消费者遗忘的原因,有关学者提出两种假设,即"衰退说"和"干扰说"。"衰退说"认为遗忘是由于记忆痕迹得不到强化而逐渐减弱、衰退以至消失的结果。"干扰说"则认为遗忘是因为在学习和回忆之间受到其他刺激干扰的结果。他们认为,记忆痕迹本身不会发生变化,它之所以不能恢复活动,是由于存在着干扰。一旦干扰被排除,记忆就能恢复。这个学说最有力的证据就是前摄抑制和后摄抑制。前摄抑制是指先前学习的材料对后学习材料的干扰作用;后摄抑制是后学习的材料对先前学习材料的干扰作用。在消费活动中,前摄抑制和后摄抑制的影响十分明显。消费者在连续接受大量消费信息后,往往对开始和最后的信息记忆深刻,而中间内容则记忆不清。

消费者的遗忘是有规律的。根据心理学家艾宾浩斯的研究,消费者的遗忘过程的曲线大致如图2-3所示。

从遗忘曲线中可以看出,消费者在识记后保持在头脑中的材料随时间的推移而递减,这种递减在识记后的短时间内特别迅速,即遗忘较多。一项实验表明,某广告最后一次重复之后,只相隔四个星期,消费者记住它的百分数就下降了50%。此后,随着时间的推移,遗忘的速度缓慢下来,保持渐趋稳定地下降。也就是说,遗忘的进程是先快后慢。了解消费者遗忘的这一规律,对于企业有针对性地采取措施,帮助消

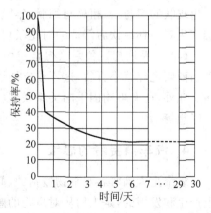

图 2-3 遗忘曲线

费者减少遗忘、保持有效记忆，具有重要的启示。

（1）由于独特的、不寻常的信息较少受遗忘的干扰，具有更大的记忆潜力，因此，广告等消费信息必须具有鲜明的主题和特色。

（2）由于呈现信息的顺序会影响对它的保持，比如信息的中间部分最容易被遗忘，因此，在提供消费信息时，应尽可能将最重要的部分放置在开头与结尾，以免出现前摄抑制和后摄抑制。

（3）由于重复可以增加信息在短时记忆中停留的机会，不断地重复还有助于将短时记忆转化为长时记忆，所以，在传递消费信息时，应尽可能多次重复有关内容，但应注意表现形式的多样化和重复时间的间隔性与节奏性，以避免引起消费者的乏味和厌烦情绪。

（4）遗忘的恢复依赖于某些线索，这些线索反过来又会促进对识记材料的回忆。因此，商品的包装、陈列以及广告设计等都应考虑利用相同的线索来帮助消费者回忆已经遗忘的信息材料。

3. 汽车消费者的联想

联想是回忆的一种形式，由正在经历的事物或想起的某一事物引起，又回想起与之相关联的另一事物，从而形成神经中枢的暂时联系，并使这种联系活跃起来。

（1）接近联想。在空间或时间上比较接近的两件事物，容易在回忆中产生联系。例如，一说起烽火台就容易想到长城，一提起鼓浪屿就想到厦门，这就是空间接近联想。再如，想到李白和杜甫，就想到春游登泰山和观日出等。北京有家"老插餐厅"，店名和内部陈设别具一格，使许多原来的返城知青在就餐时回忆起所经历的难忘岁月，仅此一招，便吸引了不少回头客。

（2）相似联想。相似联想是指两件事物具有相似特征和性质，容易将其所产生的现象同时回忆起来。例如，看到莲花，就想起"出淤泥而不染"的品质。消费者在评价、挑选商品时，也容易产生这种由此及彼的相似联想，比如由宝石首饰想到雍容华贵，由牛仔套装想到英武潇洒等。导购人员若此时给予适时指点和引导，会加深消费者的印象和联想，促进购买的实现。

（3）对比联想。对比联想就是把两种具有相反特点的事物或现象联系在一起。对比联想既要反映事物的共性，又要突出相对立的个性特征。例如，化妆品的广告宣传会使消费者产生皮肤的黑与白、粗糙与细腻、年轻与衰老的对比联想。在炎热的夏季，如果你口渴难忍，会产生喝一杯冷饮后舒适的对比联想。

（4）关系联想。关系联想是指由于某种事物的其他联系所形成的联想。例如，有些副食品商店也经营小百货，这不仅方便了消费者，也符合消费者由居家过日子所引发的关系联想。此外，还有事物因果的关系联想（如由下雪想到寒冷），以及隶属关系、部分与整体的关系联想等。

4. 汽车消费者的思维

思维是人脑对客观事物概括的、间接的反映，是认识的高级阶段。思维是在感知的基础上产生和发展的，是人们从对事物的感性认识发展到理性认识的复杂心理活动。思维的产生离不开以下两个条件。

（1）感知。感觉和知觉好比是思维的大门，只有通过感知才能获得事物具体而鲜明的思维。思维又以这些感知材料为基础，通过去伪存真、由表及里、由此及彼的综合分析、抽象概括和比较鉴定，从而得到对事物的正确认识，总结出事物的基本特性和发展规律，从感性认识上升到理性认识。

但是，思维并不是被动的。实践产生思维，思维又是对实践的指导和改造。在生活中，消费者并不是去消极地感受商品、使用商品，而是在使用中不断丰富着感性知识，对商品提出新的要求，希望不断完善所使用的商品。如果生产者注意听取消费者的意见，并不断提出新的思维创意，就会不断推陈出新。日本吉田味精厂的设计人员采用了一位家庭主妇的建议，将味精包装瓶口的小孔由原来的1毫米改为1.5毫米后，竟然销路大开。这位有心的家庭主妇通过日常使用和反复琢磨，产生了新的想法，协助厂家找到了先前味精销路一般的原因。

（2）语言。语言是思维的必备工具，思维是语言的具体内容，两者的关系极为密切。语言也是一种客观刺激物，它以声音和描述的形象直接被消费者感知，通过第二信号系统的活动直接引起思维过程。只有这样，消费者的反应才能成为自觉的、有意识的理性认识。如果没有语言，思维就不存在；通过语言，人们就能交流和传递信息。

思维的过程是一个将具体的形象化事物进行抽象和概括的高级认识过程，具有以下两个主要特征。

（1）间接性。间接性就是借助事物的媒介所产生的感知去理解和预见事物的发展。例如，在夜间行路，看到地面湿漉漉的，就可以推想是洒水车经过所致。因为如果是下过雨，大街小巷以至房顶都应该是湿的。

（2）概括性。概括性就是将同类事物的共同特征和本质集中并加以概括，同时对有关事物的内在联系做出结论。比如，桃子、李子、苹果、鸭梨等称为水果，而"月晕而风""础润而雨"则是概括了事物之间的有机联系。

根据思维过程中凭借物的不同，思维可分为三种：

（1）直接动作思维。例如，购买计算机时，就要按照说明一步步地通过实际动作来检验。

（2）具体形象思维。具体形象思维就是借助形象对事物进行分析和判断。例如，消费者考虑去哪个商店可以节省路途时间、买到称心的商品，那么，在他的头脑中就会构想、选定一些商店的路线来进行比较思维。

（3）抽象逻辑思维就是凭借概念、判断和推理的方法进行思维。

以上三种思维方式往往交替运用。在思维水平上，由于受到职业、文化、年龄、阅历等条件的限制，有的人思维水平高，有的人则相对低些。儿童思维的发展，是先有动作思维、形象思维，最后才上升到逻辑思维。香港一家儿童玩具超级市场充分注意到了儿童的思维特点，以"儿童乐园""娃娃之家"的形式开展销售，使儿童们在尽情玩乐之中买到心爱的玩具。

消费者的思维过程主要分为以下三个步骤：

（1）分析过程。消费者对商品的分析过程是在掌握了一定量的感性材料基础上进行的，这就需要尽量将消费者的购买目标范围缩小，从中选出一个最佳目标。例如，购买彩电时，可选择的各种牌号较多，但首先消费者要通过分析确定是购买进口的还是国产的、购买多大屏幕的等，出发点不同，考虑后的结果也不同。

（2）比较过程。消费者通过初步分析,确定所购买的目标范围后,还会在两种商品之间进行选择。例如,是购买国产车还是进口车,这就要对比它们之间的异同点,比较的过程也是对事物鉴别和综合的过程。

（3）评价过程。在确定了商品的购买目标后,消费者会对其进行购前预测评价,运用判断、推理的思维方式,对商品的内在属性及其本质进行概括,对购买决策做好心理活动准备。当购买了这种商品后,消费者仍会对其进行购后分析、比较及评价,加深这种思维过程,在反复的感知中对商品加深理性认识。

【案例2-3】　李先生是湖南某单位公务员,计划买车已经有一段时间了,但目前尚未实施。说到买什么车,他有些无所适从地表示,从经济的角度考虑,日系、韩系车比较省油,但欧系、美系车的使用寿命又要长一些,真不知道怎么选择,最后综合各种情况觉得买车已是不易,油费更是一笔不小的开销,所以最终还是选择了省油的车型:风神。

【分析】　做事谨慎,考虑周全不能视为婆婆妈妈,就消费者目前的购买力而言,添置一辆新车对大多数人来说毕竟不是小事,很多消费者买车除了自己在汽车市场转悠上一段时间外,还得拉上七大姑八大姨去给自己出谋划策。

有时消费者对商品缺乏了解或者并不了解,为了购买所需要的商品,特别是一些高档商品,他们必然要亲自咨询调查,收集有关资料,聆听他人介绍和用后评价,从这些大量的感性材料中,消费者会汲取、掌握对自己最有用途的部分进行比较、分析、鉴定和决策,通过积极的思维去解决问题。

消费者的一般思维过程因人而异,因受到主体因素及客观外界因素的影响,有时以形象思维为主,有时则以抽象思维为主。思维使消费者由最初的外行变成内行,人的消费行为也逐渐由幼稚变得成熟。

5. 汽车消费者的想象

想象是人脑在原有感知的基础上创造出新形象的心理过程。想象是思维的创造性发展,使思维变得更高级、更复杂,没有想象就没有创造。

想象分为两种类型:一种是根据别人的描述在头脑中产生想象,称为再造想象;一种是不依据现成的描述,而是想象在现实中尚未存在的事物,称为创造想象。想象为思维开辟了广阔的天地,但想象不是凭空产生的,而是人们在社会实践活动过程中迸发出的思维结晶,具有独立性、创造性和新颖性。

消费者的想象有时是根据他们对商品的不断使用和理解产生的。例如,消费者有了立体声收录机,可以随时收听美妙的音乐,但有的人突发奇想:如果要有如此高水平的乐队为自己伴奏该有多好。这个看起来并不现实的愿望启发了生产设计人员,他们终于研制出具有混声效果的卡拉OK伴唱机,这种由想象创造出的新产品一问世,就受到了消费者的欢迎。

人们还想象能够生产出一种类似牙膏制品的食物,每餐只要挤出一些食用就可获得人体所需要的营养和热量,免去下厨之劳。这在现实生活中尚未出现过,属于创造性想象,但目前在航天领域中已有应用。

2.2 汽车消费者心理活动的情感过程

2.2.1 汽车消费者的情绪过程

1. 情绪、情感、感情概述

情绪是人对客观事物需求态度的体验,具有独特的主观体验形式、外部表现形式和极为复杂的神经生理基础。

情感是指情绪过程的主观体验,对正在进行着的认知过程起评价和监督作用,着重于表明情绪过程的感受方面。

感情是情绪和情感心理现象的统称。在日常生活中,表示关爱的情绪、情感状态以及愿望、需要的感受倾向,代表情绪及情感的一般现象。

情绪或情感是人对客观事物的一种特殊反应形式,它的发生与认识过程一样,源于客观事物的刺激。当刺激达到一定强度时,便会引起人的相应体验,从而产生各种情绪反应。这些情绪反应不具有具体的现象形态,但可以通过人的动作、语气、表情等方式表现出来。例如,某消费者终于买到盼望已久的 SUV 时的面部表情和语气会表现出欣喜的特点;而当他发现买回的汽车存在质量问题时,又会表现出懊丧、气愤等。

2. 情绪或情感的基本类别

(1) 喜、怒、哀、乐等经常出现的基本情绪;

(2) 痛楚、压迫等纯粹由感观刺激引起的情绪;

(3) 自信、羞辱等与自我评价有关的情绪;

(4) 爱、憎等与人际交往有关的情绪;

(5) 理智感、荣誉感、美感等与意识有关的情绪或情感。

以上各种类别在消费者的情绪过程中都有不同形式的表现。

3. 情绪、情感的联系与区别

从严格意义上讲,情绪和情感是既有联系又有区别的两种心理体验。

情绪一般是指与生理的需要和较低级的心理过程(感觉、知觉)相联系的内心体验。例如,消费者选购某品牌的香水时,会对它的颜色、香型、造型等可以感知的外部特征产生积极的情绪体验。情绪一般由当时特定的条件所引起,并随着条件的变化而变化。所以,情绪表现的形式是比较短暂和不稳定的,具有较大的情景性和冲动性。某种情景一旦消失,与之有关的情绪就立即消失或减弱。

情感是指与人的社会性需要和意识紧密联系的内心体验,如理智感、荣誉感、道德感、美感等。情感是人们在长期的社会实践中受到客观事物的反复刺激而形成的内心体验。因此,与情绪相比,情感具有较强的稳定性和深刻性。在消费活动中,情感对消费者心理和行为的影响相对长久和深远。例如,对美感的评价标准和追求会驱使消费者重复选择和购买符合其审美观念的某一类商品而排斥其他商品。

情绪与情感之间又有着密切的内在联系。情绪的变化一般受到早期形成的情感的制约；而离开具体的情绪过程，情感及其特点则无从表现和存在。因此，从某种意义上可以说，情绪是情感的外在表现，情感是情绪的本质内容。正由于此，实践中两者经常作为同义词使用。

2.2.2 消费情绪的表现形式

1. 激情

激情是一种猛烈的、迅速爆发而持续短暂的情绪体验，如狂喜、暴怒、恐怖、绝望等。激情具有瞬息性、冲动性和不稳定性的特点，发生时往往伴有生理状态的变化。消费者处于激情状态时，其心理活动和行为表现会出现失常现象，理解力和自制力也会显著下降，以致做出非理性的冲动式购买举动。

2. 热情

热情是一种强有力的、稳定而深沉的情绪体验，如向往、热爱、嫉妒等。热情具有持续性、稳定性和行动性的特点，它能够控制人的思想和行为，推动人们为实现目标而长期坚持不懈的努力。例如，一个书画收藏家为了不断增加藏品，满足自己的爱好，可以长年累月地压缩其他生活开支，甚至借钱来购买收藏品。

3. 心境

心境是一种比较微弱、平静而持久的情绪体验。它具有弥散性、持续性和感染性的特点，在一定时期内会影响人的全部生活，使语言和行为都感染上某种色彩。在消费活动中，良好的心境会提高消费者对商品、服务、使用环境的满意程度，推动积极的购买行为；相反，不良的心境会使人对诸事感到厌烦，或拒绝购买任何商品，或专买用以消愁解闷的商品。

4. 挫折

挫折是一种在遇到障碍又无法排除时的情绪体验，如怨恨、懊丧、意志消沉等。挫折具有破坏性、感染性的特点。消费者在挫折的情绪状态下，会对商品宣传、促销劝说等采取抵制态度，甚至迁怒于销售人员或采取破坏行动。

就情绪表现的方向和强度而言，消费者在购买过程中所形成的情绪，还可以分成积极、消极和双重三种类型。

（1）积极情绪，如喜欢、欣慰、满足、快乐等。积极情绪能够增强消费者的购买欲求，促成购买行动。

（2）消极情绪，如厌烦、不满、恐惧等。消极情绪会抑制消费者的购买欲望，阻碍购买行为的实现。

（3）双重情绪。在许多情况下，消费者的情绪并不简单地表现为积极或消极两种，如满意—不满意、信任—不信任、喜欢—不喜欢，而经常表现为既喜欢又怀疑、基本满意又不完全称心等双重性。例如,消费者对所购买的商品非常喜爱,但由于价格过高而又感到有些遗憾。又如,由于售货员十分热情,消费者因盛情难却而买下不十分满意的商品。双重情绪的产生,是由于消费者的情绪体验主要来自商品和售货员两个方面。当两者引起的情绪反应不一致时,就会出现两种相反情绪并存的现象。

2.2.3 汽车消费者购买活动的情绪过程

消费者在购买活动中的情绪过程,大体可分为以下四个阶段。

1. 悬念阶段

在这一阶段,消费者产生了购车需求,但并未付诸行动。此时,消费者处于一种不安的情绪状态。如果需求非常强烈,不安的情绪就会上升为一种急切感。

2. 定向阶段

在这一阶段,消费者已经面对所需要的车型,并形成初步印象。此时,情绪获得定向,即趋向喜欢或不喜欢、满意或不满意。

3. 强化阶段

如果在定向阶段消费者的情绪趋向喜欢和满意,那么这种情绪现在会明显强化,强烈的购车欲望迅速形成,并可能促成购车决策的制定。

4. 冲突阶段

在这一阶段,消费者对汽车进行全面评价。由于多数汽车很难同时满足消费者多方面的需求,因此,消费者往往要体验不同情绪之间的矛盾和冲突。如果积极的情绪占主导地位,就可以做出购车决定,并付诸实现。

2.2.4 影响汽车消费者情感变化的因素

1. 车型

消费者购买汽车的目的是为了满足自己的需要。因此,车型是消费者的情绪和情感形成与变化的重要因素。汽车作为一个整体,其使用价值、外观和附加利益往往会使消费者的情绪和情感处于积极、消极或矛盾的状态之中。例如,消费者在购买某品牌汽车时,如果觉得该车型与自己过去经验中所形成的愿望相吻合,就会产生积极的情绪和情感;反之,则会产生消极的情绪和情感。因此,在企业的经营活动中,应当尽量为消费者提供能充分满足其需要的整体商品,促使消费者积极情绪和情感的形成与发展。

2. 服务

消费者不仅要通过购车活动满足自己的物质需要,而且要通过购买活动满足自己的精神需要。因此,消费者的情绪和情感除了受到某品牌车型因素的影响以外,还受到服务因素的影响。一般来讲,高质量的服务水平可使消费者产生安全感、信任感、受尊敬感,提高企业的知名度和美誉度,产生比广告宣传更好的效果。服务的内容极其丰富,提高服务质量、促使消费者积极情绪和情感形成和发展的途径多种多样。例如,在商业经营活动中,营业员如果能够微笑服务、礼貌待客,主动热情地当好消费者的参谋,并且帮助消费者解决购买活动中出现的困难,就会赢得消费者的好感,增加惠顾率。

3. 环境

目前,国内消费者购车通常是在汽车专营店,即以"四位一体"为核心的汽车特许经营模式,包括整车销售(sale)、零配件(spare part)、售后服务(service)、信息反馈(survey)等的 4S店中进行的,4S店内客观环境的变化如温度、照明、色彩、声响等,都会对消费情感的产生及发展产生影响。从消费者的购买活动来看,影响消费者情绪和情感的环境具体是指购车环境、洽谈环境、休息环境等。如果消费者在幽雅舒适的环境中选购汽车,会产生愉快、舒畅等积极情绪;反之,则会产生烦躁、压抑等消极情绪。

4. 心态

消费者的心理状态直接激发其情绪;反过来,经激发而兴奋起来的情绪又影响消费者原来的心理状态,两者共同推动消费者购车行为的进行。一般来讲,消费者的兴趣越浓、需求水平越高、性格越外向、购车动机越强烈、购买目标越明确,其情绪的兴奋程度越高;反之,则其情绪的兴奋程度越低。

【案例 2-4】　江铃驭胜携手网易对网络话题"青春不止北上广",以及关于小城青年写给北漂同学的一封信《睡在我上铺的兄弟,你在帝都还好吗》进行跟帖,引发万千网友热议;并挑选具有代表性的观点,将其涂在广州、武汉两大城市的街头。

江铃汽车为其旗下活力派都市 SUV"驭胜 S330"展开的"青春不止北上广"营销事件,通过鼓励每一个怀揣梦想的活力青年车主投身活力小城去创造、去圆梦,去发现各自精彩人生,激活了年轻人圆梦青春的内心诉求。

【分析】　汽车作为出行工具,不同的消费者寄予的期待不同,使用场景不同,实际需求也不同。如今,中国消费者的汽车消费心理需求从曾经的身份象征、他人认同,逐渐变成了生活伙伴、自我个性的表达。因此,汽车品牌需要建立消费者的情感认同,需要汽车品牌在营销过程中,从理性诉求的产品营销上升到感性诉求的情感营销。

从心理学角度讲,心理抵触和接受是两种对外物的态度。消费者在从事消费活动时,不仅通过感觉、知觉、注意、记忆等认识了消费对象,而且对它们表现出一定的态度。根据其是否符合消费主体的需要,消费者可能对其采取肯定的态度,也可能采取否定的态度。当采取肯定态度时,消费者会产生喜悦、满意、愉快等内心体验;当采取否定态度时,则会产生不满、忧愁、憎恨等内心体验。这些内心体验就是情绪或情感。

"驭胜 S330"针对的目标客户群体大多为 85 后、90 后,不久的未来,95 后也会成为其主力。而这个年龄的人,有的已成家立业,有的或许正在一线城市打拼着自己的未来,所以此类文章,很容易引起读者的共鸣,而"驭胜330"也巧妙地抓住了这一点,以年轻为资本,"我就这 Young"作为产品的青春宣言,大肆宣传其车型,深入年轻人内心。

2.3　汽车消费者心理活动的意志过程

2.3.1　意志的概念与特征

1. 意志的概念

意志就是指消费者自觉地确定购买目的并主动支配、调节其购买行动,克服各种困难,实现预定目标的心理过程。在消费活动中,消费者除了对商品进行认识和情绪体验外,还要经历意志过程。只有经过有目的的、自觉的支配和调节行动,努力排除各种干扰因素的影响,才能使预定的购买目标得以实现。如果说消费者对商品的认识活动是由外部刺激向内在意识的转化,那么,意志活动则是内在意识向外部行动的转化。只有实现这一转化,消费者的心理活动才能现实地支配其购买行为。

2. 汽车消费者意志过程的基本特征

(1) 有明确的购车目的。汽车消费者意志活动是以明确的购车目的为基础的。因此,在有目的的购买行为中,消费者的意志活动体现得最为明显。通常,为了满足自身的特定需要,消费者经过思考,预先确定了购买目标车型,然后自觉地、有计划地按购车目的去支配和调节购车行为。

(2) 与排除干扰和克服困难相联系。在现实生活中,消费者为了达到既定目的而需排除的干扰和克服的困难是多方面的。例如,时尚与个人情趣的差异、支付能力有限与商品价格昂贵的矛盾、售货方式落后和服务质量低劣所造成的障碍等。这就需要消费者在购买活动中,既要排除思想方面的矛盾、冲突和干扰,又要克服外部社会条件方面的困难。所以,在购买目的确定之后,为了达到既定目的,消费者还需要做出一定的意志努力。

(3) 调节购买行为全过程。意志对行为的调节,包括发动行为和制止行为两个方面。前者表现为激发起积极的情绪,推动消费者为达到既定目的而采取一系列行动;后者则抑制消极的情绪,制止与达到既定目的相矛盾的行动。这两个方面的统一作用,使消费者得以控制购买行为发生、发展和结束的全过程。

2.3.2　汽车消费者心理活动的意志过程

在购买活动中,消费者的意志表现为一个复杂的作用过程,其中包括做出购买决定、执行购买决定和体验执行效果三个相互联系的阶段。

1. 做出购车决定阶段

这是消费者购车活动的初始阶段。这一阶段包括购车目的的确定、购车动机的取舍、购车方式的选择和购车计划的制订,实际上是购车前的准备阶段。消费者从自身需求出发,根据自己的支付能力和汽车供应情况,分清主次、轻重、缓急,做出各项决定,即是否购买和购买的顺序等。

2. 执行购车决定阶段

在这一阶段,购车决定转化为实际的购车行为,消费者通过一定的方式和渠道购买到自己所需的汽车。当然,这一转化过程在现实生活中不会很顺利,往往会遇到一些障碍需要加以排除。所以,执行购车决定是消费者意志活动的中心环节。

3. 体验执行效果阶段

完成购车行为后,消费者的意志过程并未结束,通过对汽车的使用,消费者还要体验执行购车决定的效果,如汽车的性能是否良好、使用是否方便、外观与使用环境是否协调、实际效果与预期是否接近等。在上述体验的基础上,消费者将评价这一购车行为是否明智。这种对购买决策的检验和反省,对今后的购买行为具有重要意义,它将决定消费者今后新购汽车以及二手车置换时,是重复购买该品牌还是拒绝、是扩大还是缩小对该品牌汽车的购买。

2.3.3 意志过程与认识过程和情感过程的关系

认识、情感和意志三个过程协同作用,构成了消费者完整的心理,左右着消费者的购买行为。具体可归纳为以下几点:
(1) 三个过程的作用顺序为意志过程—认识过程—情感过程;
(2) 意志过程给认识过程以巨大的推动力;
(3) 意志过程有赖于情感过程,又能调节情感过程的发展和变化;
(4) 意志过程对情感过程起着调节和控制作用。

2.3.4 消费者的主要意志品质对购车行为的影响

所谓意志品质,是指意志过程所呈现的基本质量特征,比如表现为意志坚强或意志薄弱等。坚强的意志品质是消费者克服不利因素及困难、完成购买决定的重要心理机能保证。意志品质是与消费者的思想修养、道德观念以及购买动机、兴趣、能力等紧密联系的。意志品质的特征体现在意志过程中,表现在消费者身上有所不同,归纳起来有以下三种主要类型。

1. 自觉性

意志品质的自觉性是指消费者对将要进行的购买活动有明确的方向和目的,能主动认识、了解所要购买的商品,通过综合考虑制定购买决策,并意识到购买后的实际意义和效果。自觉性是产生坚强意志品质的基本条件,可以促使消费者在执行购买决定时正视现实并不易受阻,能自觉、主动、独立地调节和控制自身的购买行为,遇到障碍时运用理智分析,自觉修改购买方案,在目标指引下勇于克服困难,承担外界压力,完成所预定的购买计划。与自觉性意志品质相反的是盲目性,这类消费者在购买过程中往往表现为依赖、冲动和回避的态度,不愿付出必要的智力、思维和体力。由于缺乏自身意志的努力,购买行为也缺少自觉动力。

2. 果断性

意志品质的果断性是指消费者以个人的良好素质(如知识、敏锐、机智等)对待外界事物,迅速而合理地做出决定。这类消费者在购物中善于捕捉机遇、积极思考、反应敏捷。比如,某种电器商品价格回落时,大多数人往往等待观望,"买涨不买落",但有人能根据其他因素适时做出购买决定,而不是从众犹豫,果断性会给消费者带来一些切身利益。反之,优柔寡断的消费者在不同的购买目的和购买手段之间取舍不定,选择迟钝,往往错过最佳购买时机或不利于下一步执行决定的顺利实现。有的消费者在购物中表现草率,不经过深思熟虑就贸然行事,缺乏对事物的深刻认识与合理措施。总之,优柔和草率均是意念薄弱的表现。

3. 坚韧性

意志品质的坚韧性是指消费者的耐力和自制力,是自觉性与果断性的综合体现,是具备坚强意志品质的可靠保证。坚韧性需要消费者精力和体力的高度统一,因此,要保持充沛的精力、顽强的毅力和坚定的稳定情感。坚韧性不仅表现在消费者能够排除各种干扰、坚持主见,还表现在要依据主客观因素的变化当机立断,保证购买目标最后能够实现,而不是一意孤行、顽固执拗。因为意志虽然是人的主观能动性的具体表现,但在客观上仍是被决定的,受制于一般的因果关系。

【案例2-5】 凤凰汽车讯 据日本媒体2012年10月24日晚间报道,天津一汽丰田已于22日又一次停产,这次停产将持续到26日。网络上也出现了"丰田在华工厂即将全面停产""丰田将退出中国市场"等传言。对此,丰田方面澄清道:丰田不会退出中国市场。但是市场份额的急剧下跌既成事实,日系汽车在中国整体处于难以发展的困境。

受中日关系恶化的影响,丰田2012年9月在华销量仅有44100辆,同比减少了48.9%。其他日系汽车企业在华销量也大幅下降,如三菱同比下跌62.9%、本田同比下跌40.5%、日产同比下跌35.3%、马自达同比下跌34.6%。其他为数不少的中日合资品牌的销售情况也陷入低谷。根据东风日产销售负责人透露,东风日产2012年10月的销量预计会减少到往年的2/3以下。广东地区的销售情况和北方相比还稍好一些,天津、青岛等地的销量下降非常严重。

【分析】 从心理学角度讲,情绪既可以成为意志过程的动力,也可以成为意志过程的阻力。积极的情绪、情感能提高消费者的意志力,激励其克服困难的勇气和信心,顺利地实现预定的购买目的;消极的情绪能削弱消费者的意志力,使其缺乏克服各个方面干扰或困难的信心,影响购买目的的确定和实现。同时,意志过程对情感过程也起着调节和控制作用。通过意志活动,消费者的有些消极情绪可以得到控制,使情绪服从于理智;有些消极情绪也可以随着意志活动的实现,转化为积极的情绪。

是什么力量决定日本车在中国市场中的生与死,是什么力量支配着中国人民在对日系车的态度上共进退,答案是根植在中国人民心中一段悲惨历史的意志控制着全国人民的行为,从而影响着国民的购买行为,日本政治上的错误导致了日系车在经济上的巨大损失。

2.4　基于不同需要的汽车消费者的心理活动过程

根据汽车消费者需要的类型对消费者进行分类,可分为代步工具型、享受生活型、显示地位型、开展业务型,以及结交朋友型五大类消费群体,针对这五类消费人群的需要特征,分析其心理活动过程,可发现在购车过程中,这五类消费群体的心理活动过程存在着明显的差异。

2.4.1　关注点不同

基于不同的购车需要,消费者在心理活动的认识、情感和意志过程中,所关注的产品信息就存在很大的差异。以代步工具为主要购车需求的消费者,在对汽车认识和了解的过程中,首先会关注影响其主要需求的要素,如汽车的动力性、经济性、安全性等技术指标是否满足消费者作为日常代步工具的基本需要,各项性能和参数是否适应日常行驶的道路、气候等条件。以享受生活为主要需求的汽车消费者,则会更多地关注汽车的舒适性、平稳性、车内空间等影响使用舒适度的要素,以便根据其生活需求,满足其自驾游时舒适、安全的需要。显示地位型的汽车消费者在购车过程中,会侧重于汽车的品牌、外观、颜色、配置、价格等是否满足其身份地位,换言之,这类消费者更多地在意汽车的象征性价值,因为汽车在某种程度上就是其身份地位的重要表征因素。以开展业务为主要需求的汽车消费者,会关注汽车在其业务中所发挥作用的方面,如需要长途驾车开展业务,则需要汽车具备较高驾驶性能和相关配置,此外根据所从事业务和领域的不同,对汽车的外观、价格、颜色等因素的关注点也不同。结交朋友型的汽车消费者多以年轻人为主,汽车已经成为当代年轻人生活中的一个重要部分,他们经常结伴自驾游,作为朋友圈的一种交际方式。因此,在购车时,性能、造型、色彩等能够彰显其个性、拉近朋友间距离的要素最能吸引他们的注意。

2.4.2　感受度不同

在购车过程中,由于消费者的需求不同,对于汽车的品质、性能、价格、促销等信息的接受和感受程度会有很大差异。企业在进行汽车的推广、宣传、销售等过程中,应注意区分不同消费群体的不同需要,采取不同的推广策略和方法,在消费者心理过程的各个阶段进行有效的产品宣传和推广,帮助消费者获得其关注的产品信息,刺激消费者的购买欲望,不断强化其购车意志,从而实现购车行为。

2.4.3　决策要素不同

影响不同需求消费者的购车决策要素,显然也因人而异。在竞争日趋激烈的市场环境下,准确把握影响消费者决策的重要因素,强化消费者的心理意志,用产品、价格、性能、品质、服务等要素,从不同的角度和层面打动目标消费者,使产品与消费者的需求达到较高的吻合度,从而获得消费者的青睐。

本 章 小 结

消费者的心理过程,指人的心理形成和发展的活动过程,是人的心理活动的一般的、共有的过程,是每个人都具有的共性心理活动过程。汽车消费者心理过程包括认识过程、情感过程和意志过程,它们是统一的心理过程的不同方面。作为相对独立的心理要素,三个过程有着各自独特的作用机制和表现形式,并在消费者的心理与行为活动中发挥着特殊的影响和制约作用。汽车消费者的认识过程主要通过人的感觉、知觉、注意、记忆、思维、想象、联想等心理活动来完成。在从事购车消费活动时,消费者的各种喜怒哀乐的内心体验就是情绪或情感,它是认识过程和意志过程的中介,是消费心理活动的一种特殊反映形式。消费者能否采取购车行动,还需要心理机能的保证,努力排除各种内外干扰因素的影响,自觉实现购车目的,这一心理过程就是意志过程。汽车消费者心理过程的认识过程、情感过程和意志过程是购车心理行为过程的统一的、密切联系的三个方面。

思 考 题

1. 什么是感觉和知觉?感觉和知觉之间的区别和联系是什么?在汽车消费者心理活动中起什么作用?

2. 记忆、思维和想象在消费者认识过程和购买活动中有何作用?

3. 什么是注意?引起消费者无意注意的原因是什么?如何发挥注意在营销中的作用?

4. 什么是情感?举例说明情感对消费者购买心理的影响。

5. 什么是意志?消费者的意志过程的三个阶段是什么?消费者的意志过程与认识过程和情感过程的关系如何?

实 训 题

角色扮演:判断客户的心理

模拟内容:学生以小组为单位,3~5人为一组;每组分为两类角色,即销售顾问和客户。在情景模拟过程中,销售顾问应注意仔细观察客户的一举一动,认真分析客户的每一句话,准确地判断出其心理,越具体越好。各小组在上台表演前,需设计好主要情节、台词,以及一些"细节"。一组表演时,其他组要认真看,仔细听,并适当做笔记,最后打分。

评价方法:学生自评与互评相结合,并以此为主;以教师评价为辅。

 案例分析

给汽车起个好名字

汽车制造厂家都想为生产的汽车起个好名字。美妙的商标名称能取悦用户，打开销路。

德国大众汽车公司的桑塔纳高级轿车，是取"旋风"之美誉而得名的。桑塔纳原是美国加利福尼亚一座山谷的名称，该地因生产名贵的葡萄酒而闻名于世。在山谷中，还经常刮起一股强劲的旋风，当地人称这种旋风为"桑塔纳"。该公司决定以"桑塔纳"为新型轿车命名，希望它能像桑塔纳旋风一样风靡全球，结果好名字带来了好销路。

汽车的商标名称也有因疏忽而受到"冷遇"的，往往使其销路大减。20世纪60年代中期，美国通用汽车公司向墨西哥推出新设计的汽车，名为"雪佛兰诺瓦"，结果销路极差。后来经调查发现，"诺瓦"这个读音，在西班牙语中是"走不动"的意思。又如，福特公司曾有一种命名为"艾特塞尔"的中型客车问世，但销路不畅，原因是车名与当地一种伤风镇咳药（艾特塞尔）读音相似，给人一种"此车有病"之感，因此问津者甚少。

更有趣的是，美国一家救护公司成立30年来，一直把"态度诚实""可靠服务"作为宗旨，并将这4个词的英文开头字母"AIDS"印在救护车上，生意一直很好。然而，自从艾滋病流行以来，这种车的生产一落千丈。因为印在救护车上的4个英文字母恰恰与艾滋病的缩写（AIDS）完全一致，患者认为它是运送艾滋病人的车而拒绝乘坐，行人也时而嘲弄司机。这家公司最终只得更换了30多年的老招牌。

试分析：

1. 试从心理学角度，分析为什么要给汽车起个好名字。

2. 请运用心理学原理，对现实中的一些商标进行分析，并提出建议。

3. 你从中得到了什么启示？

汽车消费者的需要和动机

学习目标：通过本章的学习,应掌握汽车消费者需要和动机的特征及类型,运用需求层次理论分析现实社会中汽车消费者的需要；能够正确判断汽车消费者的需要和动机。

关键概念：消费需要(consumer demand)　消费动机(consumer motivation)

3.1　汽车消费者的需要

需要是人脑对内外环境的客观需求的反映,是人脑对生理需求和社会需求的反映。它既是一种主观状态,也是一种客观需求的反映。

汽车消费需要是指购买各类汽车的意向在消费者头脑中的反映。"各类汽车"是针对各类消费者而言的,购买意向是表明目前缺乏且有能力购买,"需要是反映"表明这个概念也是符合心理学两大基本规律的。

3.1.1　汽车消费需要的概念

1. 需要的含义

需要的含义可以从以下三个方面进行理解：

（1）需要也是符合心理学两大基本规律的：是人脑的反映；是客观现实的主观反映。

（2）需要的产生离不开两个条件：一是主体内部的缺乏感；二是客观环境的刺激。

（3）需要既是客观的，又是主观的。说它是客观的，是说需要的满足离不开客观条件，需要产生的两个条件之一，也来自客观，即客观刺激。说它是主观的，是说需要在每个人身上的表现不同，即"缺乏感"不同。有的人强烈些，有的人一般化；有的人能忍耐，有的人却忍耐不了。

2. 需要的类型

（1）从需要的内容结构的角度，可以把需要分为物质需要和精神需要。物质需要是人对物质资料的需要，也是人的物质生活的愿望和要求，如人对衣服的需要、对房屋的需要、对劳动工具的需要等。精神需要是人对精神财富的需要，也是人的精神生活的愿望和要求，如对知识的需要、对美的需要、对音乐的需要、对娱乐的需要等。人的物质需要和精神需要都是人必不可少的需要。物质需要给人以血肉，精神需要给人以灵魂。

（2）从需要的存在形态的角度，可以把需要分为生存需要和发展需要（生理需要和心理需要）。生理需要是人类最原始、最基本、最迫切的需要。我们的祖先说："食、色，性也。"意思是说，食欲和性欲，是人的本性、本能。用现在的话说，生理需要就是衣、食、住、行的需要。心理需要又叫精神需要，是人的高层次需要，是人脑对社会需求的反映。人活着，除了吃喝，还要与人交往；还要有自尊心，受到别人的尊重；还要有所成就，给社会做出点贡献。这些需要的满足，离不开社会。

（3）从需要的主体角度，可以把需要分为个体需要和群体需要（社会需要）。个体需要指的是每一个自然人的需要。前边分析的那些需要，首先存在于每一个个体身上。从哲学角度看，没有个别，就没有一般。没有个体需要，也就谈不上群体需要。要明确群体需要，首先要明确群体。群体是相对于个体而言的，但不是任何几个人就能构成群体。群体是指两个或两个以上的人，为了达到共同的目标，以一定的方式联系在一起进行活动的人群。可见，群体有其自身的特点：成员有共同的目标；成员对群体有认同感和归属感；群体内有结构，有共同的价值观等。群体需要就是以一定的方式联系在一起进行活动的人群的需要，如教师的群体需要、医生的群体需要、律师的群体需要、公务员的群体需要等。

3. 马斯洛的需要层次理论

马斯洛，美国人本主义心理学家。主要著作有《动机与人格》《存在心理学探索》《人性能达的境界》《妇女心理学》等。他最著名的理论当推"需要层次理论"，是在《动机与人格》一书中提出来的。马斯洛在谈到人的需要的时候指出："这是一个分层次的价值系统，存在于人性的本质之中。它们不仅是全人类都需要和渴望的，从必须用它们来避免一般疾病和心理病变的意义上来说,也是不可缺少的。"

马斯洛认为,人类有 5 种基本需要,即生理的需要、安全的需要、社交的需要、尊重的需要、自我实现的需要,如图 3-1 所示。他说,生理的需要在所有需要中占绝对优势,在长期得到满足时,生理的需要就不再是行为的活跃的决定因素和组织者了,它们只是以潜能的方式存在。安全的需要包括安全、稳定、依赖,免受恐吓、焦躁和混乱的折磨,对体制、秩序、法律、界限的需要,对于保护者实力的要求,等等。安全的需要通俗地说有三个内容,即人身安全、财产安全、就业安全。现在看,就业安全的问题大一些。

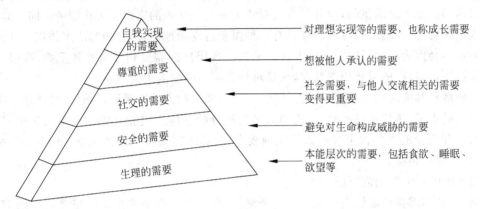

图 3-1　马斯洛需求层次理论(模型)

在谈到"社交的需要"时,马斯洛指出,他一般渴望同人们有一种充满深情的关系,渴望在他的团体和家庭中有一个位置,他将为达到这个目标而做出努力。当美韩嚷嚷着要在南海军演的时候,中国政府一次次地严正表态:南海问题涉及中国的核心利益。中国的广大网民也表示了极大的愤慨。迫于官方和舆论的压力,美韩不得不改地方去军演。这个时候,作为一个中国人,都有强烈的归属感,既对于自己是中国人而感到自豪,也更加清楚一个道理:不能总示弱!

尊重的需要是第四个层次的需要。马斯洛指出,这种需要可以分为两类:第一,对于实力、成就、优势、自信、独立和自由等的欲望;第二,对于名誉或威信(来自他人对自己的尊敬或尊重)的欲望。尊重的需要,大致可以分为三方面内容:对人的隐私的尊重、对人的劳动的尊重和对人格的尊重。如果我们真的是对人尊重,就不会出现有些娱乐记者手持相机,瞪大眼睛,等着盼着那些女明星不慎走光的意外发生;更不会有那些所谓的狗仔队专门去挖别人的隐私的事件。

自我实现的需要,是需要层次理论里最高层次的需要。"它可以归入人对于自我发挥和完成的欲望,也就是一种使他的潜力得以实现的倾向。""在这一层次上,个人的差异是最大的。"满足这种需要就要求完成与自己能力相称的工作,最充分地发挥自己的潜在能力,成为所期望的人物。这是一种创造的需要。有自我实现需要的人,似乎在竭尽所能,使自己趋于完美。自我实现意味着充分、活跃、忘我、集中全力、全神贯注地体验生活。

马斯洛理论把需求分成生理的需求、安全的需求、社交的需求、尊重的需求和自我实现的需求五类,依次由较低层次到较高层次排列。

五种需要像阶梯一样从低到高,按层次逐级递升,但这种次序不是完全固定的,可以变化,也有种种例外情况。

需求层次理论有两个基本出发点：一是人人都有需要，某层需要获得满足后，另一层需要才出现。二是在多种需要未获满足前，首先满足迫切需要；该需要满足后，后面的需要才显示出其激励作用。

一般来说，某一层次的需要相对满足了，就会向高一层次发展，追求更高一层次的需要就成为驱使行为的动力。相应地，获得基本满足的需要就不再是一股激励力量。

五种需要可以分为两级，其中生理的需要、安全的需要和社交的需要都属于低一级的需要，这些需要通过外部条件就可以满足；而尊重的需要和自我实现的需要是高级需要，它们是通过内部因素才能满足的，而且一个人对尊重和自我实现的需要是无止境的。同一时期，一个人可能有几种需要，但每一时期总有一种需要占支配地位，对行为起决定作用。任何一种需要都不会因为更高层次需要的发展而消失。各层次的需要相互依赖和重叠，高层次的需要发展后，低层次的需要仍然存在，只是对行为影响的程度大大减小。

马斯洛和其他的行为心理学家都认为，一个国家多数人的需要层次结构，是同这个国家的经济发展水平、科技发展水平、文化和人民受教育的程度直接相关的。在不发达国家，生理的需要和安全的需要占主导的人数比例较大，而高级需要占主导的人数比例较小；在发达国家，则刚好相反。

怎么理解马斯洛的需要层次理论？

第一，基本需要满足的先决条件。马斯洛指出："有一些条件是基本需要满足的前提，对于它们的威胁似乎就是对基本需要本身的威胁。它们包括言论自由，在无损于他人的前提下的行动自由、表达自由、调查研究和寻求信息的自由、防卫自由，以及集体中的正义、公平、诚实、秩序等。"

第二，"相对满足的不同程度"。马斯洛解释说："事实上，对于我们社会中的大多数正常人来说，其全部基本需要都部分地得到了满足，同时又都在某种程度上未得到满足，要想更加真实地描述这个层次序列，就应该在这个优势层次序列中逐级减小满足的百分比。例如，满足了 85% 的生理需要，70% 的安全需要，50% 的社交需要，40% 的尊重需要，10% 的自我实现需要。"

第三，需要的文化特性和普遍性。马斯洛认为，它（基本需要）比表面的意识欲望更重要、更普遍、更根本，并且更加接近人类共同的特性，基本需要与表面的欲望或行为相比更加为人类所共有。这就是说，马斯洛虽研究的是美国这样的资本主义国家，但基本需要是人类所共有的。不论你的身高、性别、年龄、肤色，也不论你身处哪个国家、哪个年代、哪种文化背景下，我们的祖先早就认识到了这一点——"食、色，性也"。

第四，"已经满足的需要的作用"。马斯洛指出，需要一旦满足，就不再起积极的决定或组织作用。"需要中的任何一个受到挫折的人完全有理由被设想成一个病人。这相当于我们把缺乏维生素或者无机物的人称为病人。"其实，这段话是以另一个角度阐述需要的作用，即需要没能得到满足的危害。

第五，需要满足的程度与心理健康的程度的关系。"很明显，在其他因素相同的条件下，一个安全、归属、爱的需要得到满足的人，比安全和归属需要得到满足，但在爱的感情上遭受拒绝、挫折的人更健康。""因此，似乎需要满足的程度与心理健康的程度有确定的联系。"其实，马斯洛的这段话，给了我们明确的结论：人的心理健康离不开需要的满足。学生的心理健康也离不开需要的满足。接下来的课题是：满足学生的哪些需要？怎么去满足？

第六，主导性需要。马斯洛指出，任何一个需要的满足后，随着它的逐渐平息，其他曾被挤到一旁的较弱的需要就登上突出的地位。需要永不停息。一个需要的满足产生另一个需要。其实，汽车的消费者也是这样。买车是他的需要；买车后的各项服务同样是他的需要。

第七，高级需要的重要性及其实现的外部条件。"高级需要的满足能引起更合意的主观效果，即更深刻的幸福感、宁静感，以及内心生活的丰富感。""追求和满足高级需要代表了一种普遍的健康趋势，一种脱离心理病态的趋势。""那些两种需要都得到过满足的人们通常认为高级需要比低级需要具有更大的价值。""高级需要的追求与满足具有有益于公众和社会的效果。在一定程度上，需要越高级，就越少自私。对爱及尊重的追求必然涉及他人，而且涉及他人的满足。"这些阐述，明明白白地告诉我们，高级需要非常重要。马斯洛说的高级需要，就是生理的需要、安全的需要之外的其余三种需要。高级需要这么重要，它的实现也是需要一定条件的。"高级需要的实现要求有更好的外部条件。要让人们彼此相爱，而不仅是免于相互残杀，需要有更好的环境条件（家庭、经济、政治、教育等）。"以上这几点，是我们更好地理解需要层次理论不可缺少的内容。

【案例 3-1】　希望得到赞美，是客户的天性

流浪汉敲了敲门，女主人开门看见他，骂道："你的身体这么壮实，完全可以在矿场安安生生地挣钱养活自己，用不着流浪。"

"是的，太太。"流浪汉回答说，"您长得很美，本应该登台表演，而不是干家务活。"

"等一等，"女主人双颊泛起红晕，"我马上去瞧瞧，看餐厅里有什么东西。"

流浪汉顺利地得到了他想要的东西，他成功的秘诀是什么呢？那就是赞美，是不露声色、真诚而自然地赞美。他用赞美赢得了女主人的欢心，从而顺利地达到了自己的目的。

【分析】　从心理学的角度来看，人们之所以喜欢被赞美，根源就是每个人都有一种自我实现的心理需求。赞美带给人的是一种自我价值得到他人承认的愉悦感和优越感，是一种自己得到他人尊重的成就感。通过他人的赞美，一个人看到了自身的价值，从而获得了心理上的满足。

人人都喜欢被他人赞美，客户也不例外。因此，在推销的过程中，销售人员如果能够以欣赏的眼光看待客户，以真诚的话语赞美客户，那么客户的内心必然会获得极大的满足。恰如其分的赞美会让客户在愉悦的心情中接纳你、接纳你的产品。

4. 汽车消费需要的含义

汽车消费需要是指购买各类汽车的意向在消费者头脑中的反映。"各类汽车"是针对各类消费者而言的，购买意向是表明目前缺乏且有能力购买，"需要是反映"表明这个概念也是符合心理学两大基本规律的。

3.1.2　汽车消费需要的特征及类型

1. 汽车消费需要的特征

我国改革开放四十年来，人民群众生活水平有了长足的进步。按照一般的汽车市场规律，当人均 GDP 处于 1000 美元时，汽车市场需求迅速上升。具体地说，当人均 GDP 达到

1000美元时,汽车开始进入家庭。在我国,汽车开始进入家庭是从2001年开始的。当人均GDP达到3000美元时,私人购车将出现爆发性增长,这一情况在我国是2008年出现的。在这样的历史背景下,我国汽车消费市场快速发展,从2009年跃居世界第一大汽车消费国至今,已经连续十年蝉联世界第一。分析我国目前的汽车消费市场,汽车消费需要的特征主要表现在以下几个方面。

第一,价格对消费者购车的影响力正逐渐减弱。近五年来,中国乘用车销量以平均每年14%的幅度增长。虽然从2017年起,中国汽车市场进入了微增长的常态,但增速依然高于美国市场。

从私人轿车保有量增长趋势来看,2010年至今中国私人轿车保有量的增长率均高于12.5%(2017年增长率)。此外,中国市场的车型多达700多种,是美国市场车型的2.5倍。即便如此,车型的数量还在不断增加,提供给消费者的选择也更多。因此,消费者也变得更加理性和挑剔。

中国汽车销售满意度研究(SSI)发现,中国车主购车的原因发生了显著变化:价格因素从2000年的首要因素下降到2017年第五位,而品牌、品质、颜值和技术,成为购车前四位的原因。消费者对品质,即对汽车质量和安全性的要求始于2005年,此后,品质在购车原因中所占的权重逐年上升。

第二,汽车消费还需要相关政策支撑。所谓的相关政策,主要指汽车购置税、汽车下乡、汽车以旧换新等政策。应当说这些政策在最近几年对刺激汽车消费起到了不可替代的作用。我国对1.6升及以下排量乘用车施行减按5%征收车辆购置税政策。受到车辆购置税优惠政策的激励,我国汽车工业市场发展迅速,尤其是小排量汽车受到市场欢迎。2010年我国继续车辆购置税的优惠政策的实施,将这一优惠调整为按7.5%征收。连续两年的车辆购置税优惠刺激了汽车消费。2009年我国汽车销量达到1364.48万辆,同比增长46.15%,成为全球第一大汽车产销国,已经超过先前的美国。随后,2010年我国比较谨慎地进行了刺激消费政策的退出,但没有一下子将所有刺激政策取消,而采取了逐步退出的方式。将减征车辆购置税的优惠政策延续至2010年年底,但征收税率在2010年1月1日至12月31日调整为减按7.5%征收。

汽车以旧换新办法,是指由财政部、商务部于2009年7月13日正式联合发布的《汽车以旧换新实施细则》(以下简称《细则》)。《细则》规定,四类汽车可享以旧换新补贴,金额从3000元到6000元不等。以旧换新政策在2010年曾拉动新车消费达382亿元。在稳增长的政策格局下,以旧换新的汽车消费刺激政策再次延续,汽车以旧换新的单车补贴金额标准由5000元提高至1.8万元,有效期至2013年1月31日。

从2010年开始,我国陆续出台了多项新能源汽车产业扶持政策,从多个方面推动了新能源汽车产业和新能源消费市场的发展。2009年,中国市场新能源汽车产销量均只有5000辆左右,2017年这一数据已经攀升到77.7万辆,是八年前的155倍多。这种大幅度跨越式的发展,与我国新能源汽车政策的制定和实行是分不开的。

第三,买车愈加重视"技术"。从2015年开始,中国消费者开始关注技术,因为技术原因购买新车的比例快速上升。中国消费者对新技术的需求高涨,导致汽车安全/智能互联网设备的安装率逐步提高。2017年,自动泊车系统、读出短信、车载互联网连接、车道偏离警告系统、语音识别、内置蓝牙电话、导航系统、停车辅助/倒车雷达等安装率都较2015年有了一定幅度的提升。与其他年龄段的消费群体相比,"90 后"对新技术的热衷程度普遍高于早年龄段的消费群体。

第四,对 SUV 情有独钟。从车型购买的趋势来看,中国消费者越来越不喜欢小车。中国新车购买意向研究(NVIS)显示,2010 年至今,中型车和入门级中型车对潜在车主的吸引力明显减少,两者在潜在车主最想购买的车型中所占比例下降了超过一半,而消费者对豪华车和 SUV 趋之若鹜。豪华车占潜在车主最想购买的车型比例从 2010 年的 1%上升至 2017 年的 9%,SUV 则从 2010 年的 10%上升到 2017 年的 37%。

第五,互联网购车成为汽车销售的重要渠道之一。"互联网"概念横空出世,给汽车市场带来了深刻变革,方便厂家为消费者提供个性化产品和配套服务,并与消费者进行直接沟通。中国汽车销售满意度研究(SSI)显示,中国新车车主网络购车的比例从 2015 年的 8%上升至 2017 年的 17%。此外,在入店客流中,来自经销商网络营销的比例从 2015 年的 26%上升至 2017 年的 30%。

第六,国产车日益受到国人的关注和喜爱。2005—2016 年,自主品牌的市场份额从 26%上升到 40%,相当于欧系品牌和日系品牌的总和。此外,研究还显示,2017 年,在首辆车为自主品牌的消费者中,再次购买自主品牌的比例高达 47%。

第七,中国汽车消费已经进入增换购时代。据统计,2008 年,我国增换购在新车销量中的比例是 14%左右,到了 2013 年这一数字已上升到 35%,2016 年更是达到了 46%(其中换购率为 26%,增购率为 20%),大有取代首次购车成为市场主流的趋势。有业内人士表示,随着中国汽车市场走向成熟,首次购车的比例将持续下降,越来越多的消费者有着更为丰富的用车经验,对于车辆的需求也更为成熟、实际,理性的实用主义者越来越多。尤其是在人均保有量高的一二线城市,增换购已成为主流,中国车市已进入增换购时代。

2. 汽车消费需要的类型

就目前我国消费者的情况看,汽车消费需要的类型主要包括以下几种。

(1) 代步工具型。多数消费者买私家车是用来作为代步工具的,以解决远距离上下班的交通问题,以及接送孩子上下学的出行问题。此类消费者的购车需要是代步。

(2) 享受生活型。除了以代步工具为购车目的的消费者之外,还有一部分是为了要享受生活、休闲度假而购车的消费者。近年来,自驾游已经成为许多消费者休闲度假的主要方式之一。此类消费者买车主要是为了满足享受生活的需要。

(3) 显示地位型。有些消费者买车,主要不是代步,也不是享受生活,而是为了彰显地位。当今社会,汽车在某种程度上是一个人身份地位以及实力的象征。因此某些消费者虽然单纯考虑上下班出行等问题时并不需要买车,但由于自己身份地位的缘故而不能没有车。此类消费者买车是为了满足第四层次的需要(尊重的需要)。

(4) 开展业务型。有些消费者因工作业务需要而购车,这类消费者多属于私营业主,他们为了开展业务,需要购车。对于这一类型的消费者而言,车不仅仅是为开展业务提供方便、快捷,在某种程度上还代表了公司的实力。因此,汽车使其业务开展得更方便、快捷,争取了更多宝贵的时间,赢得了信誉、合同,也赢得了经济效益。

(5) 结交朋友型。此类消费者基本上属于从属的类型。自己有辆车,平时上下班用。朋友有急事,也可以一用。

【案例3-2】　客户都有潜在需求

一家高档的餐厅里，由于生意兴隆，所有的席位都已经坐满了客人。因此，那些后来的客人只能在等候区无聊地等待。这时，手表推销员陈霞在等候区找到了自己的目标——一对年轻的情侣。

陈霞礼貌地上前打招呼，并做了自我介绍，然后请求占用他们几分钟做个市场调查。那对情侣对视了一眼，男士问道："是什么调查？"

陈霞掏出笔和问卷，回答说："是关于手表的调查，主要有三个问题。"之后，她拿出一个可爱的钥匙链，告诉那对情侣这是调查结束后的一个小礼物。

随后，陈霞将注意力集中到问卷上："第一个问题，你们喜欢现在戴的手表吗？"男士回答说："很喜欢，以后也不会更换了。"女士回答说："手表就是一种计时工具，感觉无所谓。"

陈霞又问："第二个问题，你们会在什么时候把手表当作礼物送给朋友？"看着那对情侣陷入了思考之中，陈霞提示说："祝贺生日？节日？或重要时刻？"男士说："情人节礼物吧，圣诞节也行。"女士说："还是作为生日礼物好。"

陈霞继续问："第三个问题，你们认为这块手表值多少钱？"说着，陈霞从包里拿出一个精美的盒子，透过盒子的透明包装，可以看到里面精巧的手表。

那对情侣把手表从盒子里取出来，顿时被手表美观、精巧、时尚的外形吸引住了。女士还把手表戴到手上，赞叹说："真漂亮！"男士郑重地说："这块表怎么说也得值300元。"

陈霞看着他们俩说："你们为什么觉得它值这个价呢？"

这对情侣列举了很多理由，比如美观、时尚、结实耐用等，以此来说明这块手表值他们估的这个价。最后，那位女士反问陈霞："那这块手表你们打算定多少钱呢？"

陈霞显得很犹豫，说："我们公司已经调研了两个多月了，大部分人都给出了高于300元的价格，甚至有人的估价达到了600元，而且估了这个价的人对手表挺有研究的，他甚至看出了我们这款表是抗震的。我是公司派来做调研的，并不太了解手表。但是根据大家的估价，我也感觉这款表非常好。"说完，陈霞收回手表，小心翼翼地放回盒子，然后重新装进书包。

"感谢你们两位的参与，这是一个小礼物。"说着，陈霞将提前准备好的钥匙链递了过去。

男士说："你们这款手表将来会定多少呀？"

"这个很难说，这款表目前在香港定价是988元，在内地很难说呀。我们这次调研，就是为了弄清消费者到底能接受多少钱的价格。"说着，陈霞收拾完东西，做出要离开的样子。

在就要离开的最后一刻，陈霞突然回头说："先生，看你们挺喜欢这款表的，而且你们也挺配合我的调研的。如果这款表300元，你们会买下它吗？"

"真的吗？"女士马上问。

最后，不出陈霞意料，那位男士爽快地为她女朋友买下了这款精美的手表。

【分析】　心理学家认为，人的思想可以分成两部分：意识和潜意识。大部分销售人员推销产品，都是以客户意识到的需求为出发点的。比如一个推销手表的销售员，他可能只在客户说"我需要一块手表"的时候才会去向客户推销。这样的销售员没有认识到一个重要事实，就是客户的潜意识中同样存在购买欲望。

客户潜意识中的购买欲望并不是显在的，在缺少刺激的时候，客户并不会意识到自己对某种产品的需求。故事中的那对情侣就是如此,他们对精美手表的需求就是一种潜在需求。从表面上看,他们没有购买欲望,而当陈霞通过让他们对手表进行估价和评判时,他们潜意识中的购买欲望被激发了出来,最终他们做出了购买决定。

能否激发出客户潜意识中的购买欲望,是决定一个销售人员能否取得良好业绩的重要条件。只有懂得了如何激发客户潜在的购买欲望,才能有效抓住每一个销售机会,才能在销售竞争中走在竞争对手的前面。

在销售活动中,销售人员应学会营造一定的情景,激发出客户潜意识中的购买欲望。

3.2　汽车消费者的动机

3.2.1　消费动机的概念与类型

1. 消费动机的概念

消费动机是指消费者为了满足一定的消费需求而引起购买行为的愿望或意念,是推动人们购买活动的内部动力,是内外诱因和主客观需要在人脑中的反映。

怎么理解这个概念呢?

第一,消费动机是由消费需求引起的。

第二,消费动机是一种动力,能直接引起人的购买行为。

第三,内外诱因也是产生消费动机的主要因素之一。

第四,消费动机也是"人脑中的反映",符合心理学的两条基本规律。

2. 消费动机的类型

1) 主导动机

主导动机在具体的商品消费中起着直接的推动作用。消费者的主导动机主要包括以下几种。

(1) 食品消费。当前食品消费中表现的主导动机包括追求新鲜的动机、追求营养的动机、追求健美的动机、追求美味的动机、追求营养兼美容的动机、追求减肥的动机、追求食补的动机、追求烹调食用方便的动机等。

(2) 服饰消费。服饰消费中的主导动机包括求美的动机(同时属于基本动机)、求舒适的动机、求流行的动机、求个性的动机、求物美价廉的动机等。

(3) 家用电器的消费。这类商品的消费中,主导动机包括追求省电的动机、追求低噪声的动机、追求低辐射的动机、追求高质稳定的动机、追求最好的绝缘性能的动机、追求家电色彩和外观与居室协调一致的动机、追求操作方便的动机、追求不满意就退货的动机等。

(4) 美容化妆品消费。美容和化妆已经成为我国城镇居民生活中一件必不可少的事情,美容化妆品市场已经发展成为一个巨大的商品市场。购买美容化妆品时所表现的主导动机包括追求使用方便的动机、追求没有任何副作用的动机、追求一种美容品多种美容效果的动机、追求快速美容效果的动机、追求美容效果自然的动机等。

2）基本动机

（1）追求实用的消费动机。一般是在日用品的消费中出现的。这些商品的使用价值比较明确，消费者只在意所购买的商品具有使用价值，而不会看重食品的华丽包装、衣服的品牌与知名度。

（2）追求方便的消费动机。一般是为了减少体力与心理上的支出。它包括三种形式：一是商品可以减少或减轻消费者的劳动强度，节省体力；二是商品具有一些方便消费者使用的功能，减少操作使用中的麻烦；三是可以方便消费者的购买，减少购买过程的麻烦。

（3）追求美感的消费动机。这是相当普遍的一种动机形式。美是人们生活中的一个重要价值尺度。这把尺子也用在了消费行为中。消费行为中追求美的动机的形式主要有两种：一是商品本身存在客观的美的价值，能给消费者带来美的享受和愉悦；二是商品能为消费者创造出美和美感，如美化了的自我形象，美化了的个人生活环境。

（4）追求健康的消费动机。健康的身体，是保证人们幸福生活的基本条件。人人都有追求健康的动机，并会因此消费大量的有利于健康的商品。这些商品主要包括医药品、保健品、健身用品。现在，健康用品市场的发展越来越快，品种也日趋丰富和完善，这与人们收入水平的提高和健康意识的增强有直接的关系。

（5）追求安全的消费动机。消费者求得安全的动机主要有两种表现形式：一是为了人身与家庭财产的安全，而去购买防卫性商品、购买各类保险；二是在使用商品的过程中，希望商品的性能安全可靠，如电器商品的绝缘性、燃气灶具的密闭性等。

（6）追求名望的消费动机。求名的动机是消费者通过购买特殊的商品来宣扬自我、夸耀自我的一种消费动机。比如，买一副墨镜三千多元，买一个皮包几万元，买一块手表几万元，买一双皮鞋几千元，买一套衣服上万元甚至几万元，等等。

（7）追求廉价的消费动机。这是消费者追求商品低价格的一种消费动机。同样的商品品牌，同一类商品，功能外观相似的商品，消费者会尽量选择价格最低的那一种，这正所谓"货比三家"。消费者普遍存在求廉的消费动机。

（8）追求新奇的消费动机。好奇是每个人都会产生的一种心理。这种心理在一定场合下会促使人以购买商品来满足。促使消费者产生好奇心，并且激发其购买愿望的商品，都是些外观新颖、功能奇特或是给消费者意想不到的发现的商品。

（9）追求习惯的消费动机。消费者出于长期形成的消费习惯而购买商品，这是较为重要的一种消费动机。有的消费者对于某一种或几种牌子的商品保持稳定的消费性格；有的消费者对于特定的商品类型保持稳定的消费习惯；还有的消费者对具有某种特性、外形、色彩的商品保持特定的消费习惯。

（10）追求储备的消费动机。消费者主要出于储备商品的价值或使用价值的目的而产生这类动机。如购买黄金来保值，在市场上出现求大于供的情况时大量买进有价证券进行保值等。

（11）追求馈赠的消费动机。消费者购买商品一是为了自己消费，二是为了馈赠别人。这种现象在人情观念浓厚的中国十分普遍。第1章已经分析了，中国人的行为心理特征之一就是"重人情"。

（12）追求纪念的消费动机。这是消费者为了记下当时的气氛、记住当时的情景、留下美好的回忆等而产生的消费动机，如各种纪念照的拍摄服务，纪念品的销售，婚礼、生日现场的照相、录像等。

　　消费者的购买动机大多具有明确的指向性和目的性,除了上述几个方面消费动机外,还有自卫性、补偿性等,也是消费活动中较常见的购买动机。

3. 消费动机的特征

　　(1)目的性。消费者头脑中一旦形成了具体的动机就有了购买商品和消费商品的目的,即"我为什么要买这个"。

　　(2)指向性。消费者会对将要购买的商品有明确、清晰的要求,即"我要买什么,到哪儿去买。"

　　(3)主动性。动机的形成可能源于消费者本人的因素(消费需要、消费兴趣、消费习惯),也可能源于外部条件的诱发(广告的宣传、购物场所的提示)。消费者会自觉地搜集有关商品的信息,会推掉其他事情而专门去购买所需商品。主动性即"我要买",而不是"要我买"。人们往往都有种逆反心理,你让我买,我偏不买。我想买了,你拦也拦不住。

　　(4)动力性。在动机的支配下,消费者可能随时会购回商品,且做好了克服各种困难的准备。动力性有点像"兴奋剂""强心剂",总有股强大的劲儿推着你往"磁场"走,这个"磁场"就是你所要购买的商品所在的商场。

　　(5)多样性。不同的消费者有不同的消费动机,同一个消费者在不同时期、不同场合、不同情况下,也会有不同的消费动机。多样性就如同"抽奖箱"一样,手伸进去,摸出哪个来有多种可能,而不是仅仅只有一两种可能。

　　(6)组合性。消费者购买某一种商品时,可能是出于一种消费动机,也可能是出于多种动机,这种现象称为消费动机的组合性。这种情况有点像"彩票抽奖",一排小黄球,究竟哪几个小球组合,不一定。

3.2.2　汽车消费动机的类型

1. 方便快捷的动机

　　不少买车的人都有一种共同的心理:有了车,真方便,想上哪儿,一脚油的事。有些人买的住宅离单位很远,有了私家车,就方便多了,距离好像一下子就缩短了很多。节假日想去哪儿玩,也很方便,再也不用为找车而发愁了。

2. 从众随流的动机

　　单位存车处的变迁很说明问题:过去上下班,不少人骑自行车,单位里存车处净是自行车;后来,存车处里多了不少摩托车;再后来自行车基本没有了,存车处里都是私家军和摩托车。这种从众心理在汽车消费动机方面也有体现。

3. 享受生活的动机

　　有这种消费动机的人,他们把购车的动机定位在"享受生活"上,这类人无疑是会生活的。人怎么活都是一辈子,为什么要苦了自己呢? 走着可以上班,骑车也可以上班,但远不如有辆自己的汽车。这样，生活就大不一样了。以前是为生活所累，现在是觉得生活蛮有乐趣。

4. 享受天伦的动机

买车的动机有好多种，其中之一就是为了"享受天伦"之乐。开车带着家人在周末或假日一起出游，是现代都市人享受生活、享受天伦之乐的方式之一。随着经济发展水平和家庭收入的提高，自驾出游享受家庭欢乐，有这种动机的消费者会越来越多。

5. 体面尊严的动机

从马斯洛的需要层次理论的角度看，人都有尊重的需要。买私家车其实也能满足人的这种需要。他们认为这是提升生活品质的重要因素，在这种动机的驱使之下而购车的消费者，也有相当一部分。

6. 有成就感的动机

车，并不是所有的人都能买得起。所以那些买了车的人，很多都非常有成就感。能买得起车，说明"混"得不错，日子过得还行。为了有这种成就感，一部分消费者就买了车。虽然成就感来自很多方面，但有了自己家的车，这种成就感是无法替代的。

本 章 小 结

需要是个体在一定的条件下感到某种欠缺而力求获得满足的一种不平衡状态，是个体对延续和发展生命所必需的客观条件的需求在人脑中的反映，是个体对自身和外部生活条件的需要在头脑中的反映。汽车消费者的需求类型有代步工具型、享受生活型、显示地位型、开展业务型、结交朋友型几种。购买动机是在消费者需要的基础上产生的、引发消费者购买行为的直接原因和动力。汽车消费者的购买动机主要有方便快捷、享受生活、体面尊严等几种。深入了解汽车消费者多种不同的购买动机，对于把握消费者购买行为的内在规律，用以指导企业的营销实践，具有更加现实的意义。

思 考 题

1. 什么是消费者的需要？汽车消费者的需要有哪些基本特征？
2. 什么是消费者的动机？汽车消费者的购买动机有哪些作用？
3. 汽车消费者的具体购买动机有哪些类型？

实　训　题

角色扮演：判断客户的需要

模拟内容：学生以小组为单位，3～5人为一组，每组分为两类角色，即销售顾问和客户。客户可以是1～3人，4S店一方可以有1名大厅接待，1名销售顾问。在情景模拟过程中，要求销售顾问要能从客户的言谈举止中准确地判断出其需要，越具体越好。各小组在上台表演前，需准备好主要情节与台词。扮演客户的同学的台词中，既要有明显的需求表达，也要有模糊的需求表达。一组表演时，其他组要认真看，仔细听，并适当做笔记，最后打分。

评价方法：学生自评与互评相结合，并以此为主；以教师评价为辅。

　案例分析

卖木梳给和尚

一家大公司因扩大经营而招业务主管，报名者云集，招聘主事者见状灵机一动，相马不如赛马，决定让应聘者把木梳卖给和尚。以10天为限，卖的多者胜出。绝大多数应聘者愤怒，说：出家人要木梳何用？这不是拿人开玩笑嘛，最后只有三个人应试。

十天一到。主事者问第一个回来的应试者："卖出多少把？"回答是："1把。"并且历数辛苦，直到找到一个有头癣的小和尚才卖出一把。

第二个应试者回来，主事者问："卖出多少把？"回答是："10把。"并说是跑到一座著名寺院，找到主持说山风吹乱了香客头发对佛不敬，主持才买了10把给香客用。

第三个应试者回来，主事者问："卖出多少把？"回答是："1000把。不够用还要增加。"主事者惊问："是怎么卖的？"应试者说："我到一个香火很盛的深山宝刹，香客络绎不绝。我找到主持说，来进香的善男信女都有一颗虔诚的心，宝刹应该有回赠作为纪念，我有一批木梳，主持书法超群，可以刻上（积善梳）三个字做赠品。主持大喜，把我带的1000把梳子全部要了。得到梳子的香客也很高兴，香火更加兴旺，主持还要我再卖给他梳子。"

试分析：

1. 案例中三位应试者的销售结果为什么有如此巨大的差异？
2. 第一个应试者为什么没有成功？
3. 第二个应试者成功之处在哪儿？
4. 第三个应试者的独到之处在哪儿？

汽车消费者的个性心理特征

导入案例：*Don't Cry*

　　小沈很偶然地打开了收音机,也很偶然地听到了这首 *Don't Cry*,熟悉的节奏与嘶吼,在这个夜里让他想起了那一年的冬日,这首老歌竟然帮他卖出了人生第一辆车。记得那时,小沈刚刚踏上工作岗位,有一日,前台接待员介绍了一位想买 A6L2.4 的客户给他,并且约好了第二天来店里看车。根据接待员给出的信息,该客户姓江,现在一家影视公司工作,想在近期购买一辆新车。在对客户有了基本的了解后,小沈为与客户的第一次接触做了充分准备。

　　第二天,客户来到了展厅,小沈马上上前接待。在大致了解了江先生的需求后,小沈就陪同江先生参观了新车。江先生很明显地对 A6L2.4 的尺寸表示了较大的兴趣。但他对加长车是否会影响操纵性表示出了怀疑。小沈做了解释,并建议他进行一次试乘试驾,江先生欣然接受了试驾。试驾时,江先生提出了试一下音响的要求。

　　寒冬中,小沈跑回展厅拿出了珍藏在抽屉里的那张专辑,当枪花乐队 *Don't Cry* 的旋律响起时,小沈明显地感觉到江先生有点激动。这首歌,让江先生打开了话匣子。他年轻时也跟好友组建了一支乐队,但他们找不到属于自己的音乐。就在他们准备解散的时候,枪花乐队推出了最新专辑,主打歌就是 *Don't Cry*,瞬间就红遍了世界各地。而江先生他们的乐队也就是在这首歌里找到了自己的方向。

　　试完车的江先生还沉浸在刚才的回忆之中,而江先生对车子的性能也感到非常满意。不等小沈开口,就抢先说道:"小沈啊,谢谢你,你让我重新忆起了当年的岁月,当年的年少轻狂。真的很谢谢你,车子我很满意,你的服务我也感到非常满意。"

　　在交车的那天,小沈把那张枪花乐队的专辑送给了江先生,江先生也从此跟小沈成了好朋友。一首歌,帮助小沈卖出了他人生中的第一辆车,四个闪亮的环,照耀着交车时小沈和江先生的笑脸。

阅读并思考：

➢ 小沈参加工作卖出的第一辆车竟然跟一首歌有关,他的成功是巧合吗?

➢ 小沈送出那张专辑的同时,他得到了什么?

➢ 试述此案例给你的启示。

　　学习目标：通过本章的学习,掌握汽车消费者的消费观念的定义、类型及其影响因素,掌握汽车消费者的个性心理特征,能够运用相关理论分析汽车消费者的特征并利用其特征提出相应的消费建议。

关键概念：消费观念（consumption concept）　个性（personality）　气质（temperament）
性格（disposition）　能力（ability）　兴趣（interest）

4.1　汽车消费者的消费观念

消费观念（consumption concept）是人们对待其可支配收入的指导思想和态度以及对商品价值追求的取向，是消费者主体在进行或准备进行消费活动时对消费对象、消费行为方式、消费过程、消费趋势的总体认识评价与价值判断。消费观念的形成和变革是与一定社会生产力的发展水平及社会、文化的发展水平相适应的。经济发展和社会进步使人们逐渐摒弃了自给自足、万事不求人等传统消费观念，代之以量入为出、节约时间、注重消费效益、注重从消费中获得更多的精神满足等新型消费观念。消费观念的形成既是民族文化长期积淀的结果，又是社会现实的直接反映，在影响个人消费观念的众多因素中，主流消费观念和个人因素则是影响消费观念形成的基本因素。

4.1.1　汽车消费观念的定义及类型

1. 汽车消费观念的定义

汽车消费者的消费观念是指汽车消费者在进行汽车的消费活动中对汽车产品的看法、消费行为方式、消费过程、消费趋势的总体认识与价值判断。首先，汽车消费观是消费者价值观的组成部分，是消费者对待汽车这一产品的看法与态度以及相应的消费行为等；其次，消费观与消费者的消费水平、消费方式密不可分，如年可支配收入较低的学生族在买车时很难会以一次付款的方式购买价格较高的豪华车；最后，汽车消费观是对消费者的消费态度产生一定的影响，如中国汽车消费者的汽车消费观念会随着时代的发展、文化、收入等因素而不断发生变化，如汽车艺术、汽车广告、汽车展会、汽车体育、汽车俱乐部、汽车银行、汽车模特等新生事物的出现。

2. 汽车消费观念的类型

从汽车消费观念的概念来看，可知消费观念的形成既是民族文化长期积淀的结果，又是社会现实的直接反映。

我国古代有三种消费观，即节俭消费观、侈靡消费观和适度消费观。

节俭消费观就是主张人们在消费时应最大限度地节约物质财富，减少甚至杜绝浪费的一种消费观。这是人类历史上形成最早、影响最深、历史最长的一种消费观。可以说，自人类产生到今日，这种消费观都或多或少、或强或弱地影响着人们的消费行为和行为方式。

侈靡消费观是一种与节约消费观完全对立的消费观，它主张消费者大量的、无节制地占有和消耗物质财富，以满足自身的需求和欲望。从短期看，在社会总需求小于总供给，矛盾的主要方面不是生产而是消费的条件下，奢侈消费对经济发展，尤其是对扩大再就业不无益处，但从长期看，它所能产生的弊端相当大，后果不堪设想。因此，侈靡消费观是一种既有积极因素又有消极因素的消费观，因而它不可能成为我们信奉的消费观。

适度消费观既汲取了前两种消费观的合理营养，又摒弃了其中不合理的因素，是我们应该坚持奉行的消费观。

而发展到当代，消费者们的消费观则发生了变化。当代常见的消费观主要有以下几种。

（1）实用性消费观。这类消费者在消费商品时，十分注重商品本身的实用价值。他们会把商品的实用性放在第一位考虑，但他们不一定会出于经济能力的限制而注重商品的实用性。

（2）个性化消费观。这类消费者在消费商品时，十分注重商品的内涵能否突出自己与众不同的个性特征、审美情趣和品位。

（3）炫耀型消费观。这类消费者十分注重消费商品时别人的评价，购买商品时首先把别人的评价放在第一位，期望能得到别人的赞美。

（4）攀比型消费观。这类消费者购买商品时往往并不是出于迫切需要，而是出于不甘落后，想胜过别人的攀比思想而去购买商品。他们不从自身财力出发，盲目追求高档、名牌商品，以求得心理上的一种平衡。

中国汽车消费者的消费观，主要有这样几种类型：经济型、安全型、环保型、品牌型、生活型、平衡型、合适型。

1）经济型

虽然说中国人的腰包已经鼓起来了，但是大部分中国人的手头还不是特别宽裕。所以，多数家庭买车，主要是考虑经济型的，在购买时考虑车辆的性价比、燃油消耗等。因此在选择购车价位时，15万元以下车型约占市场的65%。

2）安全型

由于汽车越来越多，由汽车造成的事故层出不穷，尤其是因汽车本身的安全性问题造成的事故使消费者心中惴惴不安，在选择汽车时更加注重安全性的要求。如之前在网上传的"日系车安全性不高，车身被撞断"等消息造成了中国消费者对日系车的不信任。在选车的时候，选择安全性较好的车（如安装有保险杠、安全气囊、ABS防抱死制动系统等安全设施）的车会成为消费者的首选，或者是选择一些车重较大的SUV等，减小事故可能带来的伤害，而不是只看经济性等。

3）环保型

随着国家对环境的保护，对汽车的要求也越来越高，从开始的国Ⅰ、国Ⅱ标准，到很多城市实行的国Ⅳ标准，而北京、上海等地则在推行更为严格的国Ⅴ、国Ⅵ标准等，消费者在选车时会更加考虑汽车的环保性，选择小排量的车。同时，混合动力车型、新能源车在国家的大力推广下，越来越多地走进消费者，如每年的各大车展主题多为节能环保，汽车消费者会对其越来越了解而且有多种产品可供选择。

4）品牌型

品牌型又可以称为品质型、质量型，这类消费者买车，注重的是品牌，是质量。在全国乘用车的销量数据上，往往会发现在广东、深圳等地区，日系车卖得比较好，如卡罗拉、凯美瑞和雅阁都是城市道路上随处可见的车型，而在一些东部沿海地区，上海、浙江甚至是北京，则德系车卖得比较多，如帕萨特、明锐、朗逸等。

5）生活型

有不少家庭买车，其实就一个动机，即享受生活。毫无疑问，有了私家车以后，可以使家庭生活更加舒适、方便，更能让人们享受生活的乐趣。

6）平衡型

有些人买车，可能就为找个心理平衡。周围同事有车了，自己的同学有车了，邻居有车了，这些对自己都是个刺激。所以，为了心理平衡，自己也买辆车。

7）合适型

现在，越来越多的人意识到，买的车只要适合自己就好。所以，买辆对自己合适的车，也就成了许多人的汽车消费观。

4.1.2 影响汽车消费者消费观念的因素

1. 影响消费观念的因素

影响人们消费观念的因素，有一系列主客观因素，如传统价值观、经济发展水平、收入水平、物价水平、人口数量与结构、性别、年龄、受教育程度等。

1）传统价值观

早就流传于各种版本的营销方面教科书里的一个案例，说的是一位中国老太太和一位美国老太太的差别，其实是在说中美两种不同的价值观、不同的消费观。中国老太太攒了一辈子钱，总算买了一套房子，她很满意，很知足，她终于可以让自己的子孙享福了；美国老太太分期付款买的房子，到老了，终于还清了贷款，她也很幸福，因为她住在这所房子里已经几十年了。对于这一案例，很多中国的青年人表示不愿意走两个极端：既不想当中国老太太，一辈子没住过属于自己的房子，也不想当美国老太太，当了一辈子"房奴"。同学们认为，最好是两个人都攒一点，双方的父母再给一点，实在不够，再少贷点儿款。这就是我们中国当代大学生的消费观。他们身上的价值观，也有我们中国传统价值观的影子，但又不是对过去的简单"复制"与"粘贴"。在购车的消费者中，随着时间的推移，选择贷款"花明天的钱"来购车的也不在少数。同样还有对二手车的看法，不再如传统一样对二手的东西有一种天然的排斥。

2）经济发展水平

一个国家的经济发展水平，与这个国家的消费观念有直接联系，同步变化。我国是1999年，也就是改革开放10年之后，才达到了汽车消费起步的水平。开始拥有私家车，大概也就是从那个时候开始的。但是如前文所述，在人均收入达到3000美元时，对车的消费会极大增加，因此出现了从2009年开始对汽车消费的狂热，私人汽车消费会从政策性增长转变为内生式结构性增长。

3）收入水平

一般地说，收入与消费是成正比的。每年政府发布的经济统计公报都会给出全国或各地的居民收入水平，包括城镇和农村居民收入水平。而中国居民的收入水平与地区经济水平一样呈"东高西低"的阶梯状发展，同时有城镇收入水平高于农村收入水平的形态，因而在不同的地区流行趋势不同，到汽车上则是对品牌、车型等的选择，如在江浙等人均收入水平较高的地区，"豪车"出现的概率大大超过西北等经济欠发达地区。

4）物价水平

从一定意义上说，物价水平与消费水平成反比。但是并不能简单下结论，因为除物价水平外，税收、收入等因素会综合影响消费水平。如日本、美国以及其他发达国家，物价水平较高，但由于其工资水平也高，因此具有较高的消费水平。再如上海等国内一线城市，物价水平较其他地市高，收入水平也较高，因此消费水平较高。举个简单的例子：各个城市的出租车起步价，上海等地较高，但使用率也相对较高。

5）人口数量与结构

人口数量决定了该地区的消费潜力。人口数量较高的地区，消费潜力相应较大，比如现在国际上的"金砖四国"，因为四个国家如中国、印度等人口数量众多，有较高的人口红利，发展潜力巨大。而人口结构则是指该地区的年龄结构、家庭组成等。如我国即将进入"老龄化"，使得消费倾向也会发生变化。又比如"四世同堂"或"三世同堂"的家庭与"二人世界""单身青年"等家庭结构在购车选择上会有极大的不同，人口数量大、结构层级复杂的家庭较易选择宽敞、乘坐舒适的车型，而人口数量少的则易选择相对紧凑、外形酷炫的品牌型号如双门轿跑等，而不是传统的四门轿车。

6）性别

不同性别的人，消费观是有差异的。有人总结了女性消费的三大特点：一是"消费非理性，氛围心情是主导"，表现为容易受到打折、促销、广告等市场氛围的影响，容易受到人为气氛的影响，情绪化消费。二是"买了不言悔，情绪消费最值得"。三是"逛街是享受，特征各不同"。女性在汽车的消费上认为，安全最重要，价格最好在 10 万~15 万元。最爱的汽车颜色是红色。女性消费还有一些新特点：消费更加追求"自我满足"，新消费观折射出女性新追求。

7）年龄

青年人的消费观与中老年人有很大的差异。比如，"80 后"的青年人在汽车方面的消费观是：租别人的房，开自己的车。他们认为，买房太贵，尤其是在北京等大城市，买不如租。但有了自己的车，会让你心情愉快，工作、生活会更出彩。在中老年人身上，中国文化"崇俭"消费观的印迹十分明显。虽然随着改革开放的日益深入，中老年人的消费观发生了些变化，但传统消费观根深蒂固，使得今天的中老年人身上都有"中国老太太"的影子。

8）受教育程度

可以肯定地说，受教育程度与收入水平是成正比的。受教育程度与消费观也有密切的关系。一般来说，受教育程度越高的人，他们接受新事物、新观念就越容易，他们的消费观也就越容易与世界接轨。虽然有传统因素的影响，但毕竟他们接受了多年的教育，他们在认知因素方面已经不抵制新消费观。当然，要想让他们完全摆脱传统因素的影响，也是不现实的。

2. 影响汽车消费者消费观念的因素

影响汽车消费者消费观念的因素主要有以下几个：

1）支付能力

汽车消费者的消费观，要受到他的支付能力的影响与制约。消费者的支付能力直接影响了他的消费观。

2）内在需要

内在需要对人的消费观影响很大，很直接。人如果没有内在需要，消费欲望不那么强烈，那么他就不会把全部心思都用在那上面。买汽车也是如此。如果家离单位不远，孩子上学、妻子上班也不远，那么，从某种意义上说，车就离他很远。

3）购车用途

人们买车用来做什么，对他的消费观是有影响的。购车一般有这样几种用途：自己上下班、接送孩子、自家做生意用等。做的生意大了，买的车得讲究些，尽可能买辆好车。若纯粹是自己上下班，得看自己的支付能力等。其实，这个时候，心理因素也在发生作用，从众心理、攀比心理、面子心理等，都有可能影响他的消费观。

4）价格因素

如果说支付能力是主观的话，那么，价格因素就是客观的了。目前，中国汽车的价格总体来说偏高。换句话说，就是利润空间大。有些4S店对某些紧俏车型还加价销售，这种行为对他们的消费者影响很大。人们有种很强的逆反心理，汽车价高，他们就不买了，越是加价越去买的消费者还是少数。所以说，汽车的厂家、商家都要慎重运用价格杠杆来抬高车价。

5）政策优惠

2009年初，国务院的相关优惠政策大大地刺激了我国的汽车、家电市场。比如说汽车市场。由于汽车下乡、以旧换新、小排量购置税减征等优惠政策的出台及实施，汽车市场表现喜人，由此产销量都跃居世界第一。2009—2018年，在各项利好政策的影响以及消费需求增加的情况下，中国汽车产销量连续十年蝉联世界第一。利好政策优惠，会直接影响到人们买车的观念，即消费观。又如国家近两年对新能源汽车的补贴政策，以及上海和广州等地都相继推出了新能源汽车补贴政策，如新车牌照价格较高的城市对新能源汽车有免费送车牌的政策优惠，这些都极大地促进了新能源汽车的消费。

6）售后服务

有的人买车，先要解决后顾之忧，即售后服务问题。这种消费观也好理解。车本身价格昂贵，每年养车还得花上万元左右，要是售后服务不方便、不及时、不快捷，那不买也罢。

4.2　汽车消费者的个性心理特征

个性（personality）就是一个人的整体精神面貌，即具有一定倾向性的心理特征总和。

个性一词最初来源于拉丁语personal，开始是指演员所戴的面具，后来指演员——一个具有特殊性格的人。一般来说，个性就是个性心理的简称，在西方又称人格。个性，在心理学中的解释是：一个区别于他人的，在不同环境中显现出来的相对稳定的影响人的外显性和内隐性行为模式的心理特征总和。

由于个性结构较为复杂，因此，许多心理学者从自己研究的角度提出个性的定义，美国心理学家奥尔波特曾综述过50多个不同的定义。例如，美国心理学家吴伟士认为："人格是个体行为的全部品质。"美国人格心理学家卡特尔认为："人格是一种倾向，可借以预测一个人在给定的环境中的所作所为,它是与个体的外显与内隐行为联系在一起的。"苏联心理学家彼得罗夫斯基认为:"在心理学中,个性就是指个体在对象活动和交往活动中获得的,在个体中表现社会关系水平和性质的系统的社会品质。"而个性有倾向性、复杂性、独特性、积极性、稳定性、完整性、发展性和社会性等特点,受性别、民族、出身环境、童年及青年生活环境、成年生活环境、父母、朋友等因素影响,对消费者的消费观念有着极大的影响。本节将从气质、性格、能力和兴趣四个方面分别进行讨论。

4.2.1　汽车消费者的气质

气质(temperament)是先天的心理活动的典型而稳定的动力特征。怎么理解这一概念?

第一,气质是先天的(与日常生活里说的气质是两码事)。

第二,气质是典型的、稳定的。

第三,气质是心理活动的动力特征(强度、平衡性、灵活性)。

气质是人的个性心理特征之一,它是指在人的认识、情感、言语、行动中,心理活动发生时力量的强弱、变化的快慢和均衡程度等稳定的动力特征,主要表现在情绪体验的快慢、强弱、表现的隐显及动作的灵敏或迟钝方面,因而,它为人的全部心理活动表现染上了一层浓厚的色彩,它与日常生活中人们所说的"脾气""性格""性情"等含义相近。

1. 气质类型理论

1) 体液说

希波克拉底是古希腊著名的医生,他认为气质的不同是由人体内不同的液体决定的。他设想人体内有血液、黏液、黄胆汁、黑胆汁四种液体,并根据这些液体在混合比例中哪一种占优势把人分为不同的气质类型:体内血液占优势属于多血质,黄胆汁占优势属于胆汁质,黏液占优势属于黏液质,黑胆汁占优势属于抑郁质。可见,他把人的气质分为多血质、胆汁质、黏液质、抑郁质四种类型。

2) 体形说

体形说由德国精神病学家克雷奇默提出。他根据对精神病患者的临床观察,认为可以按体形划分人的气质类型。根据体形特点,他把人分成三种类型,即肥满型、瘦长型、筋骨型。例如,肥满型产生躁狂气质,其行动倾向为善交际、表情活泼、热情、平易近人等;瘦长型产生分裂气质,其行动倾向为不善交际、孤僻、神经质、多思虑等;筋骨型产生黏着气质,其行动倾向为迷恋、认真、理解缓慢、行为较冲动等。他认为三种体形与不同精神病的发病率有关。

3) 激素说

激素说是生理学家柏尔曼提出的。他认为,人的气质特点与内分泌腺的活动有密切关系。此理论根据人体内哪种内分泌腺的活动占优势,把人分成甲状腺型、脑下垂体型、肾上腺分泌活动型等。例如,甲状腺型的人表现为体格健壮,感知灵敏,意志坚强,任性主观,自信心过强;脑下垂体型的人表现为性情温柔,细致忍耐,自制力强。现代生理学研究证明,从神经-体液调节来看,内分泌腺活动对气质影响是不可忽视的。但激素说过分强调了激素的重要性,从而忽视了神经系统特别是高级神经系统活动特性对气质的重要影响,有片面倾向。

4)血型说

血型说是日本学者古川竹二等人的观点。他们认为气质是由不同血型决定的,血型有A型、B型、AB型、O型,与之相对应,气质也可分为A型、B型、AB型与O型四种。A型气质的特点是温和、老实稳妥、多疑、顺从、依赖他人、感情易冲动。B型气质的特点是感觉灵敏、镇静、不怕羞、喜社交、好管闲事。AB型气质的特点是上述两者的混合。O型气质的特点是意志坚强、好胜、霸道、喜欢指挥别人、有胆识、不愿吃亏。这种观点也是缺乏科学根据的。

5)活动特性说

活动特性说是美国心理学家巴斯的观点。他用反应活动的特性,即活动性、情绪性、社交性和冲动性作为划分气质的指标,由此区分出四种气质类型。活动性气质的人总是抢先迎接新任务,爱活动,不知疲倦。婴儿期总是表现为手脚不停乱动,儿童期表现为在教室坐不住,成年时显露出一种强烈的事业心。情绪性气质的人觉醒程度和反应强度大。婴儿期表现为经常哭闹,儿童期表现为易激动、难于相处,成年时表现为喜怒无常。社交性气质的人渴望与他人建立密切的联系。婴儿期表现为要求母亲与熟人在身旁,孤单时好哭闹,儿童期表现为易接受教育的影响,成年时与周围人相处很融洽。冲动性气质的人缺乏抑制力。婴儿期表现为等不得母亲喂饭等,儿童期表现为经常坐立不安,注意力容易分散,成年时表现为讨厌等待,倾向于不假思索地行动。用活动特性来区分气质类型是近年来出现的一种新动向,不过活动特性的生理基础是什么,却没有揭示出来。

6)高级神经活动类型说

俄国生理学家巴甫洛夫根据动物实验,得出了高级神经活动的三个特性,这三种基本特性是:①基本神经过程的强度,即兴奋过程和抑制过程的强度,大脑神经细胞经受长时间强有力的兴奋和抑制的能力;②基本神经过程的平衡性,即兴奋过程和抑制过程强度上的相互关系;③基本神经过程的灵活性,即兴奋过程和抑制过程相互交替的容易程度和速度。这三种基本特性的不同组合就构成了高级神经活动的不同类型,其中最常见的是以下四种类型:①强、不平衡、兴奋过程占优势型;②强、平衡、灵活型;③强、平衡、不灵活型;④弱、抑制过程占优势型。他认为,在动物身上发现的高级神经活动的类型差异,在人类身上同样存在。上述四种高级神经活动类型分别与传统的人类四种不同气质中的胆汁质、多血质、黏液质和抑郁质相当。

2. 气质类型特征

1)胆汁质

气质特点:情绪易激动,反应迅速,行动敏捷,暴躁而有力;性急,有一种强烈而迅速燃烧的热情,不能自制;在克服困难上有坚韧不拔的劲头,但不善于考虑能否做到,工作有明显的周期性,能以极大的热情投身于事业,也准备克服且正在克服通向目标的重重困难和障碍,但当精力消耗殆尽时,便失去信心,情绪顿时转为沮丧而一事无成。

2)多血质

气质特点:灵活性高,易于适应环境变化,善于交际,在工作和学习中精力充沛而且效率高；对什么都感兴趣，但情感兴趣易于变化；有些人投机取巧，易骄傲，受不了一成不变的生活。

3）黏液质

气质特点：反应比较缓慢，坚持而稳健地辛勤工作；动作缓慢而沉着，能克制冲动，严格恪守既定的工作制度和生活秩序；情绪不易激动，也不易流露感情；自制力强，不爱显露自己的才能；固定性有余而灵活性不足。

4）抑郁质

气质特点：非常感性，主观上习惯把很弱的刺激当作强作用来感受，常为微不足道的小事而动感情，行动表现迟缓，有些孤僻；遇到困难时优柔寡断，面临危险时极度恐惧。

3. 气质与性格的关系

性格与气质的区别主要表现在三个方面：第一，从起源上看，气质是先天的，性格是后天的。第二，从可塑性上看，气质的可塑性小，性格的可塑性大。第三，气质所指的典型行为是它的动力特征，与行为内容无关，所以气质没有好坏之分。性格主要是指行为的内容，它表现为个体与社会环境的关系，有好坏、善恶之分。

两者的联系：第一，气质会影响个人性格的形成；第二，气质可以按照自己的动力方式渲染性格特征，从而使性格特征具有独特的色彩；第三，气质会影响性格特征的形成或改造的速度；第四，性格可以在一定程度上掩盖或改变气质，使它服从于生活实践的要求。

4. 汽车消费者的气质特征

走进4S店，汽车消费者们主要有以下四种类型。

1）胆汁质（现实生活中一般为O型血）

这类消费者的主要特点是：说话快，走路快，性子急，嗓门大，说话还爱以教训人的口吻说："你知道不""你明白不"。这类人的精力充沛，好像有使不完的劲儿。他们做事容易粗枝大叶，马虎。作为4S店的销售顾问，只要你细心观察，就会准确地把他们从人群中区分开来。你看，他们来了：不管是几个人，首先听到的，是他的大嗓门。他们走起路来都有风。他们不但说话快，走路快，还控制不了情绪，属于点火就着的那种。他们在4S店里观察汽车，没有黏液质和抑郁质两类人那么仔细认真。这要求营销人员在提供服务时要头脑冷静、充满自信、动作快速准确、语言简洁明了，能热情接待，态度和蔼可亲。这样会使顾客感到营业员急他所急，想他所想，全心全意地为他服务。

2）多血质（现实生活里一般为B型血）

这类消费者比较外向，爱说话，好交际，适应能力强。他们比较热情，爱帮助人，走到哪儿都有说有笑。他们是到4S店里最爱说话和最先说话的一类人。他们也有自己的弱点，即注意力很难在一件事情上保持很长时间，情感也容易转移。多血质虽然与胆汁质都属于外向型，却不像胆汁质那么急、那么快、那么大嗓门。由于他们爱交际，适应力强，所以不管他们走到哪儿，都是最先适应环境的人。由于他们爱交往，所以他们比较容易与别人搞好关系。在4S店里，跟别人发生争执的，可能会是胆汁质的人，而一定不是多血质的人。这类人走进4S店，也比较容易被辨别出来：一般来说，他们话多，脸上的表情丰富，爱搭讪。主动跟营销人员打招呼的，那就得首推多血质的人了。由于注意力不那么集中，所以他们对车的观察不是很细致。这类人许多时候还容易优柔寡断,拿不定主意。这车买还是不买,往往最终还要听别人的。这类人对营销人员没有特殊要求,但要求营业人员在提供服务时要热情周到,尽可能提供多种信息,为顾客当好参谋,以取得顾客的信任与好感,从而促使购买行为的顺利完成。只要营业员态度不冷淡、不恶劣就行。

3) 黏液质(现实生活中属于 A 型血的那类)

这类人的主要特征是:内向好静,稳重,三思后行,交际适度,克制力强。他们说话慢,走路慢,不爱说话,脸上的表情也很少。他们的弱项是:因循守旧,固执己见,爱钻牛角尖。他们进 4S 店,跟平时一样,话少,他们从不主动跟营销人员搭讪,不容易受别人的影响。这就要求营销人员在提供服务时要注意掌握"火候",如不要过早地接触顾客,过于热情会影响顾客观察商品的情绪,也不要过早阐述自己的意见,应尽可能让顾客自己了解商品,并注意提供心理服务。

4) 抑郁质(现实生活里他们一般属于 AB 型血,偏 A 型的那类)

这类人也内向,但与黏液质那种内向是截然不同的两种类型。他们腼腆孤僻,敏感多疑,不善交际,适应力差。他们感情丰富,细腻,多愁善感。这要求营业员在提供服务时要耐心,体现出细致、体贴、周到,要熟知商品的性能、特点,及时正确地回答各种提问,增强他们购物的信心,从而促使购买行为的实现。

【案例 4-1】　争强好辩型:想占据强势地位

约翰是一位二手汽车销售商。一天,他的店里来了一位苏格兰人,约翰向这位苏格兰人推荐了许多车。但是,每当约翰介绍车子的优点时,那位苏格兰人总是反驳他。比如,如果约翰说这辆车价格便宜,苏格兰人就会说价格太高;如果他说那辆车的发动机不错,苏格兰人就会找出那辆车的许多毛病。

就这样,他们看了一辆又一辆的车,苏格兰人不是说这辆不适合,就是那辆不好用。最后,当他们看完最后一辆车时,苏格兰人也没有选到一辆满意的。

苏格兰人走后,约翰想了想,觉得这位顾客也想买车,但为什么自己却没有推销成功呢?带着疑问,他咨询了一位营销专家。

营销专家根据他的描述,判断这位苏格兰人应该是一位争强好辩型的顾客。营销专家建议约翰:"你应该停止向那位苏格兰人推销,而让他自动购买,不必告诉苏格兰人怎么做,应该让他告诉你怎么做,让他觉得出主意的人是他自己。"

这个建议听起来相当不错。几天之后,约翰打电话给苏格兰人,请他过来一下,提供一些建议。

苏格兰人来了以后,约翰说:"你是个很精明的买主,你懂得车子的价值,能不能请你看看这辆车子,试试它的性能,然后告诉我这辆车子应该出价多少才合算?"

苏格兰人的脸上泛起了笑容。他把车子开上了皇后大道,一直从牙买加区开到佛洛里斯特山,回来后对约翰说:"这辆车子的价值大概是 300 美元。"

"如果我能以这个价钱卖给你,你是否愿意买它?"约翰问道。

苏格兰人说:"300 美元? 正合我意。"这笔生意就这样成交了。

【分析】　争强好辩型的客户想在任何环境下都占据强势地位。因此,面对这类客户,对于他们的一切说法,你都要以诚恳的态度来倾听,以委婉的语气来应对,切忌与他们争辩。

对于争强好辩型的客户,大部分销售人员恐怕都遇到过——你说东,他们偏说西;你说南,他们偏扯北。他们就像要故意和你对着干、唱反调似的。

对于争强好辩型客户,很多销售人员都不太喜欢。其实,你应该明白,这些客户不是一点儿道理都不讲,他们之所以喜欢和你争辩,就在于他们想在会谈中占据强势地位,他们希望通过和你唱反调、反驳你的话来彰显他们的能力。因此,在这种争强好胜的心理作用下,即使知道你的观点是对的,他们也可能要和你争辩,他们不希望你比他们更有优越感。

作为销售人员,遇到这种类型的客户,千万不要和他们争辩,因为一旦你驳倒了这类客户,让他们无"还口之力",就会无形中让他们争强好胜的心理遭受打击。最后,你得到的结果就是客户对你说:"你强,那我不买你的东西总行了吧。"

面对争强好辩型的客户,与他们争辩无论结果如何,你都已经输了。要知道,你的目的是把产品销售出去,而不是纠缠谁对谁错。因此,你要取得这类客户的好感,就要学着赞同他们的意见,心平气和地听他们讲话,让他们在交谈中占据优势和主动。只有这样,他们才会在"占了上风"的优越感中购买你的产品。

总之,面对争强好辩型的客户,对于他们的一切说法,你都要以诚恳的态度来倾听,以委婉的语气来应对,切忌与其争辩。

4.2.2　汽车消费者的性格

1. 性格概述

1) 性格的概念

性格(disposition)是人对现实的稳定的态度以及与之相适应的习惯化了的行为方式。怎么理解这一概念?

第一,性格是人的态度(稳定的)。

第二,性格是人的行为方式(习惯化的)。

第三,这里的"态度"与"行为方式"相适应。

2) 性格的类型

心理学家们曾经以各自的标准和原则,对性格类型进行了分类,下面是几种有代表性的观点。

(1) 按心理机能划分,性格可分为理智型、情感型和意志型。

(2) 按心理活动倾向性划分,性格可分为内倾型和外倾型。

(3) 按社会生活方式划分,性格分为理论型、经济型、社会型、审美型、宗教型。

(4) 按个体独立性划分,性格分为独立型、顺从型、反抗型。

3) 性格的特征

(1) 性格的态度特征。性格的态度特征主要指的是一个人如何处理社会各方面的关系的性格特征,即他对社会、对集体、对工作、对劳动、对他人,以及对待自己的态度的性格特征。性格的态度特征,好的表现是忠于祖国、热爱集体、关心他人、乐于助人、大公无私、正直、诚恳、文明礼貌、勤劳节俭、认真负责、谦虚谨慎等;不好的表现是没有民族气节、对集体和他人漠不关心、自私自利、损人利己、奸诈狡猾、蛮横粗暴、懒惰挥霍、敷衍了事、不负责任、狂妄自大等。

（2）性格的意志特征。性格的意志特征指的是一个人对自己的行为自觉地进行调节的特征。良好的意志特征是有远大理想、行动有计划、独立自主、不受别人左右，果断、勇敢、坚韧不拔，有毅力、自制力强；不良的意志特征是鼠目寸光、盲目性强、随大流、易受暗示、优柔寡断、放任自流或固执己见、怯懦、任性等。

（3）性格的情绪特征。性格的情绪特征指的是一个人的情绪对他的活动的影响，以及他对自己情绪的控制能力。良好的情绪特征表现为善于控制自己的情绪。情绪稳定，会常常处于积极乐观的心境状态。不良的情绪特征是事无大小都容易引起情绪反应，而且情绪对身体、工作和生活的影响较大，意志对情绪的控制能力又比较薄弱。情绪波动，心境较容易消极悲观。

（4）性格的理智特征。性格的理智特征是指一个人在认知活动中的性格特征，如认知活动中的独立性和依存性。独立性者能根据自己的任务和兴趣主动地进行观察，善于独立思考；依存性者则容易受到无关因素的干扰，愿意借用现成的答案。再如想象中的现实性：有人现实感强，有人则富于幻想；又如思维活动的精确性：有人能深思熟虑，看问题全面，有人则缺乏主见，人云亦云或钻牛角尖等。

4）性格的形成

（1）生理因素。性格的形成与发展有其生物学的根源。遗传素质是性格形成的自然基础，它为性格的形成与发展提供了可能性。具体表现在以下四个方面。

① 相貌、身高、体重等生理特征。一个人会因受到社会文化对自己这些方面的评价与自我意识的作用，影响其自信心、自尊感等性格特征的形成。

② 生理成熟的早晚也会影响性格的形成。一般地，早熟的学生爱社交，责任感强，较遵守学校的规章制度，容易给人良好的印象；晚熟的学生往往凭借自我态度和感情行事，责任感较差，不太遵守校规，很少考虑社会准则。

③ 某些神经系统的遗传特性也会影响特定性格的形成，这种影响表现为或起加速作用或起延缓作用。这在气质与性格的相互作用中可以得到印证：活泼型的人比抑制型的人更容易形成热情大方的性格；在不利的客观情况下，抑制型的人比活泼型的人更容易形成胆怯和懦弱的性格特征，而在顺利的条件下，活泼型的人比抑制型的人更容易成为勇敢者。

④ 性别差异对人类性格的影响也有明显的作用。一般认为，男性比女性在性格上更具有独立性、自主性、攻击性、支配性，并有强烈的竞争意识，敢于冒险；女性则比男性更具依赖性，较易被说服，做事有分寸，具有较强的忍耐性。

（2）家庭环境。家庭因素对性格形成与发展有重要的影响。家庭是儿童出生后接触到的最初的教育场所，家庭所处的经济地位和政治地位、家长的教育观念和教育水平、家长的教育态度与教育方式、家庭的气氛、儿童在家庭中扮演的角色与所处的地位等，都对儿童性格的形成有非常重要的影响。从这个意义上讲，"家庭是制造性格的工厂"，体现在以下几方面。

① 家庭气氛与父母的文化程度对儿童性格的影响。家庭成员之间特别是父母之间的相互关系处理得好与坏，会直接影响儿童性格的形成。一般来讲，家庭成员之间和睦、宁静、愉快的关系所营造的家庭气氛对儿童的性格有积极的影响；家庭成员之间相互猜疑、争吵、极不和睦的关系所造成的家庭紧张气氛，尤其是父母离异的家庭对儿童性格有消极的影响。大量研究表明，离异家庭的儿童比完整家庭的儿童更多地表现出孤僻、冷淡、冲动、好说谎、

恐惧、焦虑甚至反社会等不良的性格特征。

② 家长的教育观念、教育态度与方式的影响。家长的教育观念是指家长对家庭教育的作用与在家教问题上所承担的角色与职能的认识的教育观，家长对儿童的权利与义务、地位及对子女发展规律的看法的儿童观，家长在子女成才问题上的价值取向的人才观，以及家长对自己同子女有什么样关系的看法的亲子观。研究发现，家长教育观念的正确与否，决定家长对儿童采取何种教育态度与方式，而家长的教育态度与方式又直接影响着儿童的发展，特别是性格的形成与发展。有许多心理学家对父母的教养态度与方式对子女性格的影响进行了研究，其结果表明，在父母不同的教育态度与方式下成长的儿童，其性格特点有明显的差异。

③ 儿童在家庭中的地位与角色的影响。儿童在家庭中所处的地位及扮演的角色也会影响其性格的形成与发展，如父母对子女不公平时，受偏爱的一方可能有扬扬自得、高傲的表现，受冷落的一方则容易嫉妒、自卑。艾森伯格研究认为，长子或独生子比中间的孩子或最小的孩子具有更多的优越感。孩子在家庭中越受重视，其性格发展越倾向自信、独立、优越感强。如果其地位发生变化，原有的性格特征往往会随之产生不同程度的变化。苏联一位心理学家对同卵双生的姐妹进行研究，发现姐姐处事果断、主动勇敢，妹妹较为顺从、被动。经了解，在这对双胞胎出生后，她们的祖母指定一个为姐姐，一个为妹妹。从童年时起，姐姐就担当起保护、照顾妹妹的责任，所以形成了前面所说的性格特征，而妹妹由于被照顾和保护，就形成了依赖、顺从的性格特征。

目前，我国独生子女在儿童总数中占大多数，独生子女在家庭中有着特殊的地位，扮演着特殊的角色，家长在教育态度与方式上稍有放纵或不一致就很容易造成子女性格上的不良后果。现在，独生子女的教育问题已引起教育界的关注，并成为人们探讨的热门话题。

（3）学校环境。

① 班集体的影响：学校的基本组织是班集体，班集体的特点、要求、舆论、评价对学生都是一种无形的巨大的教育力量。在教师的指导下，优秀的班集体会以它正确而又明确的目的，对班集体成员严格而又合理的要求，以及自身强大的吸引力感染着集体成员，充分调动所有成员的主动性、自觉性，从而促进学生良好性格的形成。与此同时，学生在集体中通过参加学习、劳动及各种文艺、体育及兴趣小组等活动，通过同学之间的交往，增强了责任感、义务感、集体荣誉感，学会了互相帮助、团结友爱、尊重他人、遵守纪律，也培养了乐观、坚强、勇敢、向上等优秀品质。优秀的班集体不仅可以促进学生良好性格的形成，还可以使学生一些不良的性格特征得以改变。日本心理学家岛真夫曾挑选出在班集体里地位较低的八名学生担任班级干部，并指导他们工作。一学期后，岛真夫发现他们在学生中的地位发生了很大变化，表现得自信、有责任心，整个班级的风气也有所改变。

② 教师的性格、态度与师生关系的影响：教师在学生性格的形成与发展中所起的作用是至关重要的，特别是对小学生来说，其影响更为显著。教师的性格往往在他们的性格上打下深深的烙印。教师的性格是暴躁还是安静，兴趣是广泛还是狭窄，意志是坚强还是薄弱，情绪高昂还是悲观低落，办事果断还是优柔寡断等，教师的这些心理品质对学生性格会产生或积极或消极的影响。

教师对学生的态度、师生关系也会直接影响学生的性格。有人曾把教师的态度分为三种，即放任型、专制型、民主型。

放任型：表现为不控制学生的行为，不指导学生学习。学生则表现为无集体意识、无团体目标、纪律性差、不合作。

专制型：表现为包办学生的一切学习活动，全凭个人的好恶对学生赞誉、贬损。学生则表现为情绪紧张、冷漠、具有攻击性、自制力差。

民主型：表现为尊重学生的自尊心和人格。学生则表现为情绪稳定、态度积极友好、开朗坦诚、有领导能力。

可见，教师在学生中是很具有权威性的，教师是学生学习、效仿的榜样，其言传身教对学生性格特征的发展是潜移默化的，作用是不可估量的。

从另一方面看，学校如忽视对学生思想品德的教育或采取一些违反教育原则的教育方式与方法，如体罚、不尊重学生等，或学校与家长的教育不一致，就会使学生形成不良的性格。现实生活中是不乏其例的，对此必须引起重视。

总之，学校教育对学生性格的影响是方方面面的，主要是通过学校的传统与校风，教师的性格、态度与行为，师生关系，学生所在班集体，同学之间的关系，学校组织的团队活动、体育活动、课外活动等渠道实现的。

（4）社会因素。社会因素对学生性格的影响主要通过社会的风尚、大众传媒等得以实现，如计算机、电视、电影、报纸、杂志、图书等。电视对儿童性格的影响是巨大的。美国的心理学家在1971年进行的实验证明，电视节目里的许多攻击性行为对年幼无知的孩子的行为发展影响很大。具体实验内容是：让一组8～9岁的儿童每天花一些时间看具有攻击性行为的卡通节目；而另一组儿童则在同样长的时间里观看没有攻击性行为的卡通节目。在实验中，同时对这两组儿童所表现出的攻击性行为加以细致的观察记录。结果发现，观看含攻击性行为的卡通节目的儿童，其攻击性行为增多；但是，那些看不含攻击性行为的卡通节目的儿童，在行为上却没有改变。经过10年的追踪研究发现，以前参与观看含攻击性行为节目的男性，即使到了19岁，仍然比较具有攻击性，只是女性没有这种相关现象存在。

随着信息时代的到来，通过因特网传播的各种信息会对儿童性格的形成产生正面或负面影响，而且其影响是广泛而深刻的。这给教育工作者提出了新的研究课题，即如何引导、教育学生正确选择、利用网上信息，提高抵制不健康信息的能力。此外，报纸、杂志、图书中的典型人物或英雄榜样也会激起学生丰富的情感和想象，引起效仿的意象，从而影响其性格的形成与发展。

（5）自我教育。自我教育是良好性格形成与发展的内在动力。人与动物最本质的区别就是人有主观能动性，有自我调控能力，因此每个人都可以通过自我教育塑造自己良好的性格。俄国伟大的教育家乌申斯基认为，人的自我教育是性格形成的基本条件之一，因为一切外来的影响都要通过自我调节起作用。从这个意义上讲，每个人都在塑造自己的性格。

在儿童成长过程中，自我意识明显影响着性格的形成。儿童把自己从客观环境中区分出来是性格形成的开始。从此，就开始了自己教育自己、自己塑造自己的努力，当然，这种努力是在成人的指导、帮助下实现的。随着儿童自我意识的发展，这种自我教育、自我塑造的力量越来越强。儿童的性格形成也就从被控者变为自我控制者，而且也就能产生一种"自我锻炼"的独特动机。因此，教育者要鼓励和指导学生自我意识的发展，创造各种机会，加强他们自身性格的锻炼与修养。

2. 汽车消费者的性格特征

1）汽车消费者的态度特征

汽车消费者的态度特征，体现在他们对社会、对集体、对工作、对劳动、对他人、对自己等各个方面。在对社会方面，他们很清楚他们的消费（购买汽车的行为）就是对社会的贡献，正是由于许许多多汽车消费者的购买行为，才支持了汽车企业的生产，也支持了国家的税收。在对集体方面，自己买了车，以后集体里有什么事，自己也能尽一份力。在对工作和劳动方面，自己买了车，更能保证上班不迟到。在对他人方面，有了车，谁家有个事，能很方便地去帮忙。在对自己方面，买车可以使自己和全家人更好地享受生活。

2）汽车消费者的情绪特征

一般来说，汽车消费者都具有控制情绪的能力，因此情绪对他们的购买行为影响不大。他们不是心血来潮，脑子一热，就去买车，过后又后悔。如果在 4S 店，他们没有受到不良情绪的刺激，通常都会不改变主意的完成购买行为。这就给营销人员提出了一个问题：怎样做，才能不使消费者产生消极情绪，从而失去一次良好的销售机会；怎样做，才能使消费者产生积极的情绪，从而促成购买行为，实现销售任务。

3）汽车消费者的意志特征

汽车购买者的行为，一般都是有计划的，是独立自主的，不受别人左右的。他们去 4S 店，很少一个人去，很多时候是一家人，或者跟几个朋友、同事去。营销人员要想左右他们，最终促成购买行为，是要下一番功夫的。

4）汽车购买者的理智特征

在购买汽车的认知活动中，他们一般表现为主动观察，而不是被动接受；在思考问题时，他们是先分析，再综合；在感知方面，他们是快速感知汽车的全貌，再精细感知某一部分；在记忆方面，他们更多的是主动记忆、形象记忆；在思维方面，他们是主动思维与被动思维兼而有之，以主动为主，独立思考与依赖他人兼而有之，以独立思考为主。

【案例 4-2】　犹豫不决型：容易受到他人影响

张玲是一家 4S 店的汽车销售员，一天，她接待了一位中年男性顾客。

这位顾客在店里转了一圈，最后，他停在了一辆宝石蓝颜色的汽车前面，左看右看，还非常仔细地观察了车子的内部。张玲立即走上前去，对这辆车作了一番介绍。这位先生虽然看起来对这辆车很满意，但是张玲能感觉到他内心的犹豫不决。

于是，张玲问道："先生，看您对这辆车非常喜欢，为什么不现在就把它买下来呢？"

顾客说道："我很喜欢它，但是不知道我的妻子是否会喜欢，因为这是我准备送给她的生日礼物。"

张玲说："其实这辆车挺适合女士开的。那些来我们店看车的女性顾客没有一个不喜欢这款车的，并且最后差不多 90% 的女性顾客都选择购买这种车型的车。当然，再多的人喜欢也不能代表您夫人的偏好。"

顾客说："是啊，所以我想回去和她商量一下。"

张玲说："不过我想先向您请教一下，您的夫人是否知道您打算送她一辆汽车作为生日礼物呢？"

顾客说："暂时还没有告诉她。我也不知道她喜欢什么样的车型，所以怕她不喜欢。"

张玲说:"其实我觉得送什么车给她并不重要,关键是您能给她一个惊喜。试想,在她生日那天,您把车偷偷地开回去,然后对她说:'亲爱的,这是我送给你的生日礼物。'可以想象,那时您的夫人该是多么惊喜,多么感动。"

张玲的话让这位中年男性沉浸在遐想之中。

"但是,"张玲继续说,"如果您现在回去和她商量,恐怕效果就不是最佳了。她虽然也会高兴,但绝对不会如刚才所说的那么记忆深刻,您说是吗?"

顾客点点头,说:"嗯……你说的没错,那我现在就交付定金吧。"

【分析】 犹豫不决型客户更看重他人的看法,很容易受他人的影响。因此,销售人员要给他们提出更多的建议,成为他们信赖的人,从而让他们不再有各种担心和疑虑,痛痛快快地做出购买决定。

在销售过程中,你也许会遇到这样的客户:从他们的话语中,你可以明显地感觉到他们想买你的产品,但就是犹豫不决,拿不定主意,迟迟下不了购买决心。这样的客户,就属于犹豫不决型。

相对于其他类型的客户而言,犹豫不决型客户更容易与销售人员达成交易。尽管这类客户在购买过程中显得犹犹豫豫,但是一旦他们决定购买你的产品了,通常就不会反悔。而在他们未下定购买决心时,他们需要的是一种推动他们做决定的力量,这种推动力量就需要你来给予。

犹豫不决型客户更看重他人的看法,很容易受他人的影响。因此,作为销售人员,你就要在他们犹豫不决时给他们提出更多的建议,成为他们信赖的人,从而让他们不再有各种担心和疑虑,痛痛快快地做出购买决定。例如,为减少他们由于担心产品质量而造成的犹豫,你可以让他们先试后买;当他们因为商品种类多而不知道该买哪一种时,你可以缩小他们选择的范围,帮助其找到合适的商品。

4.2.3　汽车消费者的能力

1. 能力的概述

1) 能力的概念

能力(ability)是直接影响活动效率,使活动顺利完成的个性心理特征。怎么理解这一概念?

第一,能力与活动紧密相连。离开了具体活动既不能表现人的能力,也不能发展人的能力。

第二,能力直接影响活动效率。一般来说,效率与能力是成正比的。

第三,能力属于个性心理特征。个性心理特征包括能力、性格、气质。这三者相互联系、相互影响、相互作用。

2) 能力的种类

(1) 一般能力和特殊能力。一般能力是指观察、记忆、思维、想象等能力,通常也叫智力。它是人们完成任何活动都不可缺少的,是能力中最主要且最一般的部分。特殊能力是指人们从事特殊职业或专业需要的能力。例如,音乐中所需的听觉表象能力。人们从事任何一项专业性活动既需要一般能力，也需要特殊能力。二者的发展也是相互促进的。

（2）晶体能力和流体能力。晶体能力是以学得的经验为基础的认知能力，如人类的语言文字能力、判断力、联想力等，与流体能力相对应。晶体能力受后天的经验影响较大，主要表现为运用已有知识和技能去吸收新知识和解决新问题的能力，这些能力不随年龄的增长而减退，只是某些技能在新的社会条件下变得无用了。流体能力指基本心理过程的能力，它随年龄的衰老而减退。晶体能力在人的一生中一直在发展，它与教育、文化有关，并不因年龄增长而降低，只是到 25 岁以后，发展的速度渐趋平缓。

（3）模仿能力和创造能力。模仿能力是指通过观察别人的行为、活动来学习各种知识，然后以相同的方式做出反应的能力。创造力则是指产生新思想和新产品的能力。

能力与大脑的机能有关，它主要侧重于实践活动中的表现，即顺利地完成一定活动所具备的稳定的个性心理特征；能力是运用智力、知识、技能的过程中，经过反复训练而获得的，是人依靠自我的智力和知识、技能等去认识和改造世界所表现出来的身心能量。各种能力有机结合后，发生质的变化的能力称为才能。才能的高度发展，以至能创造性地完成任务的能力称为天才。

（4）认知能力、操作能力和社交能力。能力按照它的功能可划分为认知能力、操作能力和社交能力。

认知能力是指人脑接收、加工、储存和应用信息的能力，它是人们成功完成活动最重要的心理条件。知觉、记忆、注意、思维和想象的能力都被认为是认知能力。美国心理学家加涅提出 3 种认知能力：言语信息（回答世界是什么的问题的能力）、智慧技能（回答为什么和怎么办的问题的能力）、认知策略（有意识地调节与监控自己的认知加工过程的能力）。

操作能力是指操纵、制作和运动的能力。劳动能力、艺术表现能力、体育运动能力、实验操作能力都被认为是操作能力。操作能力是在操作技能的基础上发展起来的，它又成为顺利掌握操作技能的重要条件。

认知能力和操作能力紧密地联系着。认知能力中必然有操作能力，操作能力中也一定有认知能力。

社交能力是指人们在社会交往活动中所表现出来的能力。组织管理能力、言语感染能力等都被认为是社交能力。在社交能力中包含有认知能力和操作能力。

2. 汽车消费者的能力

1）消费者的能力

消费能力是指直接决定消费活动的有无、效率和质量，使消费活动得以顺利进行的能力。怎么理解这一概念？

第一，消费能力直接决定消费活动的有无。这其实说的是购买力的问题。你想买一辆车，可是没钱，或者钱不够，那么买车这一消费活动对于你来说就不可能产生。

第二，消费能力还决定消费活动的效率和质量，这是指买得快不快，买得好不好，会不会买的问题。

第三，消费能力影响消费活动的顺利进行。消费能力差，消费活动就不那么顺利；消费能力强,消费活动就能得以顺利进行。

2) 汽车消费者的消费能力

(1) 汽车消费者的购买力。受传统消费观影响,我国绝大多数汽车消费者买车不用贷款,他们或者全部用自己的钱,或者向亲戚朋友少借点,就能完成买车的任务。

随着人民收入增长和消费水平的提高,以及互联网的蓬勃发展,传统的消费形式和消费观念已难以满足人民的多样化消费需求,消费金融服务恰好弥补了传统金融服务在业务下沉覆盖方面的不足,快速适应并满足了人们对新消费模式的追求。随着消费观念的转变,汽车消费信贷也越来越多地被消费者所接受,即使手头流动性充裕也逐步使用消费金融工具对消费行为进行优化,贷款购车已经逐渐成为消费者购车资金的来源之一。

(2) 汽车消费者的买车能力。买车的人对车的价格、品牌、性能、服务、广告等,可能知道的不是很多,这就需要4S店里的销售顾问恰到好处地向他们介绍他们需要的车型及新品车的情况,并要弄清楚他们要买的车的价位,买车的用途,最强调的配置、功能等。这里的关键,是弄清他们的需要,因为这是消费者消费行为的起点、动力、归宿。

4.2.4　汽车消费者的兴趣

兴趣(interest)是指一个人积极探究某种事物及爱好某种活动的合理倾向,是人认识需要的情绪表现,反映了人对客观事物的选择性态度。怎么理解这一概念?

首先,兴趣是一种心理倾向。

其次,兴趣是人的情绪表现。

再次,兴趣与人的需要有密切关系。

最后,兴趣赋予人一种选择性。

1. 兴趣的种类、作用及影响因素

1) 兴趣的种类

人类的兴趣是多种多样的,可用不同的标准把兴趣分为不同的类型。

(1) 根据兴趣的来源和倾向性,可将兴趣分为直接兴趣和间接兴趣。

人们对事物或活动过程本身的兴趣称为直接兴趣,而对活动目的或结果的兴趣称为间接兴趣。活动中,人的直接兴趣和间接兴趣是可以相互转化的。遇到生动有趣的事物,会产生直接兴趣;一旦遇到枯燥乏味的事物,必须由间接兴趣来维持。

(2) 根据兴趣维持时间的长短,可把兴趣分为稳定的兴趣和短暂的兴趣。

稳定的兴趣是指对某种活动具有持久性的喜爱,不因某种活动的结束而消失。短暂的兴趣一般指偶尔或一时为某种事物或活动所吸引,随着某种事物或活动的结束而消失的兴趣。对事物有了稳定的兴趣,不会因一时的困难而放弃,这种稳定的兴趣可以保持几十年甚至一生,成为个人一生中的显著特点。

(3) 根据兴趣所指向的对象,可把兴趣分为物质兴趣和精神兴趣。

物质兴趣是由物质需要引起的兴趣。表现为对衣、食、住、行等物质生活用品或精神用品(如电视机、书籍等)的兴趣。精神兴趣是由精神需要引起的兴趣。它表现为认识、交往、娱乐等兴趣,如对学习和研究的兴趣,是推动人追求真理、追求知识的动力。

2）兴趣的作用

兴趣的作用可以概括为两个方面：动力作用和稳定剂作用。

（1）兴趣是一种动力。有了这种动力，人们的认识活动及其他一切活动才有积极性。只有有了这一动力，人才能主动地参与到某一活动之中；只有有了这一动力，人才能产生强烈欲望，并最终促使其具体行动。

（2）兴趣是一种稳定剂。兴趣能使人集中注意力并把它放在一定的事物上，保持一定的时间而不疲倦。

3）影响兴趣的主要因素

一是客观刺激物的特性。只有客观刺激物对主体具有新颖性、独特性、创造性、价值性，才能吸引主体的眼球。也就是说，只有那些符合主体需要的因素，才能使主体对它产生兴趣。

二是主体本身的状况。当主体健康状况、情绪状况有问题时，再有特点的事物也很难使他产生兴趣；当主体对某一方面处于饱和状态时，无论你如何施加这方面的刺激，也很难使主体继续保持当初的兴趣。

2. 汽车消费者的兴趣

要说汽车消费者的兴趣，只有一个字：车。那么，他们都对车的哪些方面感兴趣呢？

1）价格

多数汽车消费者首先考虑的还是车的价格。就目前中国汽车消费者的消费水平来看，大多还是要购买 10 万～15 万元的车。低于 10 万元的，高于 15 万元的，两者相加，也不到三分之一。他们的具体心理是：太贵了，现阶段买不起；太便宜了，怕人家笑话。

2）性能

性能也是中国汽车消费者非常感兴趣的因素。具体地说，车的动力性、稳定性、舒适性、安全性等因素一个都不能少，消费者都要考虑。有的把安全性看得重些，有的则把舒适性看得重些。

3）品牌

不少消费者买车，首先还是要看品牌。有的认为日系车好，他们更注重外形；有的则认为德系车好，他们更注重质量。即便他们买国产车，也要买大品牌、大厂家的。这与中国传统文化的影响是分不开的。"讲正宗"是中国人心理特征之一。好的品牌，在中国人眼里就是"正宗"的。

4）服务

有很多消费者买车，不仅仅看重车的质量、价格、配置等因素，他们还注重售后服务。现在，有些 4S 店，想方设法把车卖出去了，接下来，服务做得却不好，或者可以说很差。用客户的话来说，就是，买车的时候是大爷，修车的时候是孙子。说这种话的人，绝对不是少数人。这就应当引起所有 4S 店的高度警觉了：长此以往，谁还敢来他们店买车呢？

5）配置

由于汽车技术的进步，汽车的配置也在同步发展。有的消费者就很重视汽车的配置，如安全配置、音响配置等。最近中国一汽与中广传播集团签署了战略合作协议，要往一汽自主品牌车上安装移动电视。有人认为，目前有十大实用配置：多功能方向盘、安全带未系提示、氙气随动大灯、自动防眩目后视镜、胎压监测装置、无钥匙启动系统、定速巡航、倒车雷达、座椅通风、外接音源接口等。

6）优惠

有些消费者的目光集中在哪家的优惠更大些。就中国老百姓目前的消费水平及收入状况来看，这是可以理解的。老百姓手里的资金有限，谁更会做生意，更会薄利多销，谁就能抢占市场，就有了市场份额。

7）排量

现在，国内国外都在讲低碳，讲环保。而且小排量的汽车的消费税也相对比较低。国家对此是有优惠政策的。所以，许多汽车消费者也开始考虑排量问题，而且人们会越来越重视这个问题。

【案例 4-3】　谈论客户感兴趣的事物

推销高手陈晓明有这样一个工作习惯：当进入客户的办公室后，他不会像其他推销员那样立即开始与客户寒暄，而是在前 30 秒保持沉默。当然，沉默之中不会什么都不做，他会仔细地观察客户的办公桌和书橱的摆设。

30 秒的观察结束后，他才会开口和客户讲话。

他为什么要这么做呢？

原来，观察客户的办公桌和书橱，陈晓明可以找到客户感兴趣的话题。如果客户的办公桌上有家人的照片，说明客户是一个家庭观念比较重的人，那么和客户谈话时不妨从他的家庭开始，可以询问其家人的情况，对方一定会乐于和自己交谈。如果办公桌上有一个奖杯，就可以询问这个奖杯是怎么来的，客户一定会自豪地给他讲起。如果桌子上摆放有旅游纪念品，就说明客户游历较广、喜欢旅行，那么谈话的主题就可以是客户去过哪些地方，让客户有机会大谈自己的游历。

观察书橱，陈晓明可以根据书橱中所放的图书种类，看出客户都喜欢哪些图书。而客户喜欢的图书不仅可以作为聊天的话题，从中还可以看出客户比较喜欢研究哪个方面的问题。谈论客户擅长和关心的问题，这在无形中拉近了双方之间的心理距离。

总之，利用到客户办公室后 30 秒的观察，陈晓明很快就能让客户喜欢与自己交谈。而喜欢与他交谈的客户，很多到最后都成了与他无话不谈的朋友。有了这种朋友关系，做生意就不再是什么困难的事情了。

陈晓明的做法取得了很好的效果。他通过观察客户的办公桌和书橱，找到客户感兴趣的话题，从而制造出客户可以侃侃而谈的机会。对于陈晓明这样的推销员，哪个客户会不喜欢呢？恐怕在一番高谈阔论之后，无论什么样的客户都早已将对他的戒备和抵触心理抛到九霄云外去了。

【分析】　在推销的过程中，如果你能找出客户最感兴趣的话题与客户谈论，那么你就能快速地赢得他们的好感和信赖，拉近与他们的心理距离。

心理学家在研究后认为，一旦谈论的话题涉及自己最关心、最熟知的事物，人们会不自觉地解除戒备心理，甚至还会对引出此话题的人感到亲近。因此，作为销售人员，在推销的过程中，你就可以利用客户的这种心理找到客户感兴趣的话题与客户谈论，从而快速地赢得客户的好感和信赖。

那么，客户感兴趣的话题有哪些呢？总结起来，客户感兴趣的话题可以分为两类：一类是与他自己密切相关的话题；另一类是与他所熟知的人和事相关的话题。因此，如果你想让客户喜欢和接受你及你的产品，那么就要花些心思对客户进行一番研究，对他的喜好、品位了然于胸，这样才能找到客户最感兴趣的话题，才能在讨论这些话题时缩短与客户的心理距离，得到客户的认同。

本 章 小 结

消费观念是人们对待其可支配收入的指导思想和态度以及对商品价值追求的取向，是消费者主体在进行或准备进行消费活动时对消费对象、消费行为方式、消费过程、消费趋势的总体认识评价与价值判断。中国汽车消费者的消费观念有经济型、安全型、环保型、品牌型、生活型、平衡性和合适型等七种，受支付能力、内在需要、购车用途、价格、政策优惠和售后服务等因素影响。个性就是一个人的整体精神面貌，即具有一定倾向性的心理特征总和。汽车消费者的个性心理特征主要有气质、性格、能力和兴趣等。

思 考 题

1. 什么是消费者的消费观念？汽车消费者的消费观念有哪些类型？
2. 什么是汽车消费者的个性特征？汽车消费者的个性特征有哪些内容？作用有哪些？

实 训 题

小组讨论：针对不同的消费者，如何运用心理学的相关知识，快速赢得消费者的好感和信赖。

实训内容：以小组为单位，通过课下准备，对议题进行研究，并以PPT的形式对研究结果进行展示和说明。

评价方法：学生自评与互评相结合，并以此为主，以教师评价为辅。

案例分析-1

把握客户的性格特征很重要

4S店的二手车销售跟市场上专业做二手车的经销商或者是个人有很大的区别。在品牌店客户会想，我在你这里买新车你肯定要赚钱，再把旧车卖给你，你还要赚我的钱，里里外外你赚我两次，太不合适了，所以客户的心理要求也很不一样。这时分析客户的性格，探求客户的需求就很重要。某私营业主刘先生，有一辆2002年的宝来，现在要升级为奥迪A6L2.0T。正好刘先生是小邹以前同事的朋友。朋友为支持小邹工作，将这单生意介绍给他了。小邹很快就邀约刘先生到店看新车(这时新车属销售淡季,正在搞活动),顺便评估旧车。

刘先生是典型的北方人,豪爽,直接,快人快语,直截了当。他对新车本身很满意,对旧车的评估价格也很满意,就只差争取新车的优惠政策。新车活动送一个车损险,折现为6000元左右,相当于优惠现金。刘先生还想让4S店送他一套全车真皮(车本身是织物座椅,需加装真皮,4S店的售价是5200元),此外还明确表示不再额外自费加装任何精品。这对小邹来说就比较难办了。这样算下来优惠了将近1万元,公司肯定不会同意的。为了促成新车销售,小邹和销售顾问重新制订了一套营销方案,变相满足客户的需求,又能保证公司利益最大化。小邹把它称之为精品转移大法。让客户花最少钱得到更多的精品。因为有的东西是肯定要装的,只是客户觉得4S店的价格太高了,不愿在4S店加装。我们的方案是:客户只要在我们这加装全车膜和底盘护板(两种总价5600元),我们就送他车损险(6000元)+全车真皮(5200元)+奥迪牌环保自行车(3800元),再送他一个全车漆面镀膜,价值2000元,总共算下来客户花5600元总共得到价值17 000元的东西,其中还包含6000元的现金。这样一来,客户比较容易接受,也容易满意。最后将这个方案提供给刘先生时,他很爽快地在订单上签了字。其实这样算下来,我们并没有损失多少,还让客户高兴了、满意了,我们既卖了新车,还做了二手车置换,同时完成两项指标,大家双赢。面对这种"大方"又小气的客户,要尽量从不同的地方满足他的愿望,当然是在允许的范围内。

试分析:

1. 案例中小邹对客户的性格特点分析得准确吗?为什么?
2. 分析客户的性格特征对营销有什么意义?
3. 南方人与北方人在性格特点方面有何区别?

 案例分析-2

一个业务员想和一家公司的总经理见面,他请秘书把自己的名片递进去。该总经理正忙着,不耐烦地把名片丢了回去。

秘书退了出来,把名片还给了业务员。业务员很客气地说:"没关系,下次我再来拜访,请总经理留下这张名片就行了。"在业务员的请求下,秘书又进去,再一次把名片递给了总经理。

总经理发火了,把名片一撕两半,丢给了秘书,并从口袋里拿出十块钱,说:"十块钱买他一张名片,够了吧!"

当秘书出来将情况说明以后,业务员非但没生气,还很开心地说:"请你跟总经理说,十块钱可以买两张我的名片,我还欠他一张。"边说边又从口袋里掏出一张名片交给秘书。

这时候,总经理走了出来,微笑着说:"你进来吧,我不跟你谈生意还和谁谈?"

试分析:

1. 面对脾气暴躁型的客户应该采取什么方法和心态来应对?
2. 从本案例中,你还受到了哪些启发?

汽车消费者的群体心理特征

导入案例：推销中的阿希模式（阿希从众实验）

推销员将一些小企业的老板带到一个地方参加销售展示。当每种设计被展现时，做演示的推销员迅速浏览群体中每个人的表情，以便发现最赞赏该设计的那个人（如他不断点头）。然后，询问点头者的意见。推销员请他详尽地发表评论意见，同时观察其他人的神情，以发现更多的支持者，并询问下一个最为赞同者的意见。

一直问下去，直到那位起先最不赞成的人被问到。这样，鉴于第一个人的榜样作用，以及群体对最后一个人产生的压力，推销员使群体中的全体或大部分人公开对该设计做出了正面的评价。

阅读并思考：

➢ 什么是从众效应？

➢ 推销员是如何利用群体心理成功推销的？

➢ 试述此案例给你的启示。

学习目标：通过本章的学习，掌握汽车消费者的群体心理特征，能够运用相关理论分析汽车消费者的群体心理特征并利用其特征提出相应的消费建议。

关键概念：群体（group）　从众效应（conformity）　名人效应（celebrity effect）

5.1　群体的概念及特征

5.1.1　群体的概念

群体是指在共同目标的基础上，由两个以上的人所组成的相互依存、相互作用的有机组合体。怎么理解这一概念？

第一，群体由两个人以上组成。

第二，群体有共同的目标。

第三，群体中的人相互依存、相互作用。

第四，群体是有机组合体，不是一盘散沙。

5.1.2　群体的特征

1. 成员们的目标共同性

群体之所以能够形成,是以若干人的共同的活动目标为基础的,正是有了共同的目标,他们才能走到一起并彼此合作,以己之长,补他人之短,以他人之长,补自己之短,使群体爆发出超出单个个体之和的能量。群体的这一特性,也是群体建立和维系的基本条件。

2. 群体自身的相对独立性

群体虽然是由单个的个体所构成的,但一个群体,又有自己相对独立的一面。它有着自身的行为规范、行动计划,有自己的舆论,而这些规范、计划和舆论,不会因为个别成员的去留而改变。

3. 群体成员的群体意识性

作为一个群体,它之所以能对各个成员发生影响,并能产生出巨大的动力,就是因为群体中的每个成员都意识到自己是生活在某一个群体里,在这个群体中,成员之间在行为上互相作用,互相影响,互相依存,互相制约。在心理上,彼此之间都意识到对方的存在,也意识到自己是群体中的成员。

4. 群体的有机组合性

群体不是个体的简单组合,而是一个有机的整体,每个成员都在这个群体中扮演一定的角色,有一定的职务,负一定的责任,以做好自己的工作而配合他人的活动,使群体成为一个聚集着强大动力的活动体。

5.1.3　群体的维度

1. 年龄维度

年龄维度是指构成群体的年龄因素,每个群体的存在都离不开这个因素。群体之所以能成为群体,是因为它是由具有各种年龄特征的人组成的。群体的这一维度直接决定着群体的活动个性。

2. 知识维度

知识维度是针对构成群体的知识结构而言,也正是这一维度,决定着群体的层次,但是这种层次是不稳定的,因为知识维度是一个活动性很大的因素,知识维度发生变化了,群体的层次也就随之发生变化。例如,一个机关,由于历史的原因,开始时工作人员的知识都很贫乏,层次较低,但是通过他们一系列的努力,使知识水平得到提高后,知识维度的层次也就提高了。从这个意义上说,知识维度影响群体的层次水平。

3. 能力维度

能力维度具有相对的稳定性，它决定着一个群体活动的质量。能力维度高，群体活动质量就高；反之，群体就没有多高的活动质量，这种群体，充其量也只能达到中等水平，不是一个理想的群体。比如有的企业所配备的领导集体能力水平不高，结果导致企业没有活力，产品的数量、质量上不去，工人的积极性调动不起来。这种群体如不及时调换领导，会导致企业的倒闭。

4. 专业维度

专业维度是群体维度中的特殊因素。因为个体所具有的专业是通过学习、培训和训练得来的，所以，专业维度合理的群体，有着特别强大的活力，这种群体，能进行创造性的活动。群体的维度很多，还有性格、信念、观念等，这里只讲几种主要的维度。所谓群体的维度，是指由这些多种多样的维度有机组合，使不同的群体各具特色。群体的维度对群体的活动效率有很大影响。群体的维度组合适当，会使群体成为一个凝聚力很强的活动体，这样的群体活动效率非常高。否则，群体只能是一个涣散的、冲突不断的、纠纷不绝的、活动效率非常低的组合体。

5.1.4　群体的分类

1. 平面群体和立体群体

这是针对参加群体的人员成分而言的。所谓平面集体，是指参加这一群体的人员，在年龄特征上、知识结构上、能力层次上及专业水平上基本大同小异，属于同一类型。这样的群体，活动比较单一，服务面也比较窄。而立体群体，则是由四种基本维度水平相差较大的成员所组成的，他们虽有差异，但却各有所长，既可以做到发挥各自优势，又可进行相互弥补，使群体成为一个可以进行复杂活动且服务面非常宽的群体。这种群体有着强大的活力。例如，有的单位，由于人员素质好，各具所长，所以，当活动需要转向时，很容易就能转过去，而且很快就能站住脚，像这样的群体就属立体型群体。

2. 大群体和小群体

这是根据群体人数的多少来划分的。所谓小群体，是成员之间能够直接在心理上相互沟通，在行为上相互接触和影响的群体。这种群体一般以 5～9 人为最佳，但也有人认为，可以有十几个或二三十人，但上限不能超过 40 人。具体地说，这种群体包括部队的班排、学校的班级、工人的班组、机关的科室、行政领导班子，等等。而大群体，人员较多，成员之间的接触联系就不太直接了，相对来说，在这种群体里，人与人之间关系的维系，社会因素占的成分比心理因素大。具体来说，大群体可以大到阶级群体、阶层群体、民族群体和区域群体，也可以小到一个厂、一个公司等。

3. 假设群体和实际群体

这是就群体是否实际存在而言的。所谓假设群体，是指虽有其名，而无其实，在实际中并不存在的一种群体。它是为了某种需要，人为地将人群按不同的方式加以划分。例如，凡是下过乡的知青，都不自觉地归入"锻炼类"。一般同种经历的人相遇，就觉得亲近几分。再如，目前我国正处于经济建设的高潮期，大量的年富力强的知识分子就成了中坚力量，于是，社会上就把40～50岁之间的知识分子称为"中年知识分子"。这些群体都属假设群体，因为这些人从没有自觉地聚集在一起，也没有直接交往，甚至根本就不认识，只是因为他们在某些方面具有共同点而已，如共同的经历，共同的年龄特征，职业特征，典型的社会心理特征等，由此可见，这些群体实际并不存在，只是为了研究的方便而创设的，故称之为假设群体。

实际群体则是现实生活中实际存在的，其成员之间有着各种各样的联系，如工厂中的车间、班组，行政机构中的科室等，都是实际群体。

4. 参照群体和一般群体

这是针对群体在人们心目中的地位而言的。参照群体也叫标准群体，是指这类群体的行动规范和目标会成为人们行动的指南，成为人们所想要达到的标准。个人会自觉地把自己的行业与这种群体的标准相对照，如果不符合这些标准，就会立即修正。这种群体对人的影响很大，美国心理学家米德认为，这种群体的行为标准和行为目标会成为个人的"内在中心"。例如，某些先进的班组、科室和连队，它们的规范自然而然地变为每个成员的行为准则。在现实生活中，各人所参加的群体不一定是心目中的参照群体，往往有这样的情况，一个人参加了某一群体，但在他心目中却把另一群体作为自己的参照群体。在这种情况下，如果处理不好，往往会造成个体对自己所处的群体感情淡薄，有的甚至会走向反面。当今社会上青少年犯罪率之所以增高，和这些不无关系。要改造他们，就要设法使他们置身于参照群体中。

一般群体则是指参照群体以外的群体。消费心理学里所说的群体，主要就是参照群体。

5. 正式群体和非正式群体

这是针对群体的构成形式而言的。这种划分最早来自于美国心理学家梅约的霍桑实验。所谓正式群体，是指由官方正式文件明文规定的群体。群体的规格严格按官方的规定建设，有固定的成员编制，有规定的权利和义务，有明确的职责分工。为了保证组织目标的实现，有统一的规章制度、组织纪律和行为准则。我们平时所见到的工厂的车间、班组，学校的班级、教研室，党团、行政组织，部队的班、排等，都属于正式群体。

非正式群体则是未经官方正式规定而自发形成的群体。它是人们在共同的活动中，以共同利益、爱好、友谊及"两缘"（血缘、地缘）为基础自然形成的群体。它没有人员的规定，没有明文规定各个成员的职责，它追求的是人与人之间的平等，活动的目的是为了使每个成员的社会需求得到满足。它的"领袖"人物是自然产生的，他们的行为受群体的不成文的"规范"来调节。例如，"棋友""球友"等有同样爱好的友好伙伴或某种具有反社会倾向的团伙等都属于非正式群体。非正式群体在某种情况下具有特殊的作用，有时甚至比正式群体的作用还大。

除了上述群体外，在我们的生活中还存在着以成员的相互关系的程度和发展水平而进行划分的群体，如松散群体、联合式群体等。

5.1.5　群体的功能

群体之所以形成、存在和发展，主要在于它有一定的特殊功能。概括地说，群体具有两大功能：一是群体对组织的功能；二是群体对个人的功能。

1. 完成组织任务，实现组织的目标

这是群体对组织而言的。一个群体，只能在活动中生存，它的活动，就是为了完成组织的任务。群体是一个由若干人组织起来的有机组合体，它具有单个人进行活动时所没有的优越性，成员之间为了共同的奋斗目标，互相协作，互发所长，互补不足，使群体产生巨大的动力，促使活动顺利进行，圆满地完成任务，俗话说，"众人拾柴火焰高"，群体的力量是巨大的。

2. 满足群体成员的多种需要

群体的这一功能，是群体针对个体而言的。群体形成后，其成员的各种需要，要以其为依托而得以满足。而群体本身也正好具备这一功能。

（1）使成员获得安全感。作为一个个体，只有当他属于群体时，才能免于孤独的恐惧感，获得心理上的安全。

（2）满足成员亲和认同的需求。群体是一个社会的构成物，在群体中，人们的社会需求可以得到满足。群体给人提供了相互交往的机会，通过交往，可以促进人际间的信任和合作，并在交往中获得友谊、关怀、支持和帮助。

（3）满足获得成就感和自尊的需求。在群体中，随着群体活动成功的增长，成员的成就感也得到了相应的满足，并从成就感中勃发出新的动力。与成就感相伴随的，还有自尊的需求。而在群体中，各人有各人的位置，处于各种不同位置的人，都会彼此尊重，所以说，每个人在群体中的自身活动，都是满足自尊的一种最好的形式。

（4）在满足需求的基础上产生自信心和力量感。这是群体活动的动力来源。群体的两大功能之所以能得以充分发挥，是和群体有着强大的动力源泉分不开的。作为一个群体，一方面它表现出自己的能量，另一方面也积蓄着供自己活动的动力，只有这样，群体才是一个健康的群体。在日常生活中，有些群体之所以由盛到衰，很大程度上是因为群体自己不再拥有"造血"的功能。

5.2　参照群体对消费者购车的影响

对汽车消费有影响的主要为参照群体。参照群体是个体在形成其购买或消费决策时，用以作为参照、比较的个人或群体。如同从行为科学里借用的其他概念一样，参照群体的含义也在随着时代的变化而变化。参照群体最初是指家庭、朋友等个体与之具有直接互动的群体，但现在它不仅包括了这些具有互动基础的群体，而且也涵盖了与个体没有直接面对面接触但对个体行为产生影响的个人和群体。

参照群体具有规范和比较两大功能。规范功能在于建立一定的行为标准并使个体遵从这一标准，比如，受父母的影响，子女在食品的营养标准、穿着打扮、到哪些地方购物等方面形成了某些观念和态度。个体在这些方面所受的影响对行为具有规范作用。比较功能是指个体把参照群体作为评价自己或别人的比较标准和出发点，如个体在布置、装修自己的住宅时，可能以邻居或仰慕的某位熟人的家居布置为参照和仿效对象。

5.2.1 从众效应

从众效应(conformity)，也称乐队花车效应，是指当个体受到群体的影响（引导或施加的压力），会怀疑并改变自己的观点、判断和行为，朝着与群体大多数人一致的方向变化。也就是通常人们所说的"随大流"。

从众是合乎人们心意和受欢迎的。不从众不仅不受欢迎，还会引起灾祸。例如，车流滚滚的道路上，一位反道行驶的汽车司机；弹雨纷飞的战场上，一名偏离集体、误入敌区的战士；万众屏气静观的剧场里，一位观众突然歇斯底里的大声喊叫……公众几乎都讨厌越轨者，甚至会对其群起而攻之。一是受众对已经有了定论的职业传播者和信息作品，几乎没有人会再提相反的意见；二是从众能够规范人们接受行为的模式，使之成为一种接受习惯；三是某种一致性的群体行为能够形成接受"流行"，如"流行歌曲""流行音乐""新书热"等；四是会对那些真正富有独创意义的信息作品加以拒绝，从而挫伤少数传播者探讨真理的积极性；五是多少抑制了受传者理解信息的个人主观能动性。因此，从众效应也是优点与缺点并存、有利与不利同在。

从众效应作为一个心理学概念，是指个体在真实的或臆想的群体压力下，在认知上或行动上以多数人或权威人物的行为为准则，进而在行为上努力与之趋向一致的现象。从众效应既包括思想上的从众，又包括行为上的从众。从众是一种普遍的社会心理现象，从众效应本身并无好坏之分，其作用取决于在什么问题及场合上产生从众行为，具体表现在两个方面：一是具有积极作用的从众正效应；二是具有消极作用的从众负效应。

积极的从众效应可以互相激励情绪，做出勇敢之举，有利于建立良好的社会氛围并使个体达到心理平衡，反之亦然。

通常从众行为的结果有三种可能性：一是积极的一致性；二是消极的一致性；三是无异议的一致性。

如在汽车消费中，消费者可能经常会听到销售员讲现在大家都在购买什么牌子的车，或者在街上看到什么牌子的车多而去选择购买该型号的车子等，就是典型的从众效应的表现。

【案例5-1】

1952年，美国一位心理学家设计了一个实验，研究一个人受他人影响的程度会有多大。

这个实验的过程并不复杂，只是让被试者做出一个非常容易的判断——比较线段的长短。在实验的过程中，心理学家会拿出一张画有一条竖线的卡片，然后让被试者比较这条线和另一张卡片上两条线中的哪一条线等长。事实上，这些线条的长短差异非常明显，正常人是很容易做出正确判断的。

这位心理学家首先找了五个人，并将实验的目的告诉他们，让他们在测试的时候故意做出错误的判断。然后，心理学家又找来了一些志愿者，并骗他们说这个实验的目的是研究人的视觉情况的。

　　心理学家请参加实验的志愿者一个一个走进实验室，与那五个"托儿"一起进行测试。那五个"托儿"故意异口同声地说出错误答案。于是，许多志愿者开始感到迷惑，他是坚定地相信自己的眼力呢，还是说出一个和其他人一样但自己心里认为不正确的答案呢？

　　从总体结果看，平均有33%的人判断是从众的，有76%的人至少做了一次从众的判断，而在正常的情况下，人们判断错的可能性还不到1%。

　　【分析】　在生活中，人们经常会不自觉地以多数人的意见为准，以多数人的行为为准则，来对事物进行判断或对自身行为进行调整。这就是人的从众行为。

　　社会心理学家C. A. 基斯勒认为，从众行为的产生源于人的四种需求或愿望：①与大家保持一致以实现团队目标；②为获取团队中其他成员的好感和认可；③为了维持良好的人际关系；④不愿意感受到与众不同的压力。而更多的心理学家则认为，个体从众行为的基本动因有三种：①以群体行为作为行动准则或参照标准；②希望被大家喜欢和接受；③不愿意感受群体带来的压力。

　　从众心理是一种普遍的社会心理现象，无论是生活中还是商业活动中，几乎人人都有从众心理。销售人员如果能合理地利用人们随波逐流的从众心理，通过客户之间相互的影响力，给客户施加无形的群体压力，必然能够制造出更多的成交机会。

　　不同类型的人，其从众心理的强度是不同的。一般说来，女性的从众心理大于男性，性格内向的大于性格外向的，自卑的大于自信的，文化程度低的大于文化程度高的，年龄较小的大于年龄较大的。因此，在实际的销售活动中，销售人员还应该根据客户的类型，灵活利用客户的从众心理。

5.2.2　名人效应

　　名人效应(celebrity effect)，是名人的出现所达成的引人注意、强化事物、扩大影响的效应，或人们模仿名人的心理现象的统称。名人是人们生活中接触比较多，而比较熟悉的群体，作为参照群体会对公众尤其是对崇拜他们的受众具有巨大的影响力和感召力。对很多人来说，名人代表了一种理想化的生活模式，因而在其出现的时候达到事态扩大、影响加强的效果，这就是名人效应。研究发现，用名人作支持的广告较不用名人的广告评价更正面和积极，这一点在青少年群体上体现得更为明显。

　　当然，名人效应的应用是很普遍的，首先在广告方面，几乎大部分的广告都在利用名人效应，因为受众对名人的喜欢、信任甚至模仿，从而转嫁到对产品的喜欢、信任和模仿，这是典型的利用名人效应的方法。例如，可以用名人作为产品或公司代言人，即将名人与产品或公司联系起来，使其在媒体上频频亮相；也可以用名人作证词广告，即在广告中引述广告产品或服务的优点和长处，或介绍其使用该产品或服务的体验；还可以采用将名人的名字用于产品或包装上等做法。比如宝马的SMART汽车广告就是请NBA球星科比及华人女星刘玉玲来演绎，使消费者更加了解和喜爱该款车。而北美的BMW公司2003年曾找到国人熟悉的李安、王家卫、吴宇森等知名导演为宝马Z4专门拍摄了8个不同主题的网络电影，这是名人效应的一种应用。

5.2.3　亲友效应

亲朋好友更多利用的是一种"普通人"效应。企业运用满意顾客的证词证言来宣传企业的产品,是广告中常用的方法之一。由于出现在荧屏上或画面上的证人或代言人是和潜在顾客一样的普通消费者,这会使受众感到亲近,从而使广告诉求更容易引起共鸣。像宝洁公司、北京大宝化妆品公司都曾运用过"普通人"证词广告,应当说效果还是不错的。还有一些公司在电视广告中展示普通消费者或普通家庭如何用广告中的产品解决其遇到的问题,如何从产品的消费中获得乐趣等。由于这类广告贴近消费者,反映了消费者的现实生活,因此,它们可能更容易获得认可。

而亲朋好友则要比普通人对汽车消费者的影响力更大,由于消费者一直都处于亲朋好友圈,比普通人在以下几个方面上更能影响消费者的汽车消费选择。

1. 价格

消费者想买一辆什么价位的车,心里边可能有个"谱",但他还在犹豫,还不能最后"拍板"。往往这个时候,他身边可信赖的朋友、同事、亲戚等,就能帮他拿主意。比如,他原本想买辆七八万元的捷达就行了,朋友帮他分析利弊,最后,加了几万元,上了个台阶。车到手之后,他会觉得:"对呀,我就是要买这样的车呀。多亏我听了朋友的话,要不然后悔死了。"

2. 性能

安全性、舒适性、动力性、稳定性等性能,主要考虑哪一个? 舒适性第一,还是安全性第一? 在你摇摆不定的时候,可能你的朋友会帮你参考。

3. 品牌

好的品牌,意味着过硬的质量、优秀的服务、客户忠诚度,意味着一笔无形资产。如果不差那几万元钱,就应首先考虑品牌。你的朋友会这么劝你,你的同事也会跟你这么说。

4. 服务

可不要小看了服务:服务不好,就算客户已经进了你的 4S 店,照样可以转身出去;服务不好,客户可以投诉你,使你的名声扫地,别忘了"250 定律"。海尔、联想的成功,主要在他们的服务;那些败走"麦城"的公司,原因也恰好在服务。服务好了,他可以推荐他的朋友、同事、亲属,甚至邻居来你的店;服务得不好,他可以不惜时间和精力,去告诉他所有认识的人:可千万别去某某店! 还是那句歌词:天地之间有杆秤,那秤砣是老百姓!

5. 配置

有些消费者很注重车的配置(如前面说的十大配置),愿意为这些配置花费更多的钱。但有些时候,听听朋友、同事的说法,也能使你眼前一亮:对呀,我怎么就没想到呢。现阶段该有的配置,要有;可有可无的,就不需要配置它。另外,性别与年龄因素对配置的偏爱也有所不同。从性别来看,女性消费者对车载 MP3、倒车雷达、前防撞雷达、加热除雾外后视镜、电动座椅调节、多功能方向盘、多方向可调方向盘、带雨量传感器的雨刷、全自动空调、GPS导航和侧面安全气囊等11项配置的偏好均高于男性消费者。而男性消费者仅在ABS和OBD车载诊断系统这些技术型配置方面的偏好高于女性消费者。不同年龄段的配置偏好也有差别，30岁以下的消费者对ABS、车载MP3、电动天窗和侧面安全气囊有明显偏好；30～39岁消费者对真皮座椅、电动天窗和侧面安全气囊有明显偏好；40～49岁消费者对多碟CD、倒车雷达、加热除雾外后视镜、防眩目内后视镜、多功能方向盘、多方向可调节方向盘、全自动空调和侧面安全气囊有明显偏好；50岁以上消费者对加热除雾外后视镜、OBD车载诊断系统有明显偏好。从消费者收入和预购车价位来看，收入水平越高的消费者对汽车主要配置的关注程度就越高，预购价位越高，对各项配置的偏好越明显。

6. 时机、方式、地点

这是说，什么时候买车、以什么方式买车、在哪儿买车。是在商家竞相降价时买，还是汽车"涨声一片"时买？是借钱买车，贷款买车，还是自己攒足了钱再买？到口碑好的4S店去买，还是朋友领着，到他们消费过的店去买？应当说，这些方面，也都是参照群体对汽车消费者影响的内容。

5.3　性别因素对消费者购车的影响

5.3.1　不同性别的消费心理

1. 男性消费心理

（1）购买商品有果断性。男性顾客在购物上，独立性较强，对所购买的商品性能和商品知识了解得较多，一般不受外界购买行为的影响。

（2）在购买商品的范围上，多属于"硬性商品"，如家具、电视机、洗衣机、计算机等大宗商品，一般很少承担家庭生活中日用消费品的购买任务。

（3）挑选商品迅速，购买决策快。

（4）男性顾客在购买行为上体现出的自尊心比较强，特别是稍有社会地位的男性顾客所表现出的自尊心就更强。

（5）当男性消费者发现了自己的购买目标时，就想迅速选购，如果售货员没有马上接待，或表现出不理睬的态度，就会使顾客放弃购买，如果售货员服务态度很好，顾客也会表现得大方、富有男性风度。

（6）具有怕麻烦的购买心理。一般男性顾客都有一种怕麻烦的购买心理，力求方便，特别是在购买低档的生活消费品的时候。

2. 女性消费心理

（1）注重商品的外表和情感因素。男性消费者在购物时，特别是购买生活日用品、家用电器时，较多地注意商品的基本功能、实际效用，在购置大件贵重商品时有较强的理性支配能力；而女性消费者对商品外观、形状，特别是其中表现的情感因素十分重视，往往在情感因素作用下产生购买动机。商品品牌的寓意、款式色彩产生的联想、商品形状带来的美感或环境气氛形成的温馨感觉等都可以使女性消费者产生购买动机，有时甚至是冲动性购买行为。购物现场的环境和促销人员的讲解及劝说在很大程度上会左右女性消费者的购买行为，有时甚至能够改变她们之前已经做好的消费决定，使其转为购买促销的产品。

（2）注重商品的实用性和细节设计。女性消费者心思细腻，追求完美，购买的商品主要是日常用品和装饰品，如服装鞋帽等，她们购买商品时比男性更注重商品细节，通常会花费更多的时间在不同厂家的不同产品之间进行比较，更关心商品带来的具体利益。同样的产品比性能，同样的性能比价格，同样的价格下比服务，甚至一些小的促销礼品和服务人员热情的态度都会影响女性消费者的购买决定。这就要求商家对产品的细节做到尽善尽美，避免明显的缺陷。

（3）注重商品的便利性和生活的创造性。目前，我国中青年女性就业率较高，城镇高于农村。她们既要工作，又要做家务劳动，所以迫切希望减轻家务劳动量，缩短家务劳动时间，能更好地娱乐和休息。为此，她们对日常消费品和主副食的方便性有更强烈的要求。新的方便消费品会诱使女性消费者首先尝试，富于创造性的事物更使女性消费者充满热情，以此显示自己独特的个性。

5.3.2 性别对汽车消费者的客观影响

1. "汽车消费性别换位"

按常理说，男性和女性对汽车的偏好，与他们的外形、性格等因素应当是一致的。可是，现在有一种趋势，有人把它叫作"汽车消费性别换位"，驾驶色彩鲜艳两厢车的不是窈窕的女士们，更多的是男士们，相反，开丰田霸道这类 SUV 或越野车的却很多是女士。正如有的 4S 店负责人分析的那样：颜色明快、造型新颖是消费者选车的重要因素，如今"90 后"已成为社会新的消费力量，他们的消费观念前卫，越是新鲜的颜色他们越喜欢，所以现在男士钟爱颜色亮丽的汽车也就不足为奇了。相反，狮跑、RAV4、途胜这样的城市 SUV 的车主很多是女性，还有些女士喜爱驾驶保时捷卡宴、大众途锐、奔驰 ML350、路虎这样更大型号的 SUV。女车主表示，驾驶越野车有一种高高在上的感觉，感觉特别安全，同时众多先进装备也方便驾驶，驾驶 SUV 出行有底气、有自信。有人士分析认为，现在十几万、二十几万元就能买一辆很好的轿车，而同价位的 SUV 也不在少数，所以部分女性消费者买车时就索性买一辆"个子"大的 SUV。

2. 男性重性能，女性爱舒适

有人做过一项调查，男性车主中 78.21％首选性能，女性车主中 68.3％首选舒适度。虽然只是一次调查，但却有普遍意义，这是不分国度、肤色、职业、年龄等因素的。

3. 车内装饰是女性强项

调查显示，47.65％的女性车主喜欢在车内增加装饰性较强的小摆设，如香水、挂饰等，但只有 14.48％的男性车主尝试过类似做法。至于一些实用性比较强的装饰,如座椅套、防滑垫等,则性别差异不大。车内装饰不同于汽车改装,不需要求助于专业人士,难度小、个性表达更加多样化。这为很多喜欢花心思的车主提供了自己动手的方便性。如今,国内汽车精品市场越来越大,各种汽车装饰产品也非常齐全,车主的选择空间非常大。而在这方面,女性车主的关注度总体高于男性车主。

4. 男性车主更关注油耗

在油耗问题的调查上,结果显示,"经常关注油耗"的男性车主占了 54.03％,而女性车主仅占 35.08％;选择"没怎么注意过油耗"者,男性车主占 4.96％,女性车主占 20.58％。油耗直接关系到环保问题,目前,国内的汽车厂家都很重视油耗问题,节能型汽车不断推陈出新。从实际使用上来说,在出售的汽车产品中,同级车的油耗差异基本都在车主可负担的范围内。然而,越来越多的消费者更愿意选择节油车型,并且经常关注油耗,这是环保理念深入人心的结果。分析人士也认为,虽然女性车主对油耗的关注度总体上比男性车主低,但这不能说明女性车主不重视环保。环保的方式有很多种,用车只是其中之一。因此,这种差异来自其他方面,比如对爱车的感情,或者对汽车的感兴趣程度等。尽管如此,业内人士依然提醒所有车主都关心车的油耗,一方面是提倡购买节油产品,提倡节能的驾驶习惯;另一方面,从油耗中有时也能发现车的部分故障问题,这对保障安全用车具有重要的意义。

5.4　年龄因素对消费者购车的影响

5.4.1　不同年龄段的消费心理特点

1. 青年消费心理

青年消费心理的特征包括以下四点。

(1) 追求新颖、有特色、个性化的商品。青年的自我意识是青年个性发展的最集中的表现之一,青年的独立意向非常强烈,内心丰富,热情奔放,富于幻想。青年在购物上喜欢能表现个性心理的商品,追求时尚和浪漫。

(2) 以前不是青年的主要消费对象的房屋渐渐成为青年需要消费的首选消费。按今后形势的发展来看,福利性分房没有了,取而代之的将是货币购房,因此存钱买房是每一个青年人,特别是城市青年人必须考虑的问题。同时,家庭的不少功能日益衰退,家庭结构日益"小型化"。

(3) 青年的精神消费日益充实,发展。青年在吃、穿、住、用等物质消费水平提高后,为满足青年自身发展和发挥体力、智力、个性需要及整个生活质量和水平的提高,青年的精神消费需求更加充实,精神消费支出也越来越大。青年自己订购书籍、订购报刊进行学习或消遣,参加各种各样的文化培训班等现象在增多。同时,青年的旅游热方兴未艾。

(4) 青年的人情消费也在不断发展。人情消费是指青年在礼尚往来方面的花费。目前,青年的人情消费范围广,名目多,价码看涨。这使一些低收入的青年感到一定的压力。

青年消费特点包括以下三点。

(1) 消费能力很强,市场潜力大。随着科技在社会发展中的作用日益凸显,青年人的创新能力和知识更新优势给他们带来了越来越丰富的经济收入,加上他们家庭负担轻,消费观念新潮又不愿压抑自己的欲望,注重享受和娱乐,因此青年消费者就成为消费能力最强、市场潜力最大的一个消费群体。

(2) 消费意愿强烈,具有时代感和自我意识。青年消费者经常表现出这样一种消费心理:大家都没有的自己要有,某些人有的自己必须有,大家都有的自己不想有。这是一种典型的标新立异、争强好胜、表现自我的心理。

(3) 消费行为易于冲动,富有情感性。由于青年时期的人并未彻底成熟,加上阅历有限,使得个性尚未完全定型。他们内心丰富、热情奔放,冲动性消费明显多于计划性消费。例如,在许多时候,产品的款式、颜色、形状、广告、包装等外在因素往往是决定其是否购买该产品的第一要素。另外,青年消费者的消费兴趣具有很大的随机性和波动性,一会儿喜欢这种商品,一会儿又喜欢那种商品。这都反映出其消费的冲动性和情感性。

2. 中年消费心理

(1) 购买时,注重商品的实用性、价格及外观的统一。中年人购物时不像年轻人那样注重时尚和浪漫,而是更多地关注商品的实际效用、合理的价格和简洁大方的外观。

(2) 理性消费远超过情绪性消费,计划消费远超过冲动性消费。

(3) 尊重传统,较为保守,对新产品缺乏足够的热情。

(4) 注重商品使用的便利性,倾向于购买能减轻家务劳动时间或提高工作效率的产品。

(5) 消费需求稳定而集中,自我消费呈压抑状态。

3. 老年消费心理

(1) 心理惯性强。老年人在长期的消费生活中形成了比较稳定的态度倾向和习惯化的行为方式,它主要表现在日常生活中的购买方式、使用方法、商品认知(或品牌认知)等方面。老年消费者对商标品牌的偏爱一旦形成,就很难轻易改变。他们大多是老字号、老商店的忠实顾客;是传统品牌、传统商品的忠实购买者。他们往往对传统产品情有独钟。

(2) 价格敏感度高。老年消费者对商品的普遍要求是物美价廉,认为"勤俭节约"是一种美德,穿衣服要"新三年,旧三年,缝缝补补又三年",吃饭要"粗茶淡饭"。在这种节俭传统的影响下,老年人购物,一方面注意价格,择廉选购(虽然许多老年人很难做到价比三家);另一方面是要求实惠。从一般的消费心态看,年轻人花钱买靓丽、买时尚,老年人花钱买实用、买传统。

(3) 注重实际。老年消费者心理稳定程度高,注重实际,较少幻想。购买动机以方便实用为主,在购买过程中,要求商家提供方便、良好的购物环境和服务。消费中求方便是老年人生理变化促成消费生活变化的自然走向,方便性消费是生理变化的必然结果,它一般表现为对购买和消费两个方面求方便的要求。由于精力、体力随人的年龄增加而不断下降,即使生活情趣很高的老年人,对购买时的路途奔波、商品挑选的烦琐或者商场中人流的拥挤,也大多会感到心有余而力不足。在使用中,对那些有使用要求或需要阅读说明后再使用的商品,特别是对有些家用电器商品的各种开关、按键等,老年人大多感到不方便和反感。

（4）补偿性消费特征。补偿性消费是一种纯粹的心理性消费，这是一种心理不平衡的自我修饰。在生活消费中表现为，人们将现代消费水平与过去消费进行比较，比较的结果大多是对过去生活某些方面感到遗憾和不满足，而当家庭或个人生活水平较高且时间充裕时，对过去遗憾和不满足的补偿往往会成为他们的消费追求。这部分消费者基本上属于老年人，因为，在生活中追忆往事是老年人的心理特征，而向往和憧憬未来是青年人的心理特征。同时，由于子女成人独立后，老年人的经济负担减轻了，他们会试图补偿过去因条件限制未能实现的消费愿望。他们在美容美发、穿着打扮、营养食品、健身娱乐、旅游观光等方面有着较强烈的消费兴趣。

5.4.2　年龄因素对汽车消费者的实际影响

年龄因素对汽车消费者的实际影响如下：

（1）买车的人群年龄逐渐降低。前几年，购车群体主要集中在有一定经济基础、年龄在35岁以上的人士。如今，顾客的年龄逐渐降低，"90后"的购车人呈上升趋势，这部分人以贷款购车为主。前几年，贷款购车并不被大家认可，现在却越来越普遍。购买高档车多数都是一次性付款居多，而中低档车按揭购买的则比较多。一种根据个人的还款能力，宽裕时多还、资金紧张时可少还的弹性贷款，也在一定程度上拉动了汽车消费。另外，股市的赚钱效应，也是汽车销量增加的一个原因。

（2）汽车消费市场的目标消费群体从20世纪70年代、80年代到90年代都有各自不同的特点："70后"比较包容开放，他们的消费更注重轿车的驾驶乐趣；"80后"比较开放独立，他们有自己的行为处世方法，他们的价值观念非常超前，对新生事物了解和接受能力都非常强，在选择轿车的时候，他们更喜欢选择有个性的车型。"90后"好奇心强、接受新生事物能力强，市场消费观念强烈，张扬自我个性，向往兴趣相关的高科技产品和装备。在汽车消费方面，与其他时代消费者相同的是，"90后"同样对动力比对其他方面更加在乎，而不同的则是，"90后"对价格、油耗等方面的关注度都比其他时代更低，对外观和娱乐方面则更加在乎。虽然"90后"购车数量有上升趋势，但主要消费群体还是以"70后""80后"为主。

（3）中高档车还是以中年人消费为主。有报道说，广州本田的新雅阁和丰田的凯美瑞也不约而同地将年龄层锁定在35～45岁间的中高收入者。但总的趋势是汽车市场主流消费者的年龄在不断走低，而其购买汽车的档次却在走高。目前的情况还是不容忽视，虽然年轻人的购车欲望很强，但对高档车的购买力不强。

5.5　家庭因素对消费者购车的影响

5.5.1　家庭概述

1. 家庭的概念

家庭是由婚姻、血缘或收养关系所组成的社会组织的基本单位。家庭有广义和狭义之分,狭义是指一夫一妻制构成的单元;广义的则泛指人类进化的不同阶段上的各种家庭利益集团,即家族。从社会设置上来说,家庭是最基本的社会设置之一,是人类最基本、最重要的一种制度和群体形式。从功能上来说,家庭是儿童社会化,供养老人,性满足,经济合作,普遍意义上人类亲密关系的基本单位。从关系上来说,家庭是由具有婚姻、血缘和收养关系的人们共同长期居住的群体。

2. 家庭的结构

从不同的角度可以对家庭的结构进行不同的划分。

1) 按照家庭的规模划分

核心家庭:由一对父母和未成年子女组成的家庭。

扩展家庭:分为主干家庭和扩大/联合家庭。

主干家庭:由一对父母和一对已婚子女(或者再加其他亲属)组成的家庭。

扩大/联合家庭:由一对父母和多对已婚子女(或者再加其他亲属)组成的家庭。

2) 非传统家庭结构

单亲家庭:由单身父亲或母亲养育未成年子女的家庭。

单身家庭:人们到了结婚的年龄不结婚或离婚以后不再婚而是一个人生活的家庭。

重组家庭:夫妻一方再婚或者双方再婚组成的家庭。

丁克家庭:双倍收入、有生育能力但不要孩子,浪漫自由、享受人生的家庭。

空巢家庭:只有老两口生活的家庭。

3. 家庭中的权威模式

1) 父权家庭

父权家庭是历史上大多数家庭的模式,即家庭中最年长的男性拥有大部分权威,女性负责家务和照顾孩子。

2) 母权家庭

母权家庭即家庭中最年长的女性拥有大部分权威的家庭。至今没有确凿证据表明妇女曾同样拥有过现在男性所具有的权威。父系社会里,个别家庭也可能由于没有最年长的男性而由女性领导。

3) 母主家庭

母主家庭是一位妇女成为家庭的核心和最主要成员的家庭,常发生在男性由于战争、外出、离婚、非婚生育等时候,但不在家的丈夫、前夫、同居男友依然行使相当的权利。

4) 平权家庭

现代社会出现了朝平权家庭发展的趋势,即丈夫和妻子在权利和义务上基本平等。但许多重要决定还是由丈夫做出的。

4. 家庭的功能

1) 社会化功能

从很多方面来看,家庭都很适合承担社会化任务。它是一个亲密的小群体,父母通常都很积极,对孩子有感情,有动力。孩子常常在父母的保护下,将父母看作是权威。可是,父母很少经过明确训练来培养孩子社会化能力，越来越多的学校和专业机构担负起这方面的责任。

2）情感和陪伴功能（核心功能）

在现代社会，对成人和孩子来说，家庭是情感陪伴的主要源泉。对儿童来说，缺少父母的关爱会导致智力、感情、行为等方面的成长都受到伤害。对成人来说，虽不会因缺爱而死，但也需要感情的关怀。从目前现状来说，家庭规模日趋缩小，新婚夫妇更倾向单独居住，而人们又很少能从家庭以外获得友谊和支持，迫使家庭成员在情感和陪伴上彼此深深依赖，因此，提供情感和陪伴已成为现代家庭的核心功能。

3）性满足

对社会来说，性关系到怀孕，不是个人的事，所以在一般的社会里，强烈提倡合法生育和性规范的制度化，为的是使儿童能够得到良好的照顾和平稳的代际过渡。

4）经济合作

对农村家庭来说，家庭通常是一个生产的主要单位。而在现代社会，随着工业化、信息化、城市化、现代化的发展，家庭的主要经济功能由生产转变成了消费，如汽车、房屋、电器的购买等。另外，在现代社会，随着女性就业的增多，家庭中女性对男性在经济上的依赖在减少。

5）赡养老人

中国的家庭，还有赡养老人的责任，尤其是现在独生子女情况下，将来，夫妻俩可能要赡养六位老人。孝敬老人，讲究孝道，是我们的传统美德。古代流传下来的"二十四孝"的故事，都是发生在家庭里的。

6）维系种族的延续

中国传统文化中，有句非常著名的话："不孝有三，无后为大。"所以，家庭还有传宗接代的任务。

5.5.2　家庭因素对汽车消费者的影响

概括地说，家庭对汽车消费者的影响是实实在在的，是起支配作用的，是第一位的。

1. 家庭因素决定对汽车的支付能力

一个家庭的经济收入及其存款的多少，决定了这个家庭近期能否买车。再有愿望，没有支付能力，买车也只能是美好的空想。所以，从这个角度出发，就目前中国的家庭收入状况看，许多家庭其实都具备了买车的实力。买不起中高档的车，还买不起10万元以下的低档车吗？可是，有相当一部分家庭，那仅有的一点点储蓄，是留着给孩子上大学的，以防万一的。

总之，家庭的经济收入决定汽车消费的支付能力，这是"能否买得起"的问题。

2. 家庭因素决定了汽车消费的档次问题

这就不仅仅是家庭经济收入的问题了，还有家庭成员各自的意见、家庭重大问题的决策权等因素。而所有这些，直接决定了家庭汽车消费的档次，具体说，是品牌、价格、配置、性能等一系列问题。如果家庭很民主,而且能尊重妇女与儿童的意见,那么,妻子与孩子的意见将左右这个家庭汽车消费的最后决策;如果这个家庭是男性绝对权威,男主人将最终说了算。当然,买什么档次的车,还要看买车的用途。不同的用途,买车的档次当然也不一样。

3. 家庭因素决定了汽车消费的具体时间

如果家里急需用车,又有足够的钱,那么,买车是马上可以做到的;如果家里不那么急需,又没有凑够钱,那买车就可以拖一拖。就目前中国人的"钱袋子"来看,有不少家庭有买车这笔钱。但是,怎么把这"潜在的消费"变成"现实的消费",这是汽车厂家、商家要研究的问题。对于那类"不那么急需,又没有凑够钱"的消费者,要想办法使他们认识到现在买车的好处。

4. 家庭因素决定着汽车消费的方式

汽车消费的方式,也就是说用自己的钱是一次性付款,还是分期付款购买。在这一点上,多数家庭是一次性付款,且都是用自己的钱。只有少部分人是分期付款,是贷款买车。每个家庭的收入情况不同,家庭的具体情况有所差别,所以在汽车消费的方式上,必然要反映出差别来。可以肯定地说,随着人们生活水平的进一步提高,会有越来越多的家庭一次性付款购车,且不用贷款。

5. 家庭因素决定着汽车消费的数量

$90\%\sim95\%$以上的家庭买车,也就是一辆。再买的话,除非这辆车报废了。但是,不要忘了,还有那$5\%\sim10\%$呢,就全国范围来看,那就不是个小数目了,这个目标市场相当可观。少数家庭由于特殊需要,一辆车不能解决问题,所以必须再买车。

【案例5-2】　不同的人扮演不同的角色

小辉是个中学生,他同学中的很多人都有山地车,他们经常对小辉骑的那辆老式自行车怪言怪语。因此,在他们的刺激下,小辉也想买一辆山地车,但他知道,如果将这件事直接向父母提出来,可能会立刻遭到否决。

聪明的小辉动了动脑筋,开始做奶奶的思想工作,对奶奶说了一大堆理由,什么学习的重要性、安全性、快速、效率等。奶奶很疼小辉,很快就被小辉说服了。

当天晚上,一家人坐在一起吃晚饭的时候,小辉对奶奶使了个眼色,奶奶便对小辉父亲说:"我们是不是应该考虑给孩子买一辆山地车了?"在这种情况下,做父亲的就非常为难了,如果说不,可能会让老人很没面子,但如果说行,经济上又有一些困难。

经过一番思想斗争,小辉的父亲说:"行,那我们就买吧。"这时在小辉家吃饭的小辉叔叔说道:"要买自行车啊? 我在××自行车厂认识一个朋友,可以买到价位比较低的自行车。"

就这样,几天以后,小辉的叔叔就从厂里把自行车买回来了,小辉高兴地骑上了他梦寐以求的山地车。

【分析】　研究表明,在购买决策过程中,一个家庭的成员通常会扮演着不同类型的购买角色。只有搞清楚每个家庭成员分别扮演着什么角色,你才能提高推销的效率和成功率。

对销售人员而言,面对的消费群体可能80%以上都是家庭用户。一般情况下,一个家庭至少会有两个人。向某个家庭推销产品时，销售人员首先要解决的一个问题就是找准推销的目标对象，也就是"向谁推销"。只有找准了推销的目标对象，才可能在推销中做到有的放矢、事半功倍。

在一个家庭中，不同的人会扮演着不同的购买角色。研究表明，在购买决策过程中，一个家庭的成员通常扮演着五种类型的购买角色——发起者（首先提出或倡导购买的人，如故事中的小辉）、影响者（对最终的购买决策有一定影响的人，如小辉的奶奶）、决策者（最终做出购买决策的人，如小辉的父亲）、购买者（真正去购买的人，如小辉的叔叔）、使用者（实际使用或消费商品的人，如小辉）。

了解不同家庭成员在购买活动中所扮演的角色，是所有以家庭用户为推销对象的销售人员的必修课。销售人员要弄清楚：谁是对你产品感兴趣的人？谁是最终要使用你产品的人？谁是对你的产品有购买决定权的人？谁是对购买决定有影响的人？只有搞清楚一个家庭中的成员分别扮演着什么角色，才能提高推销的效率和成功率。

本 章 小 结

群体则是指在共同目标的基础上，由两个以上的人所组成的相互依存、相互作用的有机组合体。对汽车消费有影响的主要为参照群体。参照群体是个体在形成其购买或消费决策时，用以作为参照、比较的个人或群体。参照群体通过媒体和交际利用从众效应、名人效应和亲朋好友效应来影响消费者的消费观念。除此之外，性别、年龄及家庭因素也会对消费者的消费观念起影响作用。

思 考 题

1. 什么是汽车消费者的群体特征？
2. 汽车消费者的群体特征有哪些内容？作用有哪些？

实 训 题

角色扮演：家庭因素对购车的影响

模拟内容：学生分为 3～5 人组，通过扮演家庭成员之间在购车过程中的互动环节来揭示家庭因素对个人购车影响的活动。要设计几种不同情况，体现出家庭因素对购车的具体影响。例如，丈夫一人，夫妻二人，夫妻加孩子，夫妻加婆婆或丈母娘。每个角色在互动过程中的决策比重需要事先商量好，做到每个人心中有数。销售顾问更要心中有数。一组表演时，其他组要认真看，仔细听，并适当做笔记，对角色表演的小组要给予客观公正的评价。

评价方法：学生自评与互评相结合，并以此为主；以教师评价为辅。

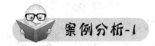案例分析-1

做生意要瞄准女人

　　"做生意要瞄准女人"这一犹太人经商的座右铭,已被许许多多的经商者所认识和注意。他们认为,如果说消费者就是企业的"上帝",那么女性消费者就是更为活跃的主角,她们至少左右了现实生活购买力(包括女性、儿童以及家庭所需消费的大部分,甚至很多男性消费品的购买与否也基本取决于女性)的四分之三,因此,充分掌握并巧妙地运用女性消费心理特征,积极吸引并成功诱导女性消费,应当引起企业营销者重视。在经营的实践中,有人总结出了女性消费心理引导十诀。

　　(1)激励女性的创造感。大部分女性认为,购物并使她们的家庭保持舒适而井井有条,就是最大的创造和骄傲,对创造性的向往是女性购物的主要动机之一。因此,应把握时机,引导她们对不同职业、年龄、家庭条件、兴趣爱好等方面的创造欲,从而触发购买欲。

　　(2)借助女性"幻想"的魔力。女性基于一种窘迫的现实意识,喜欢以自己的实际生活为基础进行幻想,并常把幻想当作现实的组成部分。所以,巧妙运用女性所特有的不完全幻想,处处留给她们发挥幻想力的余地,同时满足幻想和实用价值两方面的需求,就极容易对她们产生作用。

　　(3)鼓励女性用指尖"思想"。女性的触觉远比视觉发达,致使她们对事物进行决断时,必须相当程度地依赖触觉。在百货公司,女性购买者肯定会要求拿过商品,经她们实际触摸后才可能决定是否购买,换言之,女性不只用大脑思想,也是用指尖"思想"的。因此对那些购物时表现得犹豫不决的女性,让其亲手触摸触摸,效果会好得多。

　　(4)帮助女性缩小选择范围。女性购物时,最讨厌只拿一样商品强行推销。但是,奉劝她们多中择优,又只能徒增其选择上的困难。可见,促使女性购物最有效的办法,就是让她们参与做出决定的过程,布置出令她们感觉自己"慧眼识英雄"的情势,缩小购物范围,击破其迷梦而达到推销目的。

　　(5)借"被斥感"激起购买欲。女性从众心理尤其强烈,非常害怕自己属于"例外"之列,往往舍弃选择的自由,乐于在"从众泥潭"里打转。因此,恰当地利用女性唯恐被大众排斥的心理,积极诱导女性购物意向并付诸行动。

　　(6)让虚荣女性拥有"唯一"。她们心中常有一种"只有我一个"的"唯一"意识,经常希望自己是"与众不同的一个"。所以向她们兜售商品时,若能提供大多数女性都向往的"唯有我用"的诱惑,会使其产生"我是唯一被选择的对象"之类快感,不仅能如愿以偿,而且还能用她们向自己同伴吹嘘而连带收到免费广告的效果。

　　(7)不要撕破"书"的封面。"女性是一本内容和封面相去甚远的书",为迎合潮流,她们很可能表露出与真实想法(内容)相反或别的主张(封面)。故此,必须透过虚情假意的迷雾,先接受她们一口咬定的意见,给她们一个"面子",再针对其真实本意发动攻势,才有希望探明深藏不露的真实意向。

　　(8)用赞扬消解女性的烦恼。女性希望自己给人一种完美无瑕的形象,也竭力让自己看起来完美无瑕,最忌讳被他人揭了"伤疤"。对于体型肥胖的女性,"胖"是绝对禁忌的。因此，店员应尝试赞赏她的高级坤表、别致耳环、新颖装束等无关紧要但又令女性喜悦的特点，如此造成良好的气氛之后，引导女性消费就容易收到事半功倍的效果。

（9）"佩服"女性的一知半解。女性特别地无法容忍他人的指责，稍受冒犯，就会在一瞬间"勃然大怒"。对付这类女性，千万不能揭开她们的底牌，应耐心地将她们当作见多识广的人那样看待，使其自尊心得以满足，她们便自会欣然接纳意见。

（10）运用权威意见促销。引导女性购买商品需要营销人员综合使用情感唤起和理性号召两种形式，热情地举出众多具有说服力的具体事例，显示出立即能得到的效果；而搬出那些较有名气的，为女性所熟知的权威人士，无疑是其中最为有效的方法。

试分析：

1. 女性消费者有什么消费特点？
2. 对待女性顾客，如何激发她们的购买欲望，促成交易的达成？

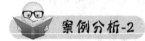 案例分析-2

Hyatt 与 Marriott 开发面向老年人的善老公寓

随着美国老年人数目的逐步增长，商家们日益关注这一富有多样性的亚文化群体。众多商家正努力研究老年人的需求并开发相关产品。例如，Marriott 公司与 Hyatt 饭店都正在致力于开发针对老年人市场的退休社区产品。退休社区提供有退休公寓、各类服务及生活护理。公寓中有大小不等的个人居住单元，举办种类多样的社会娱乐活动，有家政服务、餐饮服务和社区内不同层次的医疗保健服务，其中有可为某些人提供的全套家庭护理服务。

退休社区是个潜力巨大的市场，到 2000 年将会有超过 3000 万的美国人年龄超过 65 岁。但如果认为每一个大于 65 岁的人都将会是一个退休社区内的潜在顾客，这种想法是错误的。最主要的顾客年龄大多是 80 岁以下。同样的，认为很多老年人都身体虚弱需人照料的想法也是不正确的（只有 5％的 65 岁以上的美国老年人被送进了社会性养老机构内）。与一般人的设想相反，并非所有老年人都孤身一人，许多人都有伴侣（到 2000 年估计有 830 000 多万）。这一成熟的市场将会是极富多样性的，仅有 85 岁以上的群体具有相当的共性。因此，市场营销人士对于老年人亚文化群体必须认真研究。

老年人退休后的生活方式差异颇大。有些人喜欢同自己家人住在一起，有些人偏爱公寓套房，也有人喜欢拥有住房的所有权而共享公共庭院的公寓单元。有些人喜欢生活在社区内，参与社会交往，享受娱乐活动，而另有一些人则更喜欢独处和独立。

Hyatt 与 Marriott 通过选择目标群体进行电话与书面调查开展了详尽的研究用以了解老年人的这些需求。其中一项研究成果将老年人这个亚文化群划分为三个亚文化群："有活力的"（65～75 岁，这一年龄段的人仍会从事旅行、打高尔夫球等活动），"不太有活力的"（75 岁以上，虽仍富于活力，但日常活动较少离家远游），"无活力的"（极少参加各种活动的老人）。退休社区的主要目标顾客是属于"不太有活力的"老年人。处在"有活力"年龄段的老年人将会是 10 年后的潜在顾客。而处于"无活力"年龄段的老年人则是多种多样不同层次的家庭护理服务的潜在顾客。

过去，对于退休社区相关服务的营销方式相当简单，仅限于花哨的彩色宣传小册子及刊登在报纸、杂志上的广告。以前的研究通常注重于简单的对于年龄、收入及市场竞争的人口统计分析，因此许多市场营销人士并没有真正认识老年人这个市场，并不理解老年人对于自己需求的看法。

在退休人员社区的营销过程中存在一个感知与认知问题。通常顾客的第一反应是"我还不需要"。大部分老年人希望生活在自己家里，并保持独立直到这变的不可能。鼓动消费者付钱而成为退休社区的成员必然要使他们意识到那些难以面对的现实（死亡的不可避免及渐趋衰竭的健康状况）。这对于大多数人来说，绝非易事。实际上，许多老年人，尤其是较为富有的那一部分老年人，往往自认为自己比实际年纪要年轻，比实际身体状况更健康。

Marriott 在 1988 年推出了首批的两幢高层退休公寓（有 350～400 个单元套房）。别墅式的 Jefferson 退休社区于 1992 年正式面市，内设有一个游泳池、健身房，提供佣人服务、24 小时餐饮服务，每个洗手间和卧室都装配有紧急求救按钮。其中有一层提供熟练的护理服务，另有一层向那些不需护理却需要其他种类帮助（如帮助他们穿衣）的老年人提供服务。

一位著名的行业顾问认为退休社区最有效的营销方式是邮寄广告，经营者可以每月向潜在顾客寄去邀请参加某种活动的明信片，宣传某项服务的信函，公司编印的介绍退休社区内生活的业务通讯，甚至可以是甜点菜谱。

Marriott 公司在 Jefferson 退休人员社区建成前就成功地实施了这一直接邮寄宣传材料的方式来引起人们的兴趣。他们向华盛顿地区的 45 000 名富有的老年人寄去了宣传册子及相关信息。先预交 1000 美元定金后，客户可以预定尚未竣工的豪华大厦中价值 100 000～260 000 美元的一个套房，这种邮寄宣传材料的促销方式带来了极不寻常的 4％ 的反馈率（2％～3％ 已经是不俗的比例了）。

在今后几年里，Marriott 公司计划斥资 10 亿美元在全国开发兴建 150 个像 Jefferson 公寓一样的退休社区。每个社区内，大部分单元是适于住户独立生活的，但住户也可选择接受护理服务或其他专项服务。Marriott 公司同样计划修建另外 100 个公寓，这些公寓将只提供两种生活方式——半独立半辅助的和完全接受护理的。

Hyatt 在 1990 年开发出了它的退休人员社区 Hyatt 经典家园。社区内的公寓是中档以上的，为老年人提供整套的相关服务。Hyatt 的初期市场调查表明，老年人对于退休人员社区的最初反应都是相当的消极。即使那些曾接触过此类服务大量宣传的生活在大都市的老年人也会将它等同于令人心惧的私人疗养所。鉴于此，Hyatt 在市场推广宣传中突出强调那里"积极的生活方式"，而不只是"照料你的余生"。

Hyatt 同样发现，众多老年人猜想退休社区花费昂贵，他们为进住这种社区肯定会耗尽毕生积蓄。因此，Hyatt 的营销人员将老年人在自家的开销与生活在社区的花费做了比较。大部人并不清楚在自己家中的生活开支，这种比较则可以对他们那种"我还不需要这种社区"的想法施加一定影响。Marriott 公司也发现了这种现象，并正在尝试新的定价方法，其中包括减低首期付款数额，而升高月租费或每月付款数额，这样老年客户可以不必支出太多的积蓄。

最后，Marriott 与 Hyatt 还设计出了许多其他营销战略。他们在宣传推广活动中举办了一些对于退休后生活安排、健康问题及消费者动机分析等方面的研讨会。顾客参观开放日活动则举办一些娱乐活动以吸引客户。如有必要，还通过一些刺激因素以促使那些潜在的客户做出最后的决定,如实行数月的租金免费,支付搬家费用,免费提供内部装修设计方案及免费度假。

总之,设计成功的退休人员社区服务项目及营销战略主要是认真听取并深入了解潜在顾客的需求及兴趣。许多老年顾客的需求是十分明确的,通过他们对一些用以推广其他商业服务的营销战略的反应可以得出这一结论。

试分析:

1. 老年消费者有什么消费特点?

2. 老年消费者的消费需求主要体现在哪些方面?

社会环境对汽车消费者心理的影响

导入案例：美国的化妆品和日本的空调器

　　在美国的化妆品生产行业有一句名言：日本的化妆品市场是美国商人难以攀登的富士山！什么意思呢？原来美国是生产化妆品的一个大国，出口的化妆品也较多，其中有一些出口到日本市场上。美国化妆品进入日本市场的时候，也对日本人进行了大规模的广告宣传和其他形式的促销活动，但是日本人对此就是无动于衷，化妆品的销售量很少，美国运到日本市场来的化妆品只能大量积压，生产厂家为此十分着急。美国的商人为此委托有关专家认真地研究了日本人购买化妆品的心理，通过大量的调查研究发现，原来是美国人生产的化妆品的色彩不适合于日本人购买化妆品的心理。

　　在美国，人们对于皮肤的色彩有一种十分普遍的观念，即认为皮肤略为深色或稍黑一些是富裕阶层的象征，因为只有生活富裕的人们才有足够的时间和金钱去进行各种休闲活动。到海滩去晒太阳就是一种比较普遍的休闲活动，生活越富裕，去海滩晒太阳的机会越多，皮肤也就越黑，所以皮肤晒得越黑的人，说明其社会地位和生活的富裕程度越高！在化妆的时候，人们习惯于使用深色的化妆品，把自己的皮肤化妆成略为深色，以显示自己的地位。化妆品的厂家在生产化妆品的时候，也就以色彩略为深一些的化妆品为主大量生产。而日本人的皮肤属于东方人的皮肤类型，崇尚白色，化妆时不喜欢使用深色的化妆品，所以日本人对于美国人的那种略为深色的化妆品需求量是很少的。

　　而日本的空调开拓中东地区市场却和美国的化妆品相反。中东地区的国家一般比较富裕，重视改善居室的舒适性，所以消费家用空调的人比例较高。最先进入中东地区销售空调电器的厂商来自美国和英国等国家，这些国家的产品质量一般还不错，所以前期的销售效果也很好。但经过一段时间之后，发现中东地区的消费者对于这些国家的空调电器并没有太多的兴趣，空调总是出问题，出现停转的现象。日本厂家在仔细研究了这些情况之后得出一个结论：他们认为，美国和英国一些国家的空调，在中东地区总是出现停转问题的原因在于，中东地区多沙，空调的防沙能力很差，而美国和英国空调的生产者没有设计防沙功能的意识，不了解当地消费者已往习惯于各种物品的防沙功能，所以生产的商品不适应这一地区的消费要求。日本厂商立即着手改进空调的防沙能力，对空调的进出口进行了防沙性能的处理，并且在广告中大力宣传日本空调在中东地区的适应性。结果，日本的空调很快就把美国和英国等国家的空调挤出了中东地区的市场，并从此成为中东地区最畅销的产品。

阅读并思考：

➢ 以上两个事例说明了什么？为什么两种产品会有不同的命运？

➢ 结合案例分析消费习俗对消费心理的影响。

➢ 试列举你所在地区的消费习俗特点。

学习目标：通过本章的学习，应掌握社会环境对汽车消费行为的影响，掌握社会文化消费心理的表现及发展；分析社会经济、社会文化、政治环境、科技环境、相关群体等因素对汽车消费行为的影响。

关键概念：社会环境（social environment）　社会文化（social culture）　消费群体（consumer group）

消费者行为与心理是一种复杂的社会心理现象，它不仅受消费者自身需要、动机等心理因素的影响，而且也受消费者活动外界环境的影响。由人的社会属性决定，每个消费者作为社会成员之一，都生活在一定的社会环境中，并与其他社会成员、群体和组织发生直接或间接的联系。因此，消费者的购买行为不可避免地受到社会环境和各种群体关系制约和影响，如图 6-1。只有从社会环境与消费者相关关系的角度进行研究，才能科学地解释复杂多样的消费心理与行为现象，并为消费行为的预测提供切合实际的依据。

社会是由具有共同物质条件而互相联系起来的人群组成的。人们出自不同的目的在各种活动过程中相互交往，产生政治的、经济的、文化的联系和错综复杂的社会关系，由此构成社会的文化性格，而这种文化性格又通过生活在社会中的人的行为所体现。可以说是人的整合构架了社会及其文化性格，而社会又反过来影响和约束着社会中人及人群的行为和心理。

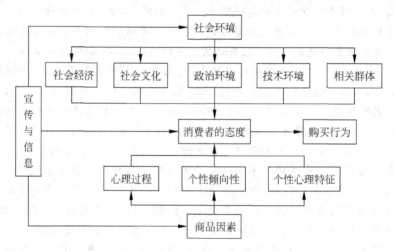

图 6-1　社会环境对消费者心理的影响

6.1　社会环境的含义

所谓社会环境，就是同生活主体发生联系的外部世界。主体之外的一切事物，即客体之和，组成社会环境。具体包括人口环境、社会群体环境、经济环境、政治法律环境、科技环境、文化环境等。

随着社会环境的改变，消费心理也必然会发生变化，而且与其他环境（如自然环境等）相比，社会环境对消费者的影响更为直接，内容也更为广泛。社会环境是影响人类行为的一个重要因素，因为人类必然地要生活在一定的环境之中。

社会环境对人类行为的特殊的影响大致可归结为：

- ➤ 社会环境为人类行为提供了发展的空间和方式。
- ➤ 社会环境是人类成长的有力支持。
- ➤ 社会环境为人类成长提供了参照标准。
- ➤ 人类行为中的个人问题，其真正原因常常不是个人原因，而是深层次的社会原因。

人生活在社会中，人与社会环境的关系是最基本、最现实的问题。社会环境从心理学的角度研究对个人行为的影响，主要是指态度、意见、成见、舆论、谣言、群众行为及其他心理的社会情境。社会环境从文化的角度研究对个人行为的影响，主要指道德法律、宗教、风俗、时尚及人格的形成等。在上述环境影响下，人作为"社会人"，追求着共同的生存需要、共同的生活服务设施、共同的文化、共同的风俗、共同的利益、共同关心的问题。这六方面的追求交错互动，升华为道德、信念、情感的和谐。从人与社会环境的关系看，这种和谐表现为人与自然的和谐、物象文化与心意文化的和谐、人际关系的和谐。人从心理上适应社会环境来实现这种和谐，即是环境优化。因此从一定意义上说人是环境和教育的产物，个人的行为取决于社会，首先是社会群体。社会环境制约、影响着人的态度和行为，决定着人的发展。人只有在能动地适应环境、不断优化环境的过程中才能真正融于社会。

6.2　社会经济环境的影响

无论是宏观社会经济环境，还是消费者自身的经济状况，都会对其消费心理产生重要的影响和作用。

6.2.1　影响消费者的经济环境因素

1. 宏观社会经济环境

宏观社会经济环境是指由社会生产力发展水平所决定的总体社会经济水平，以及与生产力水平相适应的社会生产关系。

1）社会经济发展水平影响消费品的供应数量和供应质量

在影响消费者心理活动的一系列因素中，社会经济发展水平是最基本的因素，它从总体上制约着消费者心理活动的具体范围。

（1）社会经济发展水平影响消费品的供应数量和质量

社会经济发展水平的不同，影响消费品的供应数量和供应质量，在此基础上形成的消费心理也不同。这种不同主要表现为：

① 消费者求新、求奇心理的强弱对比。当经济总体发展水平较低、消费品生产的更换周期较长、消费品的市场寿命周期相对较长时，消费者对消费品选择中的求新、求奇心理就会由于缺乏物质基础而被抑制，进而较长时间被压抑的心理活动就会逐渐弱化。比如，过去流行的所谓"新三年，旧三年，缝缝补补又三年"的观念，正是这种被弱化的求新、求奇心理的反映。随着生产力水平的迅速发展，各种消费品的品种、花色层出不穷，被激发的消费活力

大大强化了消费者的求新、求奇心理。再如,市场上"一日一个新款式,一季一种新流行",使得许多商品的寿命周期大大缩短。这种心理的强弱变化,归根到底取决于经济发展的总体水平。

② 经济发展速度与消费者心理扩展速度的关系。由于社会经济发展水平从总体上决定消费者心理的变化强度,所以,从一般意义上讲,消费者心理发展的速度应稍慢于经济发展的速度。也就是说,当一种新产品上市后,才会引起消费者的购买需求和购买兴趣。但是,在现实经济生活中往往并非如此,对于包括我国在内的许多发展中国家来说,随着开放与国际交往的不断增多,消费者的消费"目光"由原来仅局限于国内而转向"放眼世界"。以高度发达的经济水平引导的发达国家的消费方式,成为发展中国家消费者的"模仿"目标,造成发展中国家消费者心理的扩展速度快于经济发展的局面。这一点在我国居民经济生活中表现得也十分明显,反映出消费者心理对经济发展的巨大影响力。

(2) 社会经济发展水平形成不同的生活环境

在不同的社会经济发展水平上,将会形成不同的生活环境,而不同的生活环境又会影响或形成不同的消费者心理。例如,在西方许多发达国家,经济发展导致了明显的城市化趋势,这在我国许多较为发达的地区也十分明显。在城市中,人对自然环境的干预最强烈,人口越集中,自然状态下的生活环境变化就越大,对消费者的心理影响也越大。其中,尤其以城市人口结构变化速率及空间分布状况对消费者心理的影响最大。某些城市居民住在居民住宅楼内,上班在办公楼或生产车间内,而连接两者的是高速运转的城市道路交通系统。在这种状态下生活的城市消费者,如果不能利用闲暇时间认真调节生活节奏,往往会形成在一些西方国家的特大城市中因为人口密度过大,生活空间狭小、拥挤以及噪声、空气污染等引发的所谓"城市病",使消费者经常出现烦躁不安、精神厌倦等情绪。而大多数消费者为了适应这种生活环境而引发的野外郊游热或重回大自然的心理愿望,即"假日经济"现象也就不足为奇。在消费生活中,矿泉水成为都市中的畅销品、各种空气清洁器受到青睐等都是消费者心理的反映,而这归根到底也是由于社会经济发展引起的社会生活环境变化所致。

2) 社会生产关系决定消费者的社会地位及由此产生的总体消费行为规范

形成于一定生产力水平之上的社会生产关系制约着消费者的总体消费活动,影响着消费者心理的形成、发展与变化。

(1) 消费品的分配性质

消费品的分配性质直接制约着不同社会阶层和不同社会群体的消费行为和消费心理,使他们的消费带有特定的社会性质和心理倾向。例如,"朱门酒肉臭"的消费方式只能是不劳而获者的奢侈、炫耀的消费行为;而劳动者即使在相对富有的条件下,其消费行为也是以节俭为基础,是在合理使用下的求新、求好的心理行为。

(2) 经济体制的类型

不同类型的经济体制对消费者心理的形成产生不同的影响。比如,在过去几十年里,我国一直实行高度集中的计划经济体制或以计划为主的经济体制,表现在消费领域中,则是以行政手段为主的供给制与半供给制形式。这使消费者的生活消费在很大程度上受到行政手段的干扰,使得消费模式具有明显的供给制特征;消费者心理也表现为简单的接受心理,行为上表现为单一的、雷同的消费活动。而今,在对经济体制的逐步改革过程中,最终确立的社会主义市场经济体制使消费者心理也随之发生了巨大的变化。即由最初对某些商品价格放开、市场波动等市场经济条件下的正常现象表现出很大的不适应,逐步过渡到目前大多数商品包括粮食商品价格的放开,也已被消费者认为是理所当然的事情,这就是消费者心理适应力的转变;而消费者的消费行为也转变为适应市场经济条件的新型消费模式,即商品经济条件下的消费模式。

(3) 消费观念的变化

反映消费行为总体规范的价值观念、人生观念、社会观念也在市场经济环境下发生了极大变化,这集中反映在消费者消费观念的变化上。例如,合理的富有是受人尊重的,贫穷再也不能引以为豪;对美的追求再也不会受人鄙视,"缝缝补补又三年"已不是消费活动的准则;人在为社会做出贡献的同时,也在设计着自己美好的生活;等等。社会消费行为规范形成了一种与市场经济相适应的新型的社会主义消费行为规范,以奋发、向上、高效、求美为基调,逐步为广大消费者所接受。

2. 消费者自身经济状况

消费者的收入水平对消费者心理与行为表现出直接的、显现的影响。消费者的任何消费行为都会受到收入状况的直接影响。收入状况对消费者心理与行为的制约作用表现为以下几点:首先,当消费者的收入水平越低、收入来源越不稳定时,消费者的消费欲望也随之降低,消费心理活动也越低沉,对生活的稳定感、安全感就越淡薄,在日常生活中,对消费品的购买与选择就越表现为突出的求廉心理。其次,当消费者的收入水平越高、收入来源越稳定时,消费者的消费欲望随之增长,消费心理随之活跃,他们对生活的安全感、稳定感就越强,在日常生活中,对消费品的购买与选择就越表现为求名、求新、求美的心理愿望。

在市场经济环境中,消费者的收入及对心理活动的影响,通常表现为以下几种形式。

1) 消费者的绝对收入变化与相对收入变化对心理的影响

(1) 消费者的绝对收入变化

绝对收入变化是指消费者所获得的货币及其他物质形式的收入总量的升降变动。对大多数以货币收入为主的消费者来讲,影响消费心理的主要因素是货币收入绝对数额的上升与下降。一般来讲,当消费者的货币收入增加时,消费者的心理需求欲望随之增强;反之,当消费者的货币收入减少时,其心理需求欲望随之减弱。这种增强与减弱的心理倾向,常常与消费者的简单思维活动有关。

(2) 消费者的相对收入变化

相对收入变化是指在消费者的绝对收入不变时,由于其他社会因素(如价格、分配等)的变化引起原有对比关系的变动,从而使收入发生实际升降的变动。相对收入变化对消费者的心理影响主要表现在:

① 消费者本人的绝对收入没有发生变化,而其他消费者的绝对收入发生变化;或者消费者本人绝对收入的变动幅度大于或小于其他消费者绝对收入的变动幅度。这种变动,消费者在短时间内一般不易察觉,对消费者的短期消费心理也不构成影响;只有经过一段时间的对比之后,才会构成对消费心理的影响。比如,当某消费者或消费者群体的消费收入相对于其他消费者或其他群体下降时,他们最初并未察觉,由于模仿心理的作用,继续与其他相对收入已提高的消费者或群体在同等水平上进行消费。经过一段时间以后,他们便会感到由于消费支出能力降低,已不能与那些相对收入已提高的消费者保持同等的消费方式,而

必须逐步降至与自身收入相等的水平上来。

② 消费者的绝对收入没有发生变化，而市场上的商品价格发生变化，使原有收入可购买的商品量发生了增减变化；或者是消费者绝对收入的变化幅度大于或小于价格变动的幅度。这种变动对消费者的心理或欲望产生直接影响，对消费者的货币投向、消费结构及消费数量都会产生明显的制约作用。这种变动是消费者相对收入变动的一种反映，并影响消费者的购买心理活动。

（3）消费者的绝对收入与相对收入之间的关系

消费者的绝对收入与相对收入之间存在着以下两种变动关系：

① 当消费者的绝对收入与相对收入呈同向变动时，即同升或同降，对消费者的变化不会产生过大的影响。

② 当消费者的绝对收入与相对收入呈反向变动时，即一升一降，对消费者心理的影响是较大的。它一般表现为绝对收入的上升、相对收入的下降。比如，当消费者的绝对收入增加以后，需求和购买欲望随之增强。但是，当消费者进入市场以后，发现物价上涨的幅度快于自己收入上升的幅度或他人收入增加的幅度大于自己收入增加的幅度时，就会使原已膨胀的消费欲望受到打击，转而出现不稳定或失望的心理感觉。

2）消费者的现期收入变化与预期收入变化对心理的影响

所谓消费者的现期收入，是指在当时条件下消费者的收入水平。消费者的现期收入不反映社会其他因素对收入的影响，只反映当时的收入总量。

所谓消费者的预期收入，是指消费者以现期收入为基础，以当时的社会环境为条件，对今后收入的一种预计和估算。这种预计和估算，取决于消费者对个人能力的信心和对社会发展前景的信心。

一般情况下，当消费者估计预期收入将相对高于现期收入时，他可能增加现期的消费支出，甚至敢于举债消费，以提高当前的消费水平。这种估计的心理基础是出于对社会发展和个人能力的成长充满信心。反之，当消费者估计预期收入将绝对或相对低于现期收入时，他将降低现有的消费水平，减少日常支出，而较多地用于积蓄或投资，以期获取未来收益，从而使未来的消费水平不至于下降，或者可以提供基本的生活保障。这种估计的心理基础往往是出于对社会发展和个人能力的成长缺乏信心。在市场经济条件下，中老年人由于自身能力的下降，大多具有这种心理表现，即对未来信心不足。

6.2.2 影响汽车消费者的经济因素

经济要素是汽车工业腾飞的基础。自改革开放以来，我国的经济始终处在高速发展的轨道上，国民经济水平不断提高。在经济高速增长的前提下，耐用消费品市场也将保持一种快速增长的趋势，特别是我国的汽车市场。

2001—2017 年期间，我国汽车产销量实现大幅度增长，汽车产销量从 234.44 万辆和 236.36 万辆增至 2901.5 万辆和 2887.9 万辆，成为全球汽车行业的主要增长点。

中国汽车市场强大的购买力吸引了全球汽车制造商的目光。从经济方面分析中国汽车市场的巨大潜力不难发现，影响消费者购车的经济因素，主要有汽车价格、用车成本、信贷成本、税费优惠、各项收入、支出模式等。

1. 汽车价格

在一项调查中显示,已经购车的和将要购车的被调查者普遍认为,影响购车的第一经济要素是价格。一位被调查者说:"如果能从降价中得到实惠,消费者自然乐意。"的确,汽车价格太高,老百姓买不起,就只有"望车兴叹"。消费者普遍认为:汽车的价格肯定还有很大空间,得跟销售讨价还价。所以说,中国的消费者普遍对商品的价格画问号。有一个阶段,销售商竞相降价,老百姓就当起了"看客",持币待购了。然而,有些紧俏车型,销售商即使加价5万元,还是会有人排队买。这就是市场,供求关系在一定程度上决定和影响了汽车的价格。

2. 用车成本

对消费者而言,用车成本主要是油价。如果汽油价格不断上涨,毫无疑问,汽车消费者会大幅度减少。在一项调查中,有八成消费者认为,油价是影响其购车的首要因素。当油价达到7元时,半数消费者就不会买车;六成消费者将买车不开车,成为真正的"捧车一族"。7元就是车市的原子弹。如果说7元是"消费红线"的话,那么,有些油价已突破红线,有些正在逼近红线,这对汽车厂家、商家来说,可不是什么福音,只能是"望油兴叹"了!

3. 信贷成本

随着主要消费群体的年轻化,超前消费的观念逐步被接受。多项调查显示,有贷款买车意愿的消费者超过50%,如果汽车贷款利率合理,贷款买车的比例将明显增加。但实际上,我国只有5%的购车人办理了购车贷款。有关调查显示,有29%的人因手续繁多而放弃贷款,有35%的人表示宁愿攒钱一次性付清,也不会贷款买车。原因除了我国传统的消费习惯外,主要就是融资成本高。有人算过,汽车贷款的终端利率实际上处在10%左右甚至更高。这就是说,有相当一部分消费者,一打听汽车贷款的实际利率,对买车就"望而却步"了。

【案例6-1】 零利率贷款——美国车市渡过危机的促销利器

2001年"9·11"事件后,为了应对汽车销量大幅下滑,激活汽车市场,美国通用汽车公司推出"零利率贷款"促销活动,福特、戴姆勒·克莱斯勒公司也相继推行。

2001年"9·11"前,美国汽车产业的产销与国家GDP同步发展。1999—2000年美国经济处于稳定发展之中,2000年下半年开始,能源危机后美国整个经济发生了变化,2000年GDP还微弱增长0.8%,2001年第一季度下降0.6%,第二季度下降1.6%,第三季度下降0.3%,但第四季度则上升2.7%,2002年第一季度反弹到5.0%,第二季度回落到1.1%。"9·11"后,美国股市暴跌,经济严重波动。美国通用为了阻止市场份额的下滑,率先推出"让美国继续前进"的购买新车零利率贷款优惠方案。一个月后,这一促销计划获得了惊人的成效,车市不仅没有崩盘,反而呈现明显增长,使美国汽车销量超过1986年9月创造的历史最高纪录,通用公司10月份的汽车销售也比前一年同期猛增了31%。汽车再一次成为美国经济发展的重要支柱,这同通用汽车公司及时推出"零利率贷款"策略促销大获成功不无关系。

"9·11"恐怖袭击当天,包括CEO瓦格纳在内的多位通用汽车公司高官不在底特律,由于美国机场正处于全面禁飞状态,他们又一时难以回到总部。2001年9月13日通用汽车召开地区销售代表会议所提供的信息显示,"9·11"后的纽约连一辆车都未销售出去,整个通用汽车销量锐减40%。2001年9月17日,通过了启动汽车市场,转动美国经济的一大行动计划，即在通用北美区总裁 Ron Zarrella 的支持下正式出台的"零利率贷款购车活动"，尽管此种促销手段此前一直限定在特定区域和部分车型，但这次破例对所有车型均实施这一销售政策。由于这项计划涉及通用汽车公司的财政问题，所以必须提请公司董事会批准，2001 年 9 月 18 日董事会以最快的速度批准了该项促销计划。

通用汽车公司利用"零利率"贷款促销，使其销售迅速恢复到"9·11"前的水平。后来福特汽车公司的经销商也随之跟进，甚至华人汽车商经营本田车的也跟进，大众品牌经销将贷款利率降至 0.9%。这样的促销手段效果出奇的好，在美国形成了新一轮的购车高潮。

由于受到零利率贷款促销活动的刺激，2002 年 7 月美国车市十分火爆，创下了几乎破纪录的销量，比 2001 年同期增长 9%。其中，通用汽车销量为 46.32 万辆，比 2001 年同期增长 29.2%；福特汽车销量 31.95 万辆，同比增长 5.7%；克莱斯勒汽车销量为 20.05 万辆，同比增长 0.4%，其吉普车销量则同比上升了 23%。

【分析】 尽管"9·11"事件后美国经济下滑、失业率大幅增加，使消费者信心大跌，但在汽车企业采取的零利率贷款促销手段的强力刺激下，美国的汽车销量上升到了创纪录的水平。可见"零利率"贷款确实是让消费者无法抗拒的促销利器。

零利率贷款可以刺激消费，扩大销售，但也存在不少弊端和隐患：零利率促销使汽车厂商的利润大幅减少；利润的减少必然会影响到新车型的研发；一旦取消此项让利计划，销量又会锐减。

零利率贷款促销只是在特定情况下的短期促销行为，是一种风险很大的促销手段，是一把利弊皆有的双刃剑。

4. 税费优惠

表面上看，税费优惠是政策方面的事，可是最后，还是要落实到经济上。我们国家对汽车消费的优惠，在不同时期有不同的倾斜。如国家对汽车下乡、以旧换新、小排量减征购置税等几方面的优惠政策，大大地刺激了全国范围内的汽车消费，带来的经济效益是最初没有想到的。近年来，随着国家对新能源汽车产业的扶持政策的出台，以及税费的减免等，都极大地推动了新能源汽车的销量。

5. 经济收入

消费者的各项经济收入，直接决定了他们的购买力。尤其是他们的可任意支配货币的多少，直接决定了汽车爱好者能否美梦成真。有的想买车已经好久了，可就是差在钱上：结婚、买房需要钱（青年人）；孩子上学、就业需要钱。如果消费者的经济收入增加了，那么，消费者可任意支配的货币就会更多，具备经济条件购车的人也会更多。

6.3　社会文化环境的影响

在影响消费者心理与行为的各种社会环境因素中，文化环境占有极为重要的地位。每个消费者都是在一定的文化环境中成长，并在一定的文化环境中生活的，其价值观、生活方式、消费心理、购买行为等必然受到文化环境的深刻影响。在现实当中，许多企业由于理解和顺应了消费者的文化环境特性而获得成功,提高了产品在市场上的地位;有些企业则因低估了文化环境的影响力而导致经营失败。因此,我们必须对文化环境的影响作用予以高度重视。

6.3.1 社会文化的概念和特征

1. 社会文化的概念

关于文化的科学概念,从18世纪的启蒙思想家开始探索以来,一直众说纷纭,定义多达一两百种。尽管如此,文化仍有一定的规定性,通常可以按广义、狭义、中义三个层次加以界定。

广义的文化是指人类社会在漫长的发展过程中所创造的物质财富和精神财富的总和。狭义的文化是指社会的意识形态,包括政治、法律、道德、哲学、文学、艺术、宗教等社会意识的各种形式。中义的文化介于广义文化和狭义文化之间,是指社会意识形态同人们的衣、食、住、行等物质生活、社会关系相结合的一种文化,如衣饰文化、饮食文化、日用品文化和各种伦理关系、人际关系等。我们这里所用的文化概念颇近于中义的文化,它包括人们在社会发展过程中形成并世代流传下来的风俗习惯、价值观念、行为规范、态度体系、生活方式、伦理道德观念、信仰等。在这里,我们把中义的文化称之为社会文化。

从消费心理学的特点出发,我们的目的是要了解文化对消费者行为所产生的影响,所以我们对文化的定义是:文化是一个社会群体里影响人们行为的态度、信念、价值观、规范、风俗、习惯等构成的复合体。

社会文化是一种客观的历史现象,每一个社会都有与之相适应的社会文化。另外,从横向来看,各个国家由于历史、地理、民族以及物质生活方式等方面的差异,也有着各自独特的社会文化。特定的社会文化必然对本社会的每个成员发生直接或间接的影响,从而使社会成员在价值观念、生活方式、风俗习惯等方面带有该文化的深刻印迹。具体来说,社会文化对个人的影响在于:①文化为人们提供了看待事物、解决问题的基本观点、标准和方法。②文化使人们建立起是非标准和行为规范。诸如在不同的场合,应该做什么、不应该做什么、怎样做等。例如,按中国人的风俗习惯,女性在公共场合不宜穿着过于暴露的服装,否则会被认为过于轻浮或有失庄重。通常情况下,社会结构越单一,文化对个人思想与行为的制约作用就越直接。

在现代社会中,由于社会结构的高度复杂化,文化对个人的约束趋于松散、间接,成为一种潜移默化的影响。文化对行为的这种约束称为规范。社会规范以成文或不成文的形式规定和制约着人们的社会行为。一个人如果遵循了社会文化的各种规范,就会受到社会的赞赏和鼓励;而如果违背了文化规范,就会受到否定或惩罚,包括从温和的社会非难、歧视、谴责到极端的惩治手段等。

2. 社会文化的特征

就整体而言,各种形态的社会文化具有某些共性。把握这些共性或共同特征,有助于了解社会文化对消费者的影响和作用方式。

1) 共有性

文化是由社会成员在生产劳动和生活活动中共同创造的,因此它为全体成员所共有,并对该社会中的每个成员产生深刻影响，使其心理倾向和行为方式表现出某些共同特征。就消费活动而言，文化影响表现为：消费者之间通过相互认同、模仿、感染、追随、从众等方式，形成共有的生活方式、消费习俗、消费观念、态度倾向、偏好禁忌等。例如，筷子是中国人世代相袭的用餐工具；"春节""中秋节"等是中国家庭合家团聚、互赠礼品的传统节日；崇尚节俭、量入为出、坚持储蓄是大多数中国人信奉的消费观念；而红色用于庆典，黑色、白色用于丧葬之事，则是中国人特有的偏好和禁忌。上述方面都是中国消费者在传统文化的长期积淀和熏陶中形成的共同消费特性。社会文化的共有性特征为企业采取有针对性的营销策略奠定了基础，使之有可能通过迎合特定文化环境中消费者的共同要求，而赢得人们对产品的喜爱。

2）差异性

每个国家、地区、民族都有自己独特的，区别于其他国家、地区、民族的社会文化，即有自己独特的风俗习惯、生活方式、伦理道德、价值标准、宗教信仰等，这些方面的不同构成了不同社会文化的差异。例如，风靡全球的可口可乐在世界大部分地区采用红白相间的色彩包装，而在阿拉伯地区却改为绿色包装，因为那里的人民酷爱绿色，对于他们来说，绿色意味着生命和绿洲。又如，红色在中国人的观念中象征着热烈、吉祥、美好，但西方有些国家却认为红色是一种危险、令人不安、恐惧的颜色，容易使人联想到流血、事故和赤字。由于这种观念的差异，我国出口到德国的鞭炮曾被要求换成灰色的外包装后才被接受。

企业在营销活动中应当高度重视不同社会文化之间的差异性，做到"入乡随俗，入境问禁"，根据消费者的文化差异投其所好。唯有如此，才能被不同的文化群体接受。事实证明，在当今高度激烈的全球竞争中，产品越具有民族性，才越具有世界性。北京烤鸭之所以名扬四海、世人皆知，其魅力就在于独具特色的制作工艺和地方风味，以及它所蕴含的深厚的中国饮食文化。

3）变化性

社会文化不是固定不变的。随着社会的发展演进，社会文化也将不断演化更迭。与之相适应，人们的兴趣爱好、生活方式、价值观念也必然随之发生变化和调整。消费品市场是反映社会文化变化的一个最敏感的窗口，因为社会文化的发展变化经常导致市场上某种消费时尚及商品的流行。例如，从时装的发展变化看，过去人们讲求服装的质地精良、做工考究、款式庄重，而现代消费者对服装的要求则趋向舒适、潇洒、自然、宽松，注重穿着的随意性和自我感觉。因此，各种休闲服装、休闲鞋极为流行。这一服装风格、款式的变化，实质上反映了现代人生活观念、生活态度的改变。又如，20世纪60年代以前，西方国家的消费者大多喜欢高脂肪、高蛋白质的食物，结果导致很多人患肥胖症、心血管病及其他疾病。进入20世纪70年代后，在注重健康、讲求营养平衡和回归自然的消费导向下，西方国家消费者的饮食结构发生了巨大变化，各种低糖、低热量、低胆固醇、纯天然的健康食品受到消费者的青睐。

社会文化的这一变化性特征为营销人员提供了重要的市场机会，即敏锐地观察和捕捉消费者的观念变化，不失时机地及时开发适合新的消费趋向的新产品，从而使企业在变化的市场中始终保持主动权。

4）适应性

社会文化的适应性是多种社会乃至自然因素综合作用的结果。因此，相对于企业而言，社会文化及特定文化环境下的消费者心理与行为特性有其客观性和不可控性。企业唯有适应环境，适应特定环境中消费者的特殊要求，才能使自己在激烈的市场竞争中立于不败之地。尤其在从事跨国经营时，保持高度的文化适应性更是企业成功的先决条件。日本精工公司近年来推出一种"穆斯林"手表,该表除了设计新颖、构思巧妙外,最打动穆斯林教徒心理的是,这种手表能把世界上114个城市的当地时间转换成穆斯林圣地麦加的时间,并且每天定时鸣响五次,提醒教徒们按时祈祷。因此,这种表在阿拉伯国家的消费者中备受欢迎。相反,我国天津市某鞋厂出口到埃及的女鞋,因鞋底的防滑图案与阿拉伯文"真主"二字相似,从而受到当地消费者的误解,以致被迫停止销售。

可见,在不同文化环境中从事营销活动时,必须积极主动地适应文化环境的要求,尊重消费者特有的风俗习惯、宗教信仰和消费偏好,以免招致失败。

6.3.2　社会文化的分类和影响

1. 亚文化

1) 亚文化的概念

亚文化是社会文化的细分和组成部分。通常情况下,一个国家或社会内部并不是整齐划一的。其中,若干个社会成员因民族、职业、地域等方面具有某些共同特性而组成一定的社会群体或集团。同属一个群体或集团的社会成员往往具有共同的价值观念、生活习俗和态度倾向,从而构成该社会群体特有的亚文化。亚文化既有与社会文化一致或共同之处,又具有其自身的特殊性。由于每个社会成员都生存和归属于不同的群体或集团,因此,亚文化对人们心理和行为的影响更为具体和直接,这一影响在消费行为中体现得尤为明显。通常,可以按种族、民族、阶层、宗教信仰、地域、年龄、性别、职业、收入、受教育程度等因素,将消费者划分为不同的亚文化群。

亚文化是主文化的一部分。某一种亚文化的成员所具有的独特的行为模式,是建立在该群体的历史及现状基础之上的。亚文化的成员又是他们生活在其中的主文化的一部分,因此,其行为、信念无不打上主流文化的烙印。

2) 亚文化的类型

尽管有些亚文化群与主流社会或其他亚文化的某些文化含义会有所相同,但是亚文化群的文化含义必须是独特的、有特色的。这些特色可以是年龄、宗教、收入水平以及性别、职业等,见表6-1。

表 6-1　亚文化的类型

人口统计指标	亚文化举例
年龄	少年儿童,青年,中年,老年
宗教信仰	佛教,基督教,伊斯兰教等
民族	汉族,满族,回族,维吾尔族,白族等
收入水平	富裕阶层,小康阶层,温饱阶层,贫困阶层
性别	男人,女人
家庭类型	单亲家庭,离异无子女家庭,双亲有子女家庭
职业	工人,农民,教师,会计等
地理位置	东南沿海,西北地区,中原一带等
社区	农村,小城市,大城市,郊区

　　上述根据人口特征对亚文化群的划分不是绝对的，也是不可能穷尽的。比如，一个人同时属于青年、男人、满族、小康水平等几个亚文化群。市场营销人员可以把上述的这些人口特征加以组合，从而得到更小的亚文化群。这样做的目的主要就是为了更好地进行市场细分。

　　从年龄亚文化看，不同年龄的亚文化群往往有着不同的价值观念和消费习惯，对商品有不同的偏好。老年亚文化群比较自信和保守，习惯于购买自己熟悉的商品，求实、求利的购买动机较强，对新产品易持怀疑态度；青年亚文化群则追求新颖、奇特、时尚，乐于尝试新产品，容易产生诱发性和冲动性购买行为。

　　不同性别的文化群体有着截然不同的消费心理和消费行为。一般来说，女性消费者对时尚的敏感程度往往会高于男性，女性消费者比较重视商品的外观，而男性消费者则比较重视商品的性能和品质；另外，女性消费者对价格的敏感程度也远远高于男性消费者；而在购买方式上，女性消费者通常有足够的耐心与细致，但同时又缺乏决断性。

　　职业亚文化是指不同的职业群体所特有的文化。各种专业性较强的职业都经过一些专门的训练，有专门的职业术语、职业道德、职业习惯等，不同的职业形成了不同的职业亚文化。在不同的职业亚文化中的消费者有不同的消费心理和行为，而且在装束、言谈举止、生活方式的功能方面有明显的区别。

　　从地域亚文化看，消费者的生活方式和消费习惯由于地理环境的不同而有所不同。俗话说："千里不同风，万里不同俗"，不同的地域由于自然环境、经济发展水平和历史的不同，人们的生活方式和消费习惯也会有所不同。例如我国南、北两个不同的亚文化群体在饮食、穿着习惯方面就有着很大的差异。美国西部人爱喝杜松子酒和伏特加，东部人爱喝苏格兰威士忌混合酒，南方人则爱喝波旁酒。这些都是地域亚文化影响的结果。

　　中国人的乡土观念比较重，各地的人都或多或少地保留着他们本乡的生活习惯。在饮食方面，湖南、四川人爱吃辣的，苏州、无锡人爱吃甜的。许多地区都在努力恢复地方的土特产、风味小吃的生产，目的在于满足消费者的饮食需求。企业要针对这些特点进行生产，增设新的服务项目，满足不同消费者的需要。

　　宗教是支配人们日常生活的外部力量在人们头脑中的虚幻反映，不同民族在历史发展过程中有着不同的人格进化过程，从而形成不同的宗教亚文化群体。有着不同宗教信仰和宗教感情的人们，在消费行为方面也有明显的差异。如基督教忌讳数字"13"，阿拉伯一些国家禁止在广告中使用妇女形象，伊斯兰教国家进口的肉制品必须按一定的屠宰方法加工等。

　　从民族亚文化看，每个民族在长期生存和繁衍过程中都逐步形成了本民族独有的、稳定的亚文化，并在生活方式、消费习俗和偏好禁忌中得到强烈体现，从而形成该民族特有的消费行为。我国是一个多民族国家，各个民族都有自己独特的消费习惯。例如，回族的饮食较严格，只吃牛、羊和某些家禽等肉类；朝鲜族则喜食大米、辣椒、狗肉汤。在穿着上，回族人习惯戴白帽或黑帽；朝鲜族男子习惯穿坎肩、肥腿裤，妇女穿小袄、长裙。

【案例 6-2】　冻鸡出口

　　欧洲一冻鸡出口商曾向阿拉伯国家出口冻鸡，他把大批优质鸡用机器屠宰好，收拾得干净利落，只是包装时鸡的个别部位稍带点儿血没有进行清理就装船运出了。当他将要结算这笔交易时，不料这批货竟被退了回来。他迷惑不解，便亲自去进口国查找原因，才知退货原因不是质量问题，而是他的加工方法犯了阿拉伯国家的禁忌，不符合进口国的风俗。阿拉伯国家人民信仰伊斯兰教，规定杀鸡只能用人工，不许用机器；只许男人杀鸡不许妇女动手；杀鸡要把鸡血全部清洗干净，不许留一点儿血，否则会被认为不吉祥。欧洲商人的冻鸡质量虽好也难免退货的厄运。

巴西冻鸡出口商吸取了欧洲商人的经验教训，不仅货物质量好，而且特别注意满足国外市场的特殊要求，尤其是充分尊重对方的风俗习惯。巴西对阿拉伯国家出口冻鸡，在屠宰现场内严格按照阿拉伯国家加工要求，不用机器，不用妇女，杀鸡后把血渍全部清除干净并精密包装。巴西还邀请阿拉伯进口商来参观，获得信任，巴西冻鸡迅速打进了阿拉伯国家的市场。

【分析】 不同的国家和民族，由于不同的历史，文化，宗教信仰等因素，各有特殊的风俗习惯和礼节。任何企业在进入不同的市场领域前，都应充分了解当地的风土人情、礼仪、习惯、禁忌、文化等。

从以上分析可以看出，亚文化消费者群具有如下基本特点：

（1）他们以一个社会子群体出现，每个子群体都有各自独特的文化准则和行为规范；

（2）子群体与子群体之间在消费行为上具有明显的差异；

（3）每个亚文化群都会影响和制约本群体内各个消费者的个体消费行为；

（4）每个亚文化群还可以细分为若干个子亚文化群。

对企业而言，研究亚文化的意义在于，消费者行为不仅带有某一社会文化的基本特性，而且还带有所属亚文化的特有特征。与前者相比，亚文化更易于识别、界定和描述。因此，研究亚文化的差异可以为企业营销人员提供市场细分的有效依据。例如，地处广州的中美合资亨联有限公司，自 1985 年投产以来，所生产的亨联系列食品畅销国内市场。其原因在于公司在投产前，先后在我国各地城市的 2000 个不同类型的家庭进行了关于产品外形、口味、价格、何处购买等问题的全面调查，然后据此划分若干细分市场，针对不同地区、不同年龄的婴幼儿情况采取了不同的产品配方。比如，针对南方儿童患缺铁性贫血、佝偻病较多的情况，他们在南方市场销售的食品中增加钙铁含量，使其较同类产品高近三倍；北方儿童缺锌的较多，他们就在北方市场销售的食品中增加了锌的含量。由此，亨联产品处处受到消费者的欢迎，从而保证了较大的市场占有率。

2. 中国传统文化

中华民族是具有 5000 年悠久历史的民族，中华民族经过几千年的发展所积淀下来的传统文化对国人的影响根深蒂固。

中国传统文化的基本精神有以下几点。

1）讲究中庸之道

中庸是中国人的一个重要的价值观，几千年来一直深刻地影响着我们中华民族的思想和行为。它一方面保证了民族文化发展的稳定性，同时它也反对根本性的变革，鼓励墨守成规。

何为中庸？大理学家朱熹认为，中庸就是"不偏之谓中，不易之为庸"。意思是说，在事物的发展过程中，对于实现一定的目的来说，都有一个一定的标准，达到这个标准就可以实现这个目的，否则就不可能实现这个目的。没有达到这个标准叫"不及"，超过这个标准叫"过"。所谓"中庸之为德"，就是要经常遵守一定的标准，既不"过"，也不"不及"，做到不偏不倚。

2）注重人伦

中国文化以重人伦为其特色，即强调伦理关系。我国传统文化的核心，就是以伦理道德为核心的儒家文化，而儒家文化的伦理观念就是从最基本的血缘关系发展而来的。所以，中国传统社会的人际关系都是从夫妇、父子这些核心关系派生出来的。

3）看重面子

与外国人比起来，中国人对自己的形象和"脸面"特别关注，尤其重视通过印象修饰和角色扮演而在他人心目中留下一个好的印象，以期获得一个"好名声"。因此，中国人一般比较注重给别人、给自己"留面子"，而最怕的大概就是"丢人现眼"。

4）重义轻利

中国传统文化的特点之一，就是与金钱或物质利益相比，人们更注重情义。特别是在发生冲突的时候，追求的是舍利而取义。因而中国人最痛恨的是"见利忘义""忘恩负义"的人，而讲究"滴水之恩当涌泉相报"。中国文化的这种重义轻利特点，使得在正常的人际交往和工作中容易感情用事，注重"哥们义气"，并且热衷于相互之间赠送礼品，讲究"礼尚往来"。

3. 社会文化对消费的影响

1）不同的社会文化与亚文化对价值观念的影响

首先，在日常生活消费中，中国人的传统习惯多属节俭型，日常开支计划性较强，在可能条件下总希望多一点积蓄，以备将来为子女、自身养老或未来其他事项进行购买，表现为较强的储蓄心理；而美国人则喜欢挣了钱就花掉，很少积蓄或从不考虑积蓄，表现为即时消费心理。

其次，在购买行为中，中国人习惯于用自己的钱购买，当需要买大件或贵重商品时，总是经过较长时间的储蓄，而不习惯于借钱买东西。在西方发达国家中，则盛行超收入支出的习惯，因此，赊销在西方商业活动中很盛行，购买中的分期付款和银行私人借款等都是很普遍的，而这些方式对大多数中国人则是不习惯的。

再次，美国人的消费观念多属于求新奇、好冲动型；而中国人的消费观念多属于求实型，即使是攀比心理、炫耀心理较重者，也很少有盲目冲动、感情用事的消费行为。有这样一例，有人在报纸上登了一则广告："凡看到本广告者，请寄10美元给我。地址是……"这则十分奇特又神秘的广告，使许多出于好奇心的美国人不究缘由地寄出10美元，结果石沉大海，没有回音，而登广告者借此骗取了十几万美元。可以设想，如果这则广告出现在中国报纸上，不爱冲动的中国消费者或许根本不会理睬这则广告。

另外，就我国自改革开放以来消费者价值观念的变化来看，过去以"新三年，旧三年，缝缝补补又三年"的传统观念为荣，而今求新、求美、追求时尚、美化生活的新观念不仅仅为青年人所接受，即便是六旬老人也开始注意衣着和居室的美化、舒适。从20世纪80年代起，此起彼伏的服装热、快餐热、装饰热、跳舞热等，特别值得一提的是中老年"迪斯科"的兴起与普及，都是人们价值观念变化的明显表现。

2）不同的社会文化与亚文化对生活方式的影响

首先，在日常购买消费品的方式上，我国消费者特别是家庭主妇们大多习惯于每天上市场采购，即使在目前冰箱、冰柜已在多数城市基本普及的情况下，他们仍然乐于每日上街。因此，遍及全国各大中城市的早市、夜市、集贸市场，正是中国城市人购物方式的产物。相比之下，美国的家庭主妇大多每周只购买一两次，他们认为每日上街购买生活用品（主要是食品）是很不合算的，是一种浪费。而对大多数中国人来说，"逛商场""赶集""赶场"是很惬意的，是一件趣事。

其次，在耐用消费品的消费上，前几年多数家用冰箱、彩电等高档耐用消费品的购买多以占有心理、攀比心理、显示心理为主，"人家买得起，我也买得起"的心理成为购买的主要动力。而今,由于经济水平的提高,消费观念的变化,无论是购买者还是使用者,大多以实用心理为主,很少再见到冰箱一年中停半年的那种吝啬使用者了。多种耐用消费品的普及,促使人们的消费观念发生了巨大转变。

再次,考察一下最能反映社会文化特点的穿戴。社会的开放、人们消费观念的更新,服装的变化起着"排头兵"的作用。从 20 世纪 70 年代末起,一改传统的军便服、中山服模式,西服热一时兴起。在这十几年时间里,太空服、滑雪服、猎装、运动服、休闲服等各式各样的服装不断为开放的中国消费者所青睐,特别是冲破传统观念禁区而出现的"薄、亮、透"的女士服装,从"有碍观瞻"到"自我效仿,自我实践",直至被社会大多数消费者所接受和喜爱。

另外,饮食文化的变动趋势,更反映出消费者的生活方式与社会发展的同步性。具有制作精美食品传统的中国消费者,为了适应正在逐步加快的生活节奏,引进了各种快餐和方便食品;同时,中国的传统小吃、方便食品也得到了空前的发展。

3）不同社会文化与亚文化条件下的审美观念

对美的追求具有普遍性,但美的内涵在不同社会文化与亚文化背景下,有着自身的特定指向性。以色彩为例,欧美一些国家的女性结婚时喜欢穿白色的婚礼服,在她们看来白色象征纯洁、美丽;而中国女性结婚时,大多喜欢红色服饰,在中国人的观念中,红色象征吉祥如意、幸福美满,而白色在传统结婚仪式中是很难被接受的色调。

从艺术审美角度看,中国人一般喜欢神似而形不似的国画,而西方人则看重写实感、立体感较浓烈的油画。中国的民族舞欢快悠扬、舞姿翩翩,使人心旷神怡,而西方舞蹈多是快节奏的、奔放的、激昂的,给人以强烈刺激,大有激情顿生之势。

【案例 6-3】 为什么"佳美"在日本不受欢迎

宝洁公司为"佳美"牌香皂所做的广告中男人在女人浴后当面赞赏女人的美貌,这一广告在很多国家获得成功。然而,在日本,该广告则不尽人意,甚至受到日本消费者的抵制。试从文化的角度分析其原因。

【分析】 在该案例中,由于日本男女之间的交往更为委婉,所以男人在女人浴后当面赞赏女人的美貌就显得有失检点。可见,对于企业和营销人员来说,理解不同文化下人们不同的消费心理是非常重要的。当前,随着越来越多的企业扩展全球业务,就必须了解外国的文化。对于出口产品来说,就应该让外国人了解自己产品中的文化内涵。

4. 中国文化对消费的影响

中华民族经过几千年的发展,世代沿袭下来的传统文化对国人的影响根深蒂固,对消费者行为的影响也体现得尤为明显。

1）中国文化对消费需要的影响

中国传统观念主张"温、良、恭、谦、让",在其影响下,勤俭消费成为大多数人所奉行的消费观念。在这种观念的影响和支配下,消费者的需求,特别是高档奢侈品和服务的需求及其增长会相对受到限制,消费者在购买中也会更多地重视产品和服务的实际效用和价值,反对盲目攀比和铺张浪费。

2）中国文化对消费对象的影响

中国文化一向强调血缘关系,也就是以家庭为本位。个人的消费行为往往与整个家庭紧密联系在一起,一个人不仅要考虑自己的需要,更要考虑整个家庭的需要。

3）中国文化对消费品牌选择的影响

对不同品牌的评价和选择会在诸多方面受到消费者文化价值观的影响和制约。一个人的文化价值观念会影响他的生活方式、社交活动、媒体习惯、个人兴趣等。这些因素必然会进一步影响他所可能熟知的品牌，从而形成不同的熟知品牌组。文化价值观同样也会影响消费者所考虑以及重点考虑的品牌。强调社会身份地位和声望的消费者具有较强的社会自尊需要，在许多产品购买中往往只考虑进口品牌或著名品牌，其他品牌的价值常常会受到不公正的评价。另一些崇尚节俭的消费者，则往往重点考虑较低价格的品牌，对一些高档定位的品牌很可能闻所未闻，或者虽然听说过，但由于不重视，不感兴趣，所以常常没有有关这些品牌的太多知识，甚至连品牌名称和标志都不曾记住过。

4）中国文化对购买行为的影响

购买行为的确定除了受消费者自己的爱好、他人的态度、购买力变化、支付方式的影响外，还受到文化价值观因素的影响，如中国文化强调集体意识，要求个人服从整体。

此外，我国传统文化由于强调"存天理，灭人欲"的理性优先原则，因此在家庭和个人消费上强调节欲勤俭，主张精打细算、量入为出，反对奢侈浪费，更反对及时行乐的生活态度，从而使收入变化对购买决策具有迅速和直接的影响。当收入减少时，消费者会很快节省开支，降低支出，先前开支额较大而又非必需品的购买意图将最先被取消或者被暂时搁置起来，而不会像美国等国家的消费者那样具有较强的消费不可逆转性，即通过信贷来满足即时的消费需要和欲望。

【案例 6-4】　麦当劳的跨文化营销

麦当劳公司平均每天新开三家分店，而这三家中仅有一家开在美国。仅在 1994 年，麦当劳公司就在世界上 73 个国家开设了 14 000 多家分店，总营业额达到了 230 亿美元。为什么麦当劳能在世界各地取得如此巨大的成功呢？试从跨文化营销的角度进行分析。

【分析】　麦当劳的跨文化营销策略使它的国际营销取得了巨大的成功。首先，麦当劳包含着丰富的文化内涵。这种文化内涵体现在它的产品、服务、就餐环境等各个方面。世界许多国家的消费者把麦当劳与可口可乐、万宝路一起看作文化的精华。受这些重要的文化内涵的影响，很多人走进了麦当劳餐厅。其次，麦当劳的产品策略既注重标准化，又充分考虑到当地化。在很多方面，麦当劳实施的是标准化，如巨无霸汉堡包、炸薯条、可口可乐、奶昔以及店铺规模、服务质量等。没有这种标准化，麦当劳就不会成功。为了取得更大的成功，麦当劳对在一些国家的产品进行了调整，以适合当地顾客的口味以及风俗习惯。如在日本提供的汉堡包加上了煎鸡蛋，在泰国用甜且略带咸味的猪肉夹汉堡。此外，荷兰人更喜欢素汉堡，波兰人对黑葡萄干奶昔特别感兴趣。在欧洲一些国家的麦当劳餐厅里还供应啤酒。有时候麦当劳不得不根据当地的法律规定来调整自己的营销战略。例如，德国不允许像"买一送一"这样的促销行为。麦当劳所做的最大变动是它在印度提供的产品。由于 80% 的印度人信奉印度教，不吃牛肉，因此，在印度没有西方麦当劳餐厅提供的"巨无霸"，而是用羊肉馅饼加上洋葱、奶昔来代替。最后，麦当劳公司是如何在保证自己的产品和服务质量的前提下来迎合当地消费者的风俗习惯的呢？他们就是通过尽可能地雇佣当地员工的方式来学习，利用当地的风俗习惯。麦当劳的雇员经常要从总部飞到各地来开发新市场。但是过一段时间后他们都会回到总部，而把餐厅交给更熟悉当地风俗的本地人经营。

6.3.3　社会文化对汽车消费者的影响

1. 东西方文化差异的影响

东西方文化的差异,主要表现为价值观方面的差异。西方价值观的要点:个人主义、分析、一元时间观、普遍主义、平等、赢得的权利、内部导向;东方价值观的要点:集体主义、整合、多元时间观、特殊主义、等级、赋予的权利、外部导向。建立在不同价值观基础上的汽车消费观也是有所差异的。"中国老太"与"美国老太"买房的消费观就是东西方文化差异的缩影。同样地,在汽车消费方面,也会有"中国老太"和"美国老太"。超前消费、享乐主义、个人至上,是西方人的价值观念;而量入为出是东方人的消费理念。因此,文化的差异,决定了汽车消费观的不同。

2. 消费者受教育程度的影响

受教育程度是文化环境因素之一。撇开经济因素,由于汽车消费者的受教育程度不同,购车的观点、看法也各自不同,因此消费者的教育背景(文化因素)也毋庸置疑地影响着汽车消费观。

3. 汽车消费者身边文化"氛围"的影响

汽车消费者并非独立的个体,在不同场合,往往分属不同的群体,是某一个或几个群体的成员之一。不同群体的文化氛围对每一个成员都会产生潜移默化的影响。同样,这种氛围对他们的价值观、消费观都会产生这样或那样的影响,汽车消费观也不例外。比如,一个单位里有一个人要买车,关于车的颜色、外形、配置、性能等方面问题,肯定会跟同事们交流,同事们也会各抒己见。这些建议会影响甚至左右要买车人的最后决策。这就是文化氛围对汽车消费观的影响。

4. 汽车文化的影响

中国消费者喜欢加长加大的车型,已为众多汽车制造商所熟知,很多加长车型都只是针对中国市场销售。不管是欧洲、美国,还是日本车在海外市场的销量有多好,进入中国就要入乡随俗。大车身在中国消费者眼中是一种身份地位的象征和暗示,这种审美和消费取向源于中国人的民族性格和文化。

5. 文化变迁的影响

文化不是一成不变的。以美国的消费观变迁为例,过去,一谈到美国,一谈到美国式消费,人们的印象就是以刺激多消费、鼓励超前消费、追逐时髦等为特征的消费文化。以美国汽车消费文化为例,美国汽车厂商在市场饱和的情况下,通过不断翻新和变换花样,有计划地使原有产品过时,诱使消费者购买新产品,淘汰老产品。还有人从另一个视角看同样的问题,他们认为美国的消费观是实用主义。一个美国的社会学家自己评价说,美国人的消费是,"必需品买最好的,不吝啬钱;非必需品买最少的,不浪费钱"。这种消费观念,来源于美国民族的传统本身。近20年来，美国人的消费观念出现了较大的转变，名牌意识被当今实际的价格意识取而代之。人们不再像过去那样挥霍钱财摆阔气，讲究的是精打细算，实惠耐用。

随着家庭拥有汽车比例的升高，中国的汽车消费观也在发生变化。人们的汽车消费更贴近自身经济能力，追求实用，而不再盲目追求国外名牌、追求高档次。中国人的汽车消费观念正在朝着成熟、理性、务实方面转变。

6.4　社会政治环境的影响

近年来，国家相继推出了一系列促进汽车行业健康有序发展的相关政策，这些政策都有利地促进了我国汽车行业的发展和壮大。

在不同的时期，汽车产业政策从生产到销售环节都有不同的侧重点，从而更好地发挥汽车产业的支柱作用。从之前国家通过制定一系列的产业政策来鼓励企业发展小质量、低价位、经济适用型的汽车消费品，并支持企业自主开发或者利用外国技术开发具有自主知识产权的乘用车产品，到当前鼓励和发展新能源汽车，无不推动着我国汽车行业的健康稳定发展。

汽车产业作为国民经济的支柱产业，国家强有力的政策支持，以及鼓励汽车消费政策的出台，都为汽车行业的发展提供了一个坚实的基础和平台。

6.4.1　国家政策路线对汽车消费的影响

1. 战略规划支持汽车产业变革

汽车作为资金密集技术型产业，对国民经济有很大的拉动作用。作为国家重点发展的支柱产业之一，汽车工业投入了大量的人、财、物，经过改革开放四十年的发展，一批国有和民营汽车企业已经形成了一定的规模，也积累了一定的人才和经验，为下一步的发展打下了良好的基础。

随着汽车工业的持续高速发展和人民生活水平的逐步提高，我国已步入世界汽车生产和消费大国行列。在经济发展由高速增长阶段转向高质量发展的关键时期，新能源汽车已成为我们国家汽车行业由大变强的必由之路。近年来出台的诸多国家产业扶持政策都直接指向新能源汽车领域，表明了国家支持新能源汽车行业发展的决心。

2016年11月19日，国务院正式发布《"十三五"国家战略性新兴产业发展规划》，再一次明确了新能源汽车、新能源和节能环保等绿色低碳产业的战略地位。要求大幅提升新能源汽车和新能源的应用比例，全面推进高效节能、先进环保和资源循环利用产业体系建设，推动新能源汽车、新能源和节能环保等绿色低碳产业成为支柱产业，到2020年，产值规模达到10万亿元以上。其中，发展新能源汽车作为《规划》中的八大任务之一，是国务院关注的重中之重！

2．政策体系推动新能源汽车发展

2010 年 10 月 10 日国务院以国发〔2010〕32 号文下发公布了《国务院关于加快培育和发展战略性新兴产业的决定》，内容共分八方面，使节能环保、新一代信息技术、生物、高端装备制造、新能源、新材料、新能源汽车七大产业用 20 年达到世界先进水平。由此，新能源汽车产业的发展迎来了契机。

在此后的八年中，国家先后出台了诸多利好政策，促进新能源汽车产业的健康发展。2010 年，工信部发布了第 6～18 批《节能与新能源汽车示范推广应用工程推荐车型目录》，共 141 个产品型号，相比前一年有大幅提升，说明国家在新能源汽车推广工作上不断提速。另外，工信部发布《关于扩大公共服务领域节能与新能源汽车示范推广有关工作的通知》，新增 7 个试点城市。我国新能源汽车标准体系也在进一步完善中，制定并发布了新能源汽车相关国家标准和行业标准共计 42 项，其中 22 项已列为新能源汽车产品准入的专项检验标准，充电站、充电桩等基础设施的标准确立，为进一步推进新能源汽车产业发展奠定了基础。与此同时，全国 5 个城市启动了私人购买新能源汽车补贴试点工作。

2010 年 5 月 31 日，财政部、科技部、工业和信息化部、国家发展改革委联合印发了《关于开展私人购买新能源汽车补贴试点的通知》。根据汽车产业基础、居民购买力等情况和有关要求，四部委选择 5 个城市编制私人购买新能源汽车补贴试点实施方案，并组织专家对实施方案进行论证，论证通过后启动试点。

2010 年 7 月 5 日，财政部、科技部、工业和信息化部、国家发展和改革委员会四部门正式启动私人购买新能源汽车补贴试点工作，联合出台《关于开展私人购买新能源汽车补贴试点的通知》，确定在上海、长春、深圳、杭州、合肥等 5 个城市启动私人购买新能源汽车补贴试点工作。

2011 年 7 月《国家"十二五"科学和技术发展规划》：电动汽车保有量达 100 万辆，产值预期超过 1000 亿元。新能源汽车示范运行的城市数量定为 30 个。

2011 年 10 月《国家关于加快培育和发展战略性新兴产业的决定》：着力突破动力电池、驱动电机和电子控制领域关键核心技术，推进插电式混合动力汽车、纯电动汽车推广应用和产业化。同时，开展燃料电池汽车相关前沿技术研发，大力推进高能效、低排放节能汽车发展。

2011 年 11 月《关于进一步做好节能与新能源汽车示范推广试点工作的通知》：落实免除车牌拍卖、摇号、限行等限制措施，并出台停车费、电价、道路通行费等扶持政策。个人小区停车位或工作场所停车位配套建设充电桩，配比不得低于 1：1。

2012 年 1 月对使用新能源的车船，免征车船税。

2012 年 3 月《电动汽车科技发展"十二五"专项规划（摘要）》印发。

2012 年 6 月《节能与新能源汽车产业发展规划（2012—2020 年）》：2015 年，纯电动汽车插电式混合动力汽车累计产销量力争达到 50 万辆；2020 年，纯电动汽车和插电式混合动力汽车生产能力达 200 万辆，累计产销量超过 500 万辆。

2012 年 10 月《关于组织开展新能源汽车产业技术创新工程的通知》印发。

2013 年，《节能与新能源汽车示范推广应用工程推荐车型目录》发布了第 41～52 批产品型号。同年底，四部委确定了 28 个第一批新能源汽车推广应用城市和区域。

2014年是中国新能源汽车发展呈现质的飞跃的一年,全年新能源汽车产销量均突破30万辆,2013年这一数据不超过8万,这一现象和2014年出台的政策息息相关。首先是国务院总理在国务院常务会议上提出对新能源汽车免征车辆购置税,《免征车辆购置税的新能源汽车车型目录》也在随后发布。另外,发改委下发《关于电动汽车用电价格政策有关问题的通知》,确定对电动汽车充换电设施用电实行扶持性电价政策,这也有积极的推动作用。另外,各城市陆续出台汽车限购政策,极大地促进了新能源汽车的销售热潮。

2015年中国市场新能源汽车产销量在2014年的基础上又有大幅提升,产量达到340 471辆,销量达到331091辆,均为前一年的四倍多。电动汽车分时租赁成为工信部重点推进项目,电动汽车充电基础设施建设也被工信部抬到更高层面。与此同时,四部门发布《关于2016—2020年新能源汽车推广应用财政支持政策的通知》,在2016—2020年期间调整补助政策。

2016年中国新能源汽车市场得到进一步提升,产销量均突破45万,连续两年占据世界第一的位置。而在政策上,正面和负面并存。最大的负面新闻当属多家新能源车企骗补事件,工信部在调查之后,于年底发布行政处罚决定书,对严重骗补的企业进行处罚。由此衍生的是随后颁布的《关于调整新能源汽车推广应用财政补贴政策的通知》,新能源补贴政策将退坡20%。另外,工信部进一步强调了充电基础建设的重要性,颁布了相关的奖励政策。

2009年,中国市场新能源汽车产销量均只有5000辆左右,2016年这一数据已经攀升到45万辆,是八年前的90倍。这种大幅度跨越式的发展,与我国新能源汽车政策的制定和实行是分不开的。

2017年9月28日,工业和信息化部、财政部、商务部、海关总署、质检总局联合公布了《乘用车企业平均燃料消耗量与新能源汽车积分并行管理办法》。按照规定,对传统能源乘用车年度生产量或者进口量不满3万辆的乘用车企业,不设定新能源汽车积分比例要求;达到3万辆以上的,从2019年度开始设定新能源汽车积分比例要求。2019年度、2020年度,新能源汽车积分比例要求分别为10%、12%。2021年度及以后年度的新能源汽车积分比例要求,由工业和信息化部另行公布。该办法自2018年4月1日起实施。"双积分"政策的出台,有效地促进了我国汽车产业节能减排和转型升级,意义深远、作用重大。

2017年1—10月,国家累计出台32项新能源汽车相关政策(包括征求意见稿5项),涉及宏观、补贴、基础设施、安全管理、技术研发、智能网联等诸多方面。

自2009年以来,我国共计出台新能源汽车产业国家政策60余项,已逐步形成了较为完善的政策体系,从宏观统筹、推广应用、行业管理、财税优惠、技术创新、基础设施等方面(见图6-2)全面推动了我国新能源汽车产业快速发展,并初步实现了引领全球的龙头作用。在国家政策体系的推动下,新能源汽车的销量逐年攀升(见图6-3),由2010年的0.71万辆增加到2017年的77.7万辆。

3. 管理规则促进行业健康发展

工信部于2016年8月发布《新能源汽车生产企业及产品准入管理规则(修订征求意见稿)》,对于申请新能源汽车的生产企业,《修订征求意见稿》要求需要具备生产新能源汽车产品所必需的设计开发能力、生产能力、产品生产一致性保证能力、售后服务及产品安全保障能力,并符合《新能源汽车生产企业准入条件及审查要求》。按照《要求》,审查条件将有17项具体条款,其中有8项为否决条款,只要超过2项未达标,则该企业就不被准入。

图 6-2　2009—2017 年中国新能源汽车产业政策体系

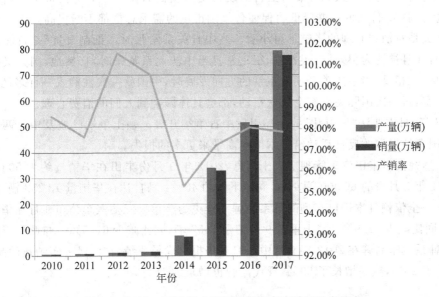

图 6-3　2010—2017 年中国新能源汽车产销量及产销率

4. 设施建设保障行业发展基础

国家公路网的建设和发展为汽车行业的发展奠定了基础和条件。2013 年 6 月 20 日，交通运输部发布了《国家公路网规划(2013—2030 年)》(简称《规划》)。这是我国继 1981 年的《国家干线公路网(试行方案)》、1992 年的《国道主干线系统规划》、2004 年的《国家高速公路网规划》之后，第四个国家级干线公路网规划。

《规划》提出构建"两张网"：一是普通国道网，包括12条首都放射线、47条北南纵线、60条东西横线和81条联络线，覆盖全国所有县，总规模约26.5万公里；另一是国家高速公路网，由7条首都放射线、11条北南纵线、18条东西横线以及地区环线、并行线、联络线等组成，总计约11.8万公里；除此之外，《规划》还提出了远期展望线计划1.8万公里，主要发展西部地区，总规模约40万公里。也就是说，到2030年，我国将基本实现首都辐射省会、省际多路连通、地市高速通达、县县国道覆盖的目标。

2018年3月7日，国家能源局出台了《2018年能源工作指导意见》，其中关于充电设施领域的指导意见为：统一电动汽车充电设施标准，优化电动汽车充电设施建设布局，建设适度超前、车桩相随、智能高效的充电基础设施体系。2018年将积极推进充电桩建设，年内计划建成充电桩60万个，其中公共充电桩10万个，私人充电桩50万个。

6.4.2　政治局势和国际关系对汽车消费的影响

2005年1月1日起取消全部进口许可证和配额；2006年7月1日起，汽车整车平均进口关税降至25%，零部件关税平均降至10%；允许外资进入汽车与零部件的国内销售、汽车进出口和分销服务、经营性运输公司、汽车分期付款和融资租赁、汽车生产性融资等汽车服务贸易领域。进口汽车和配件的价格将更有竞争力，关税因素对汽车市场的影响将越来越小，汽车价格将与世界接轨；市场上将涌现出更多新的合资企业；价格将主要由市场的力量来进行调控；价格的不断降低将促使各级别市场的需求总量都不断提高。

国际关系对消费心理的影响不可小看。当中日关系紧张时，"抵制日货"是许多国人的消费心理，并且被认为很爱国，很普遍，很正常。当中法关系紧张时，自然地，国人又会提出"抵制法货"。相反，当中法关系朝着正常的方向发展时，中国就一次性购入一百多亿美元的空客。其实，每一次国际关系有个风吹草动，都会具体影响到人们的消费心理。

2012年，日本非法"国有化"钓鱼岛引发中日争端升级。领土争端已波及中日两国经贸领域，中国多地爆发的反日活动给日本生产商带来更多的损失。

据路透社援引丰田汽车管理层人士信息，2012年9月份丰田在华销量约为50 000辆，对比2011年9月份的86 000辆左右，同比下跌约40%；马自达在华销量13 258辆，同比减少35%；完全依赖日本进口车型的日系品牌下挫更为严重。三菱汽车公布9月在华销量为2340辆，同比减少62.9%；富士重工9月销量1857辆，同比减少64.5%。与此形成鲜明对比，欧美韩系汽车品牌在2012年9月中普遍在华报出优异业绩，在已经公布销量的品牌中，奥迪增长了20%，宝马增长了59%，现代品牌也增长约15%。

6.4.3　财政和货币政策对汽车消费的影响

1. 财政政策对消费者的影响

财政政策是指国家根据一定时期政治、经济、社会发展的任务而规定的财政工作的指导原则，通过财政支出与税收政策来调节总需求。增加政府支出，可以刺激总需求，从而增加国民收入,反之则压抑总需求,减少国民收入。财政政策包括税收政策、支出政策、投资政策、财政信用政策、补贴政策、固定资产折旧政策、国有资产政策和国家预算政策等。通常把财政政策分为积极的财政政策、消极的财政政策、中性的财政政策。

1)积极的财政政策

这一政策就是增加财政支出,增加货币供应量,扩大社会购买力。这样做,有利于增加消费,从而对整个社会消费产生积极影响。2008年以来,由于金融危机的影响,我国继续执行着积极的财政政策,国家拿出4万亿来搞固定资产投资,刺激了生产,刺激了经济,为我国及早地摆脱金融危机的影响起到了不可替代的作用。

2)消极的财政政策

这一政策就是指政府通过增加财政收入或减少财政支出,来抑制社会总需求增长的政策。这种政策的实施,会减少社会货币供应量,压缩购买力,降低全社会的消费,对整个社会消费产生消极影响。1988年和1993年,我国曾经两次实行了这一财政政策,的确对当时的通货膨胀起到了抑制作用,并为我国经济的"软着陆"做出了特殊的贡献。

3)中性的财政政策

这是指通过保持财政收支平衡实现社会总供给和总需求的平衡的政策。它对全社会消费起到稳定作用。

2. 货币政策对消费者的影响

狭义货币政策是指中央银行为实现既定的经济目标(稳定物价,促进经济增长,实现充分就业和平衡国际收支),运用各种工具调节货币供给和利率,进而影响宏观经济的方针和措施的总和。

广义货币政策是指政府、中央银行和其他有关部门所有有关货币方面的规定和采取的影响金融变量的一切措施,包括金融体制改革等。

扩张性的货币政策是指通过提高货币供应增长速度来刺激总需求,在这种政策下,取得信贷更为容易,利率会降低。因此,当总需求与经济生产能力相比很低时,使用扩张性的货币政策最合适。

紧缩性的货币政策是通过削减货币供应的增长率来降低总需求水平,在这种政策下,取得信贷较为困难,利率也随之提高。因此,在通货膨胀较严重时,采用紧缩性的货币政策较合适。

货币政策又分为信贷政策、利率政策、储蓄政策、外汇政策、黄金政策等。

1)信贷政策对消费心理的影响

信贷政策分为松的信贷政策和紧的信贷政策。紧的信贷政策意味着国家或政府金融机构紧缩银根,减少货币供应量,以此抑制社会购买力,降低消费。松的信贷政策的实施意味着国家或政府金融机构放松银根,增加货币供应量,以此扩大社会购买力,增加消费。说得通俗些,贷款一收紧,不管企业、机关、事业单位,还是个人,其消费就受到了根本性的限制,想要通过贷款的方式去买房、买车,就很难了。

2)利率政策对消费心理的影响

利率高,个人也好,企业也好,就都愿意把钱放在银行吃利息,因为这没风险;要是把钱投到股市去,虽然有时候收益大,但风险更大。但是,当利率低的时候,许多老百姓就不愿把钱存到银行了,他们宁可把钱花出去,就像1987—1988年间,那个时候由于通货膨胀率高,人民币贬值，存钱不合算，所以许多居民就去商场抢购日常生活用品，甚至抢购家用电器，有的把不制冷的冰箱也买回去，因为他们觉得，过后再花钱去修一修也合算。

6.5　社会技术环境的影响

"十二五"时期是全面建设小康社会的关键时期，是深化改革开放、加快转变经济发展方式的攻坚时期。在这个规划中，汽车产业战略地位更加突出，明确要求新能源汽车产业要着力突破动力电池、驱动电机和电子控制领域关键核心技术，推进插电式混合动力汽车、纯电动汽车推广应用和产业化。同时，开展燃料电池汽车相关前沿技术研发，大力推进高能效、低排放节能汽车发展。

从2015年下半年起，科技部联合财政部、工信部等组织实施"十三五"国家重点研发计划新能源汽车试点专项，从基础科学问题、共性核心关键、动力系统技术、集成开发与示范四个层次，重点对动力电池与电池的管理系统、电机驱动与电力电池总成、电动汽车智能化、燃料电池动力系统、插电增程式混合动力系统、纯电动系统六个方向进行研发部署，以完善我国新能源汽车研发体系，升级新能源汽车技术平台。

6.5.1　科技进步对社会的影响

汽车从发明到现在只有短短的130多年，但汽车技术的发展牵动着社会科学技术的发展，对人类文明的发展有着不可忽略的影响，汽车技术的发展为造福人类、推动世界的发展发挥着举足轻重的作用。

6.5.2　技术环境对汽车消费者的影响

伴随着科学技术的进步，新兴产业大量出现，传统产业被改造，落后产业被逐渐淘汰，在中国汽车市场亦是如此。车展中无处不在的创新科技及全球首发车、新能源汽车、各大品牌的概念车都充斥着中国现在及未来的汽车市场。科学技术的创新将源源不断地为我国汽车市场注入活力，同时我国鼓励企业加大自主创新、扶持汽车自主品牌建设。推动我国汽车的市场营销活动向更广、更深远发展。

对汽车消费者而言，看到"日新月异"的汽车新技术为生活带来便利的同时，也要考虑汽车的日常消费和使用的成本。

1. 多数消费者对汽车新技术是"眼动心不动"

每一项新技术都有它的研究开发成本，这些成本自然会转嫁到消费者身上，计入汽车总成本之中。对于有较强经济实力的消费者而言，这部分增加的成本并不会影响或改变他们的购车决策。然而对于大多数普通消费者而言，增加的购车成本足以影响他们选择的车型，因此只能"眼动心不动"了。

2. 购车及用车成本影响消费者的购车决策

新技术虽好,但一是买车成本高,二是用车成本高。以混合动力汽车为例,电池平均一年就要淘汰,换一块就要一万元左右。如果是电动车,如国产的比亚迪电动汽车,追求的是大容量,只依靠电池可以行驶 100 公里。但是,充放电几千次之后就要换电池。这样的成本会使消费者担心。有的担心买不起,有的担心用不起。

3. 信息量少造成消费者认识不足

许多中国的汽车消费者,目前还遵循传统的消费模式:想买辆车了,问亲戚朋友,什么车好,什么车省油、舒适、安全、价低。很少有人去考虑汽车新技术的应用。由于中国消费者了解的汽车新技术相关信息量少,故缺乏对这方面的认识。因此应加强信息的沟通,对消费者进行更多的教育,让他们了解新技术的利与弊,从而自己做出合理的判断。

4. 推广周期长导致消费者态度滞后

因为新技术的推广需要一个相当长的周期,所以对于消费者而言,要接受汽车新技术就需要一定的时间。新技术的推广周期之所以较长,是因为有的新技术成本太高,只能用于高档车;有的新技术还不稳定,需要改善提高;有的则是宣传推广工作不到位。所有这些因素,导致了新技术的推广周期很长。有人估计,混合动力车和电动车要想取代汽油车,最少还要几十年。如此一来,消费者对新技术的态度自然会滞后。首先在认知因素上,因缺乏了解,而难以判断。其次在情感因素上,缺乏了解又没有体验,很难说喜欢或不喜欢。最后在意向因素上,不了解,没体验,又何以能有购买的意向?知、情、意的滞后,导致了消费者整个态度的滞后。

5. 新技术的发展需要利好政策的推动

在 2013 年全国两会上,工信部部长苗圩表示,国家四部委已达成共识,对新能源汽车补贴政策延长三年,补贴方式按照实际燃油节省量来分等级补贴。更有消息人士透露,延续的补贴政策最大的变化可能是统一各地的补贴,改变各个地方政府补贴额度不一、出现地方保护的状况,且普通混合动力车有望被纳入政策补贴范围。苗圩同时表示,下一步将加大力度启动私人新能源汽车消费。

2017 年,共有 32 省市出台了详细的新能源汽车补贴相关政策。在新能源汽车补贴标准方面,武汉按车辆轴距不同分别按国标 50% 和 20% 执行,南昌按国家标准 15% 补贴,泰州 30%,常州最高补贴 2 万元,镇江 30% 和 40%,重庆 46%,柳州 40%,广元 25%,江西 15% 和 10%,宿迁 40%、30% 和 20%,西安 50% 和 30%,杭州 50% 和 25%,合肥 50% 和 20%。除了这 14 省市制定了各自不同的补贴标准外,北京、天津、上海、广东、广州、成都、深圳、贵州、贵阳、广安、黑龙江、福建、厦门、山西、绍兴、湖州、台州、宁波、温州、江苏、南京、南通、海南 23 省市均按国家补贴标准的 50% 执行。其中,限购城市有北京、天津、上海、广州、深圳、贵阳、杭州。

国务院办公厅印发《关于加快新能源汽车推广应用的指导意见》审议通过了免征新能源汽车车辆购置税方案,对纯电动汽车、插电式混合动力汽车和燃料电池汽车从 2014 年 9 月 1 日到 2017 年底,免征车辆购置税。2018 年两会期间,政府宣布将新能源汽车车辆购置税优惠政策再延长三年。

近年来，相继出台的利好政策，明显推动了新能源汽车的消费增长。汽车新技术的推广，都需要一定的利好政策推动和促进。只有这样，消费者才会在充分衡量性价比的基础上，愿意消费，汽车新技术的推广才能显现成效。

6.6　社会群体的影响

心理学研究证明，一个人的习惯、爱好以至思想和行为准则都不是天生就有的，而是在后天活动中受外界影响逐渐形成的。在各种外界影响中，社会群体对消费者心理与行为的影响是至关重要的。

6.6.1　社会群体的含义及一般分类

1. 社会群体的含义

社会群体是指人们通过某些社会关系结合起来进行共同活动的社会单位，这种群体在他们自己和别人的心目中都能被意识到。社会群体具有以下特点：

（1）社会群体表现为一定人数的集合；

（2）社会群体成员之间在某种程度上存在着持续的心理或行为上的相互关联；

（3）存在着共同的行为心理目标，并以此作为活动的基础；

（4）存在着某种整体观念和隶属观念；

（5）不同社会群体有其自身的行为规范。

2. 社会群体的分类

社会群体的范围非常广泛。它可以是正式的组织形式，也可以是观念、行为上的联合体。从消费心理学的角度考察，可以对社会群体做如下具有理论意义的分类。

1）正式群体和非正式群体

正式群体是指有固定组织形式、有群体特定目标、有经常性群体活动或其成员的活动也是以群体目标和群体利益进行的群体，如机关、学校、工厂、商店等都属于正式群体的范围。正式群体有一定的规范，作为其成员，在行为上应遵守一定的准则。这些规范和准则，有些作为某种制度、纪律，成为群体对成员的组织约束手段；有些则是属于观念、情感、情趣等方面的行为心理规范，它同样对群体成员具有极强的心理约束力。表现在消费生活中的正式群体行为多属于后者，它对消费者价值观念、审美情趣的形成具有重大影响，并且这种影响对其成员是长期的、相对稳定的。例如，在购买行为中，从事文艺的群体成员在购买中，特别是对服装商品的款式和色泽及服饰的社会效果较为重视，而从事科技的群体成员则对商品的使用性质、质量等更为注意。

非正式群体是指结构比较松散，一般是为完成某种任务或参加者志趣相同而临时组成的群体，如参观团、旅游团、考察团等都属于非正式群体的范围。非正式群体不会对其成员产生长期、稳定的影响,这是由其松散结构所决定的,但非正式群体从消费者心理的角度考察,会对其成员的原有观念有加强或减弱的影响。特别是在一定环境中对其成员有突发式影响,尔后可能形成较为固定的观念。例如,某人并不爱好旅游活动,但在一次并不十分情愿的旅游活动中,由于环境、人员等因素的影响,突然引发出对旅游活动的巨大兴趣,从此成为这一活动的积极参加者与倡导者。

　　2) 自觉群体与回避群体

　　自觉群体是指消费者按照年龄、性别、民族、地域、职业、婚姻状况、身体状况等社会自然因素自动划分的群体。这种群体最初是自我意识的一种反映,之后有些发展为有固定组织形式的正式团体,如老年人协会、老年人俱乐部、××同学会、××同乡会等。这种群体本身多数对其成员并无约束力,而是成员个人有意识地运用这一群体特征约束自己的行为活动。自觉群体对增强消费者的趋同心理和从众心理具有明显影响,能够促成消费者行为的统一化、规范化。

　　回避群体是指消费者个人极力避免归属的、认为与自己不相符的群体,它一般以年龄、性别、民族、地域、职业、婚姻状况、身体状况等社会与自然因素作为回避对象。这种群体也是消费者自我意识的一种反映,它对消费者的心理与行为具有重要影响。反感是消费者对某种现象不满的心理动机,总希望与自己反感的行为距离越远越好,因此,往往会走向另一个极端。例如,有些消费者尽力打扮自己,以显示其年轻;有些出于要反映或改变自己社会地位、身份的要求或是出自某一主观认识与社会舆论的影响,尽量采取与某一群体相异的消费行为。如许多姑娘不愿穿旗袍,因为社会舆论把它作为已婚女子的标志。又如,吸某某牌香烟被认为是高层次的;同样的饮料,喝罐装的被认为是有气派的,而喝软包装或瓶装的则被认为是低档的等。

　　3) 所属群体与参照群体

　　所属群体是指一个人实际参加或归属的群体。这种群体既可以是一个实际存在的组织形式,也可以是一种非正式的组织形式。所属群体的构成,大致有两种情形:一种是由具有共同或相似的信念、价值观、审美观的个体所构成的群体;另一种是由于各种社会和自然因素的制约所形成的群体。前者是个体的自愿结合,后者则往往不以个人意志为转移。所属群体对消费者的影响是直接的、显现的、稳定的。例如,60岁以上的老年人,不论其自身的心理状态如何,年龄因素使其自然成为老年人群体中的一员;出生在上海的人,不论其状况如何,地域因素使其自然成为上海人群体中的一员。在现实生活中,家庭是最基本、最重要的所属群体,学校、工厂、机关等均是重要的所属群体。

　　参照群体是指消费者心理向往的群体。群体的标准和规范会成为消费者行为的指南,成为消费者希望努力达到的标准。消费者会把自己的行为与这种群体的标准进行对照,以改变自己不符合标准的某些行为。美国心理学家米德认为,这种群体的标准,会成为个人的"内在中心"。参照群体既可以是一个实际存在的组织形式,也可以是虚拟或想象中的群体。例如,文艺作品及影视中的某些形象往往会成为消费者心目中的参照群体。有一种观点认为,从研究消费者心理的角度考察参照群体,是指比自身更高层的社会阶层或具有消费者所向往的消费方式的各类群体。

　　所属群体与参照群体对消费者心理与行为具有以下不同的影响:

　　(1) 参照群体对消费者心理的影响比所属群体更具吸引力。消费者自身的行为与自己所属群体的行为规范是一致的，是一种自觉的行为，自觉的行为对消费者不再具有更多的吸引力；而参照群体的行为对激发消费者的联想、引导和改变消费者的某些行为更具吸引力。

（2）对消费者个体来说，参照群体是可变的，而所属群体是相对稳定的。随着时代的发展与变迁，消费者个体的参照群体并非一成不变。当消费者自身观念的改变或不同参照群体对消费者影响的强弱变化时，消费者总是选择对自己更有吸引力的参照群体。而消费者个体的所属群体在一般情况下是不会变化的，它对消费者始终具有稳定的、直接的影响和约束力。

6.6.2　社会群体对消费者心理的影响

1. 群体压力

任何社会群体都会对与之有关或所属的消费者心理产生一定的影响。这种影响往往是通过集体的信念、价值观和群体规范对消费者形成一种无形的压力，我们把这种压力称为群体压力。这里所讲的群体规范，是指群体所确立的行为标准，群体的每一位成员都须遵守这些标准。这些规范不是规定其成员的一举一动，而是规定对其成员行为可以接受和不能容忍的范围和限度。消费心理学的研究表明，信念和价值观对消费者个体的压力不带有强制性因素，而群体规范对消费者个体形成的压力有趋于强制性的倾向。这是因为在一般情况下，消费者个体的信念和价值观与所属群体相似，同时，群体成员之间相互接触与交流有增强群体共同信念及价值观的作用。而群体规范作为所有群体成员必须遵守的行为标准，虽然来自群体信念和价值观念，但作为标准或模式，它具有某种强制性倾向。只要群体的成员不遵从群体标准，就可能受到如嘲讽、讥笑、议论等心理压力或心理处罚。

2. 服从心理

服从心理即消费者顺从群体的意志、价值观念、行为规范等一系列心理活动。

1）对群体的信任感，使消费者产生服从心理

在多数情况下，消费者个人的心理活动与所属群体的态度倾向总是同向运动或一致的，这是群体压力与个体成员对群体的信任共同作用的结果。当群体某一成员在最初独立的情况下采取某种立场，后来发现群体成员采取与之相反的立场时，如果这个群体是他最信任的，那么由于服从心理的支配，他就会改变原有的立场，与群体采取同一立场。例如，某消费者原计划购买甲牌电视机，后来他发现群体中的人大多认为乙牌电视机更好，那么他会在服从心理的支配下，转而购买乙牌电视机。出于对群体的信任，他也不会再去考察乙为什么比甲好。

2）对偏离群体的恐惧，也使消费者产生服从心理

无论在什么环境中，多数人都希望自己能与大多数人保持一致。在群体中，如果一个成员的行为与群体的行为标准不一致，他的选择只有两个，即或者脱离这个群体，或者改变自己原有的行为。对一般人而言，往往更倾向于选择后者，即改变自己原有的行为。因为多数人是不愿意自己偏离或脱离群体的，总是希望自己能成为群体中受欢迎、受优待者，而不希望自己成为群体的叛逆，成为群体厌恶的对象。为了避免这种后果，个体总是趋于服从。

3. 群体的一致性

社会群体的一致性会影响消费者的判断能力。消费者对群体的服从可以分为：①主动服从，即个体成员的行为心理与群体一致；②被动服从，即个体成员的行为心理与群体不一致，但由于服从心理的作用，个体会接受群体观点而放弃自己的观点。消费者对所接触的事物有自己的判断标准与评价标准，当个体消费者与群体标准不一致时，群体一致性的压力对消费者的判断力就会产生巨大的影响。

有这样一个评判实验。有三套漂亮的服装，分别编为 A、B、C 三号，同时找来 5 位评判者，评判哪一套服装最好。其中有 4 人是事前被告知统一讲 B 号服装最好，只有第 5 个人才是真正地被测试者。当 5 人同时对三件服装查看以后，依次、顺序地公开讲出哪一套服装最好，前面 4 人按事前安排都指出 B 号服装最好，当第 5 个人回答时，他也不假思索地回答 B 号最好；同样再找来 5 人，条件与前面相同，只是采用秘密填表的方式，当主持人宣布结果时，前面 4 人都认为 B 号最好，而第 5 位真正被测试者认为 C 号最好。这时，第 5 人马上申明：“刚才填写时没有认真思考，我现在同意他们的意见。”这一组对比实验反映出当群体多数采用同一标准时，某一个体的判断力将受到影响。这种一致性的影响，在市场经营过程中具有重要作用。在市场上常见的“打托”现象（即伪装购买者）之所以屡屡奏效，正是利用了群体的一致性，来干扰个体消费者的判断能力。

4. 群体规模

群体规模对消费者心理具有一定的影响。个体消费者的服从心理或群体对个体成员的压力强弱与人员的多少是一致的。一般来讲，群体人数越多，对个体成员的压力越大，个体的服从心理也越强；反之，压力相应降低，个体的服从心理也逐步减弱。这种群体规模对消费者心理的影响，尤其在日常购物活动组成的临时群体中表现得最为明显。例如，某消费者一人去商场购物，除了有明确目标外，面对商品时往往犹豫不决，而两个人或三四个人同时结伴购物，则很容易做出是否购买的决策。

6.7　新兴行业的影响

新兴行业是指节能环保、新一代信息技术、生物、高端装备制造、新能源、新材料和新能源汽车七个产业。国务院于 2010 年 10 月 10 日以国发〔2010〕32 号文下发公布《国务院关于加快培育和发展战略性新兴产业的决定》，将这七个产业列为现阶段的重点发展对象。

6.7.1　新一代信息技术

新一代信息技术是国务院确定的七个战略性新兴产业之一，国务院要求要加大财税金融等扶持政策力度。新一代信息技术分为六个方面，分别是下一代通信网络、物联网、三网融合、新型平板显示、高性能集成电路和以云计算为代表的高端软件。新一代信息技术，不只是指信息领域的一些分支技术，如集成电路、计算机、无线通信等的纵向升级，更主要的是指信息技术的整体平台和产业的代际变迁。

随着新一代信息技术的发展，互联网、车联网等概念与人们的日常生活愈加密切相关，对汽车行业的发展和汽车消费的影响也日益显现。

1. 互联网的含义

互联网（Internet），又称网际网络，或音译因特网，始于1969年美国的阿帕网，是网络与网络之间所串连成的庞大网络，这些网络以一组通用的协议相连，形成逻辑上的单一巨大国际网络。这种将计算机网络互相联接在一起的方法可称作"网络互联"，在这个基础上发展出覆盖全世界的全球性互联网络称为互联网，即是互相联接一起的网络结构。互联网并不等同万维网，万维网只是一个基于超文本相互链接而成的全球性系统，且是互联网所能提供的服务之一。

2. 互联网对汽车消费的影响

随着互联网不断的发展和普及，互联网越来越深刻地改变着人们的学习、工作以及生活方式，甚至影响着整个社会进程。中国互联网络信息中心（CNNIC）发布的最新报告显示，截至2017年12月，中国网民规模达7.72亿，其中近八成月收入5000元以下。

2017年，各类互联网应用用户规模均呈上升趋势，其中网上外卖用户规模显著增长，年增长率达到64.6%；手机应用方面，手机外卖、手机旅行预订用户规模增长明显，年增长率分别达到66.2%和29.7%。

中国移动支付用户规模持续扩大，用户使用习惯进一步巩固。截至2017年12月，中国使用网上支付的用户规模达到5.31亿，较2016年底增加5661万人，年增长率为11.9%，使用率达68.8%。

互联网发展的重心逐渐从"广泛"向"深入"转换，各项网络应用深刻改变着网民的生活。移动金融、移动医疗等新兴领域的移动应用多方位满足了用户上网的需求，推动网民生活迈向全面"网络化"。与此同时，互联网的发展对汽车行业及汽车消费市场的发展所带来的影响也愈加明显。

1）购车方式便捷灵活

互联网电子商务颠覆了传统的汽车销售模式，使得消费者购车更加便捷灵活，不再受时间和地点的约束和限制。车企电商平台是最受消费者信赖的购车渠道之一，一体化的在线服务不断升级以及客户体验的逐步优化，进一步完善了线上销售的不足，消除了客户的疑虑。越来越多的消费者愿意选择互联网作为其购车方式或辅助购车手段，尤其是"80后""90后"汽车消费群。他们作为当前汽车消费市场的主力军，对互联网的使用和依赖远超"60后""70后"消费者，这也使得传统汽车销售模式必须顺应时代发展趋势，转变思路创新发展。

2）网络评价影响面广

互联网已经成为人们获取信息的重要渠道之一。在购车前和购车后，越来越多的消费者利用互联网搜集和共享汽车相关信息，而其中消费者购车和用车的体验，会对汽车品牌和经销商产生重要的影响。面对信息发达和快速传播的时代，网络评价对产品和服务市场口碑的影响显而易见。

3）互联网汽车金融快速发展

据央行发布的《2016年度中国汽车金融公司行业发展报告》显示,2016年我国汽车金融市场规模超过7000亿元,且还在以每年25%的速度持续扩张。在此带动下,预计2018年我国互联网汽车金融总规模可达1.85万亿元。这一系列的数据都预示着中国汽车金融市场将迎来前所未有的发展机遇。潜在的巨大市场潜力以及线上线下的信息服务创新,意味着我国汽车金融业务前景广阔。毫无疑问,以汽车抵质押业务为代表的汽车金融将是互联网金融市场的下一个风口。

汽车金融研究院数据显示,当前国内的汽车金融渗透率只有30%左右。而公开数据显示,美国二手车金融的渗透率目前已高达70%,新车金融的渗透率更是高达90%以上。按照中国汽车工业协会的预估,随着"90后"消费群体的壮大,未来汽车金融市场将迎来更快速度的增长,预计2020年中国汽车金融的渗透率就将达50%,市场规模达到2万亿元。

互联网汽车金融的快速发展,为消费者购车带来了更多的便利和良好的消费体验,在一定程度上帮助消费者解决了购车资金问题,缩短了消费者的购车周期。

4）车联网改变出行生活方式

车联网是以车内网、车际网和车载移动互联网为基础,按照约定的通信协议和数据交互标准,在车-X(X:车、路、行人及互联网等)之间,进行无线通信和信息交换的大系统网络,是能够实现智能化交通管理、智能动态信息服务和车辆智能化控制的一体化网络。

近年来,车联网被认为是物联网体系中最有产业潜力、市场需求最明确的领域之一,是信息化与工业化深度融合的重要方向,具有应用空间广、产业潜力大、社会效益强的特点,对促进汽车和信息通信产业创新发展,构建汽车和交通服务新模式、新业态,推动自动驾驶技术创新和应用,提高交通效率和安全水平具有重要意义。

车联网是物联网技术在交通系统领域的典型应用,也是智能交通系统的重要组成部分,通过将先进的信息技术、电子传感器技术、数据通信传输技术、自动控制技术、信息发布技术等有效地集成运用于车辆体系,从而带给车主一种全新的体验,同时将成为吸引消费者购车的亮点之一,引导消费者在购车的同时,感受不同的出行模式和驾乘体验。

5）智能汽车引领智慧生活

智能车辆是一个集环境感知、规划决策、多等级辅助驾驶等功能于一体的综合系统,它集中运用了计算机、现代传感、信息融合、通信、人工智能及自动控制等技术,是典型的高新技术综合体。目前对智能车辆的研究主要致力于提高汽车的安全性、舒适性,以及提供优良的人车交互界面。

智能网联汽车是汽车与信息通信技术等多产业融合发展的新兴产业,已成为全球汽车产业技术变革和转型升级的重要突破口和战略制高点。根据美国波士顿咨询集团预测,智能网联汽车从2018年起迎来持续二十年的高速发展,到2035年将占据全球25%左右的新车市场。

美国、日本及部分欧洲国家纷纷加快智能网联汽车布局,加快推动自动驾驶相关法案制定,相继出台示范运行和道路测试管理规范,推动智能网联汽车产业化进程。

智能车辆综合系统及其所具备的功能为消费者带来了全新的体验和享受,例如对智能化的车辆控制系统的不断研究完善,相当于延伸扩展了驾驶员的控制、视觉和感官功能,能极大地促进道路交通的安全性。近年来,智能车辆已经成为世界车辆工程领域研究的热点和汽车工业增长的新动力,很多发达国家都将其纳入各自重点发展的智能交通系统中。

6.7.2　新能源汽车

作为国家战略发展新兴产业之一的新能源汽车,对传统汽车制造业和汽车消费市场的影响无疑是空前的。近年来,能源枯竭和环境污染问题日益受到国家、政府、社会、个人的广泛关注。为了应对能源危机,保护生态环境,就需要人类解决在生产和消费过程中引发的相关问题。新能源汽车的出现无疑为解决上述问题提供了新的途径和方法。

1. 新能源汽车的概念

新能源汽车是指采用非常规的车用燃料作为动力来源(或使用常规的车用燃料、采用新型车载动力装置),综合车辆的动力控制和驱动方面的先进技术,形成的技术原理先进、具有新技术和新结构的汽车。

2. 新能源汽车的分类

1) 混合动力汽车

混合动力是指那些采用传统燃料的,同时配以电动机/发动机来改善低速动力输出和燃油消耗的车型。按照燃料种类的不同,主要又可以分为汽油混合动力和柴油混合动力两种。国内市场上,混合动力车辆的主流都是汽油混合动力,而国际市场上柴油混合动力车型发展也很快。

2) 纯电动汽车

纯电动汽车顾名思义就是主要采用电力驱动的汽车,大部分车辆直接采用电机驱动,有一部分车辆把电动机装在发动机舱内,也有一部分直接以车轮作为四台电动机的转子,其难点在于电力储存技术。

3) 燃料电池汽车

燃料电池汽车是指以氢气、甲醇等为燃料,通过化学反应产生电流,依靠电机驱动的汽车。其电池的能量是通过氢气和氧气的化学作用,而不是经过燃烧,直接变成电能的。燃料电池的化学反应过程不会产生有害产物,因此燃料电池车辆是无污染汽车,燃料电池的能量转换效率比内燃机要高2～3倍,从能源的利用和环境保护方面来说,燃料电池汽车是一种理想的车辆。

4) 氢动力汽车

氢动力汽车是一种真正实现零排放的交通工具,排放出的是纯净水,其具有无污染、零排放、储量丰富等优势,因此,氢动力汽车是传统汽车最理想的替代方案。与传统动力汽车相比,氢动力汽车成本至少高出20%。中国长安汽车在2007年完成了中国第一台高效零排放氢内燃机点火,并在2008年北京车展上展出了自主研发的中国首款氢动力概念跑车"氢程"。

5) 燃气汽车

燃气成分单一、纯度较高、能与空气均匀混合并燃烧完全,CO和微粒的排放量较低,发动机在低温时的启动和运转性能较好；缺点是其运输性能比液体燃料差、发动机的容积效率低、着火延迟较长及动力性有所降低。这类汽车多采用双燃料系统，即一个压缩天然气或液化石油气系统和一个汽油或柴油燃烧系统，能容易地从一个系统过渡到另一个系统，此种汽车主要用于城市公交汽车。

6）甲醇汽车

用甲醇代替石油燃料的汽车。

7）空气动力汽车

利用空气作为能量载体，使用空气压缩机将空气压缩到 30 兆帕以上，然后储存在储气罐中。需要开动汽车时将压缩空气释放出来驱动启动马达行驶。优点是无排放、维护少；缺点是需要电源，空气压力（能量输出）随着行驶里程加长而衰减，高压气体的安全性是其主要问题。

8）飞轮储能汽车

利用飞轮的惯性储能，储存非满负载时发动机的余能以及车辆大长下坡、减速行驶时的能量，反馈到一个发电机上发电，从而驱动或加速飞轮旋转。飞轮使用磁悬浮方式，在 70 000 转/分的高速下旋转。在混合动力汽车上作为辅助，优点是可提高能源使用效率、重量轻储能高、能量进出反应快、维护少寿命长，缺点是成本高、机动车转向会受飞轮陀螺效应的影响。

9）超级电容汽车

超级电容器是利用双电层原理的电容器。在超级电容器的两极板上电荷产生的电场作用下，在电解液与电极间的界面上形成相反的电荷，以平衡电解液的内电场，这种正电荷与负电荷在两个不同相之间的接触面上，以正负电荷之间极短间隙排列在相反的位置上，这个电荷分布层叫作双电层，因此电容量非常大（2010 上海世博会园区世博专线已使用此车）。

3. 新能源汽车对汽车消费市场的影响

新能源汽车的发展是全球能源革命浪潮下的大趋势，与我们的生活、环境密切相关。与传统燃油汽车相比，新能源汽车在节能环保方面发挥了其独特的优势，消费者也由最初的观望到逐步接受和认可。随着新能源汽车技术的不断完善，越来越多的消费者愿意选择购买新能源汽车。同时，国家政策的利好，和相关补贴优惠，也是促成新能源汽车消费的重要推动力。

伴随着新一轮的技术革命，汽车产业正在发生历史性的转型和变革，由新能源汽车大发展所引发的汽车业新一轮的转型升级，正日渐成为不可阻挡的时代新潮流。新能源汽车的出现，打破了传统燃油汽车独领风骚的局面，未来汽车产业将面临颠覆性变革。

本 章 小 结

社会环境是影响人类行为的一个重要因素，随着社会环境的改变，消费心理也必然会发生变化。宏观社会经济环境是指由社会生产力发展水平所决定的总体社会经济水平，以及与生产力水平相适应的社会生产关系。消费者的收入水平对消费者心理与行为表现出直接的、显现的影响。消费者的任何消费行为都会受到收入状况的直接影响。社会文化是指社会意识形态同人们的衣、食、住、行等物质生活、社会关系相结合的一种文化，如衣饰文化、饮食文化、日用品文化和各种伦理关系、人际关系等。它包括人们在社会发展过程中形成并世代流传下来的风俗习惯、价值观念、行为规范、态度体系、生活方式、伦理道德观念、信仰等。汽车产业作为国民经济的支柱产业，国家强有力的政策支持，完善的鼓励汽车消费政策的出台，为汽车行业的发展提供了一个坚实的基础和平台。汽车技术的发展牵动着社会科学技术的发展，对人类文明的发展有着不可忽略的影响，汽车技术的发展为造福人类、推动世界的发展发挥着举足轻重的作用。社会群体是指人们通过某些社会关系结合起来进行共同活动的社会单位，这种群体在他们自己和别人的心目中都能被意识到。随着新一代信息技术的发展，互联网、车联网等概念与人们的日常生活愈加密切相关，对汽车行业的发展和汽车消费的影响也日益显现。新能源汽车的发展是全球能源革命浪潮下的大趋势，与我们的生活、环境密切相关。

思 考 题

1. 什么是社会环境？举例说明社会环境对汽车消费者心理与行为的影响？
2. 什么是社会文化？分析社会文化对汽车消费者的消费心理与行为的影响表现在哪些方面？
3. 何谓社会群体？社会群体对汽车消费者心理有哪些影响？

实 训 题

实训内容：以小组为单位，通过多种渠道，搜集资料，调研分析社会环境对汽车消费者心理的影响程度。各小组可任选社会环境主要因素中的一个方面进行研究，并以PPT的形式对调研结果进行总结和说明。

评价方法：学生自评与互评相结合，并以此为主；以教师评价为辅。

 案例分析

"双积分"政策对汽车市场的影响

2017年9月28日，工信部正式发布了《乘用车企业平均燃油消耗量与新能源积分并行管理办法》，里面有几个关键的数字节点与要点：①2018年4月1日正式实施。②2019年度，2020年度，新能源汽车积分比例要求分别是10%，12%。在2020年度以后新能源汽车积分比例要求，由工业和信息化部另行公布。③对传统能源乘用车年度生产量或者进口量不满3万辆，不设定新能源汽车积分比例要求。④企业生产新能源汽车所产生的正积分可允许自由交易，购买的新能源汽车正积分仅限企业当年度使用，不允许再次出售。⑤新能源负积分未抵偿的企业，将在第二年暂停相应数量的传统能源车的生产。

试分析：
1. 这个政策对新车与二手车市场有什么影响？
2. 该政策的实施对新能源汽车的消费会产生哪些影响？

消费流行对汽车消费的影响

导入案例：一花引来万花开

　　有一天，萨耶下班回家，看见桌上放着一块布料，他知道这是妻子买的，心里就很不高兴。因为这种布料在自己的店里积压了很多卖不出去，干吗还要去买别人的呢？妻子任性地说："我高兴嘛！料子不算太好，但花式流行啊。"萨耶叫起来了："我的天！这种布料自去年上市以来，一直卖不出去，怎么会流行起来？""卖布的小贩说的，"妻子坦白了，"今年的游园会上，这种花式将会流行起来。"妻子还告诉萨耶，在游园会上，当地社交界最有名的贵妇瑞尔夫人和泰姬夫人都将穿这种花式的衣服。妻子还嘱咐他不要把这个消息说出去。萨耶对女人在服饰方面这种"不甘人后"的一窝蜂心理早就习以为常了，那两位贵妇可以说是当地妇女时装的向导，女人们对她们心目中仰慕的女人一向盲从。

　　萨耶并没有把这件事挂在心上，甚至他店中的这种布料都被一个布贩买走，也没有引起他的注意。可是游园那天，全场妇女中，只有那两名贵妇及少数几个女人穿着那种花色的衣服，萨耶太太也是其中之一，她因为与那两名贵妇穿的是一种花式的衣服，格外引人注目，因此出尽了风头。游园结束时，许多妇女都得到一张通知单，上面写着：瑞尔夫人和泰姬夫人所穿的新布料，本店有售。

　　萨耶暗自惊讶，他不得不佩服那个小贩的推销手段。第二天，萨耶找到那家店铺，只见人群拥挤，争先恐后地在抢购这种布料。等他走近一看，才知道这个店铺比他想象的更绝，店门前贴着一行大字：衣料售完，明日来新货。那些购买者唯恐明天买不到，都在预先交钱；伙计们还不断地解释说，这种法国布料因原料有限，很难充分供应。萨耶当然知道这种面料进货不多，并非因为缺少原料，而是因为销路不好，才没有继续进货。看到这个小贩如此巧妙地利用女人的心理，直到最后还利用缺货来吊她们的胃口，萨耶自叹不如，从心里折服了。

阅读并思考：

➤ 这则营销案例生动地揭示了两个布料经营者萨耶和小贩不同的经营结果。他们的成功与失败源自何方？

➤ 为什么女性容易产生从众心理？再举一例加以说明。

　　学习目标：通过本章的学习，应掌握消费流行的含义、特征、类别、表现形式；掌握消费流行的规律及心理效应；理解消费流行与汽车消费者心理的关系；分析判断暗示、模仿与从众行为对汽车消费的影响。

　　关键概念：消费流行（consumption popularity）　暗示（hint）　模仿（imitation）　从众

行为(conformity behavior)

7.1　消费流行的含义及特征

在消费活动中，没有什么现象比消费流行更能引起消费者的兴趣了。当消费流行盛行于世时，到处都有正在流行的商品出售。众多不同年龄、不同阶层的消费者津津乐道于流行商品，各种各样的宣传媒介大肆渲染、推波助澜。

7.1.1　消费流行的含义

流行也称时尚，是指社会上相当多的消费者在较短时间内，同时模仿和追求某种消费的行为方式，使这种消费行为方式在整个社会中随处可见，从而使消费者之间相互发生连锁性感染，成为一种风气。

消费流行是指在一定时期内，社会上迅速传播或风行一时的事物，也称为时兴、时尚和时髦等。流行产生的原因往往十分复杂，可能由于科技的进步，也可能是舆论媒体和影视娱乐业的影响，还可能是消费观念和消费环境的变化。消费流行是社会流行的一个重要组成部分，是指在一定时期和范围内，大部分消费者呈现相同行为的一种消费现象。具体表现为大多数消费者对某种产品或消费时尚同时产生兴趣和购买意愿，从而使该产品或消费时尚在短时间内成为众多消费者狂热追求的对象，消费者通过对所崇尚事物的追求，获得一种心理上的满足，此时，这种商品即成为流行商品，这种消费趋势也就成为消费流行。

消费流行的关键是某种消费行为方式具有新奇性，许多人竞相模仿和学习。心理学把流行解释为："以某种目的开始的社会行动，使社会集团的一部分人，在一定时期内能够一起行动的心理强制。"消费流行可以分为物质流行和精神流行。物质流行是指某种商品的流行，而精神流行则指某种行为观念的流行。两者可同时进行，也可各自单独进行。

我国自改革开放以来，曾经出现过几次大的消费流行：1981 年前后，全国范围内流行喇叭裤；1984 年，长春市曾流行种养君子兰；1992 年全国又流行呼啦圈健身消费；1999年，全国流行集娱乐与健身于一体的跳舞毯。进入 20 世纪 90 年代之后，市场上的流行风潮越来越多，流行变化的节奏也越来越快，加上宣传媒体的推动，消费流行已成为经常性的消费现象，并对消费者的心理与行为产生了越来越大的影响，如网络团购、移动支付、智能家居等消费方式已经成为当下的主流消费方式和潮流。

7.1.2　消费流行的动因

消费流行作为较短时间内存在的消费行为方式，也要经历从发生、发展，到消失的变化过程，如图 7-1 所示。

由图 7-1 可知，流行具有周期性。在实际生活中，各类不同形式的消费流行并不是简单地按图中的单一线条发展的，而是交叉重叠、相互渗透、相互联系的。但是，同一类型的流行

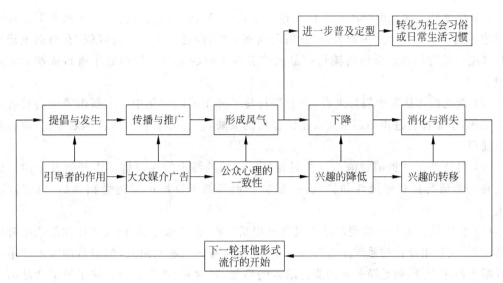

图 7-1   消费流行的动因

线条则是单一循环进行的。如服饰流行,决不会同时出现几种服饰流行,而只能是一种服饰的流行;当这种服饰的新奇感下降时,另一种新服饰的流行则可能已在酝酿之中。每一次消费流行中所反映出的心理行为水平、强度方式都是不同的,它是多种社会因素共同作用的结果。

7.1.3   消费流行的特点

与一般消费相比,消费流行具有如下特点:

(1) 骤发性。消费者往往对某种商品或劳务的需求急剧膨胀,迅速增长。这是消费流行的主要标志。

(2) 短暂性。消费流行具有来势猛、消失快的规律,故而常常表现为"昙花一现",其流行期或者三五个月,或者一二个月。同时,对流行产品,其重复购买率低,多属一次性购买,从而也缩短了流行时间。

一般来说,人们对某种事物的热情很难持久不衰,因此绝大多数消费流行注定也是短暂的。从某种意义上讲,流行也就意味着短暂。因为人们对流行商品的追求除了功能的实用外,更主要的是获取精神上的满足。因此,追求流行也就是感受新事物,获得新体验,消费者重复购买的可能性不大。

(3) 一致性。消费流行本身由从众化需求所决定,使得消费者对流行商品或劳务的需求时空范围趋向一致。

(4) 集中性。由于消费流行具有一致性,这种从众化的购买活动,在流行商品流行时间相对短暂的影响下,使得流行商品购买活动趋向集中,从而易于形成流行高潮。

(5) 地域性。这是由于消费流行受地理位置和社会文化因素等影响造成的。在一定的地域内,人们形成了某种共同的信仰、消费习惯和行为规范,区别于其他地域。因而甲商品在 A 地流行,但在 B 地就不一定流行,甚至是被禁止使用。

（6）梯度性。这是由于消费流行受地理位置、交通条件、文化层次、收入水平等多种因素影响。消费流行总是从一地兴起，然后向周围扩散、渗透。于是在地区间、在时间上形成流行梯度。这种梯度差会使得流行商品或劳务在不同的时空范围内处于流行周期的不同阶段。

（7）变动性。从发展趋势来看，消费流行总是处于不断变化中。求新求美是消费者永恒的主题，也是社会进步和需求层次不断提高的反映，这势必引起消费者不断变化，流行品不断涌现。

（8）群体性。一种消费流行往往是在特定区域的特定的人口群体中开始发生的。如果这种消费流行具有通用性和群众性，就会为更多的人口群体所接受和效仿，迅速发展壮大。

（9）相关性。人们的消费需求不仅仅是相互关联、相互依存的，而且还往往组成某种消费需求群，表现出奇特的系统组合特征。例如，在西服热兴起的时候，消费者的需求并不仅仅局限于西服本身，而是随着对西服需求量的增加，对衬衫、领带、皮鞋、袜子等消费品的需求量也都同时上升。这里，消费者对西服的需求实际上就是一个需求群，或者说是一个需求系统。

（10）回返性。人类消费的需求、兴趣、爱好和习惯，在历史发展的道路上常常出现一种回返特征，在消费市场上，一段时间里为人们所偏爱的某种商品，往往供不应求，十分紧俏。但是，只要消费"热"一过，这种曾风靡一时的俏货，就会无人问津。然而，过一段时间后，那些早已被人们遗忘了的东西，又可能重新在市场上出现和流行。

（11）周期性。消费流行尽管具有突发性、短暂性等特点，但同时，某种消费倾向自发端于市场到退潮于市场，有一个初发、发展、盛行、衰退、过时的过程，这个过程即为消费流行周期。曾经流行过的商品，经过一定的时间又可能再度流行。这在商品世界是一种十分普遍的现象。这种情况可能是受到某些因素的诱导，也可能是人们审美观念的复古。例如，电影《花样年华》上映后引发了旗袍热。

消费流行作为一种市场现象，在整个社会中随处可见。我国自改革开放以来，曾经出现过几次大的消费流行，如"西装热""彩电热""装修热"等。随着经济的发展，人民生活水平的不断提高及商业促销活动的推动，不仅使消费流行风潮越来越多，而且也使消费流行的节奏越来越快。此起彼伏的消费流行为企业超前把握消费潮流与趋向提供了可能，从而有利增强企业营销活动的主动性。

7.2　消费流行的内容

7.2.1　物质的流行

物质的流行包括消费生活中衣、食、住、行的各个方面，其特点都是以某种商品的形式开始流行。在物质流行中提倡人的影响力，广告宣传起着特别重要的作用。例如，时装、装饰品、化妆品、烟酒、鞋帽、汽车、保健食品、发型、家具和耐用消费品、住宅等。

7.2.2 行动的流行

行动的流行是指表现为人们行为活动方面的流行,如霹雳舞、太空舞的流行,人们交往行为的变化与流行,如旅游热、气功热等。行动的流行受社会行为观念、文明程度等环境因素的影响较多。例如,各种快节奏舞曲的流行,是与人们开始逐步习惯于高频率、快节奏生活观相适应的。

7.2.3 精神的流行

精神的流行是指由某种共同心理取向所反映出的思想、观念、风气等的流行,如流行歌曲、畅销书等。近年来兴起的吉祥数字热也是消费者观念的一大转变。过去分文不值的电话号码,由不同数字组成了所谓吉祥号码后,竟可卖出几万元的高价。用吉利谐音直译成"可口可乐""金利来"等现象的大量出现,也正是迎合了消费者的心理意识才得以流行的。

上述几方面的流行相互之间并不是独立存在的,而是相互影响、相互制约的。思想观念方面的精神流行,往往是物质流行和行为流行的基础,而物质流行与行为流行又是精神流行的直接表现。就消费者心理来讲,物质流行更为重要,它是影响消费者心理的直接因素。

7.3 消费流行的规律及心理效应

消费流行与其他任何社会行为一样,有其自身运动的过程,也有其发展变化的一般规律。了解和掌握消费流行的运动规律及消费者由此产生的心理效应,有利于企业引导消费,掌握市场经营的主动权。

7.3.1 消费流行的规律

1. 消费流行的地区传播规律

消费流行作为社会范围内的行为,按其地区范围的大小可划分为地区性流行、全国性流行、业界性流行几种形式,这些形式反映的是流行的地域性特点。消费流行在不同地域间的流动与传播,有其自身的规律性,主要表现为:

1)发达地区向不发达地区的传播

由于消费的基础是经济发展水平,市场商品的多样化促成消费行为的多样性,商品更新换代的速度影响消费行为的转换速度。因此,消费流行是由经济发展水平较高的国家或地区开始,而后向经济欠发达的国家或地区扩展和延伸。

2)消费流行的波浪式传播

消费行为表现为在短期内爆发式的向外扩展与延伸。当一种消费流行由发达地区兴起并传播到欠发达地区时,随着欠发达地区流行的兴起,发达地区的流行趋势一般随之而下降。这就形成了波浪式运动的传播趋势，是由于消费者对原有流行产生厌倦心理的结果。这种波浪式的传播在时间上表现为继起性，具有从发达地区向欠发达地区顺序转移的基本特点。

我国国内形成的消费流行，一般是从东南沿海发达地区开始，逐渐向中部地区转移。而后进入西北地区，或是从东南地区向西北地区波浪式逐渐推移。

2. 消费流行的人员结构规律

消费流行作为人类的社会行为，反映出消费者消费需求的阶段性和阶层性的变化。消费者群体的构成形式及按群体层次的传播方法，形成了消费流行的人员结构规律。一般来讲，可形成以下两种基本的流行形式：

1）由上向下扩展延伸的形式

这种形式多是由社会上层、领袖人物、影视明星、社会名流等人物带头提倡，因自身行为或某种需要开始的活动，最终向下传播，形成社会时尚或消费流行。例如，20世纪70年代末，中央领导同志一改几十年一贯制的中山装、军便装，首先带头穿西装、系领带，而后形成全国性的西装流行；再如，影视明星们在某部影视片中的服装，电视播音员、主持人的某种服饰、发型或新颖用语，都能很快形成全国的流行行为等，都是这种传播形式的佐证。

2）消费者自发形成的横向扩展延伸的形式

由于社会生活环境变迁、消费观念的变化，在社会中由消费者自发形成，而后为社会各阶层普遍接受的横向扩展和延伸的形式。这种流行与社会经济发展的关系极大。如20世纪80年代以来，为适应我国人民对美化生活环境的追求，同时又受居住面积的限制，组合家具曾一度风靡全国。随着住房条件的改善，新颖的分立式家具、红木家具又呈现流行趋势。

3. 消费流行的商品运行规律

按照营销学理论，商品在其自身发展过程中，受市场环境、社会发展水平及消费者心理的影响，形成了自己的寿命周期，即商品寿命周期。从消费心理学角度考察，处于消费流行中的商品有其自身的寿命周期。它与一般商品的寿命周期既有同质性的一面，又有其自身特性的一面。这种流行过程中的寿命周期对某些日用商品和纺织服装制品有着特别的意义。对此，可从以下几个方面作一般分析。

市场学中的商品寿命周期理论，表现为商品的市场进入期、成长期、成熟期、衰退期，其主要特点是商品在进入成长期和成熟期的过程中，利润与销售量、市场占有率呈平稳上升趋势，并且可维持一段较长的时间。而流行商品的寿命周期，表现为流行酝酿期、流行发展期、流行高潮期、流行衰退期四个阶段。

酝酿期的时间一般较长，要进行一系列的意识、观念以及舆论上的准备；在发展期，消费者中的一些权威人物或创新者开始作出流行行为的示范；进入流行的高潮期，大部分消费者在模仿、从众心理的作用下，自觉或不自觉地卷入到流行中，把消费流行推向高潮；高潮期过去以后，人们的消费兴趣发生转化，流行进入衰退期。

消费流行的这一周期性现象，对企业具有重要意义。生产经营企业可以根据消费流行的不同阶段采取相应的策略；在酝酿期阶段，通过预测，洞察消费者的需求信息，做好宣传引导工作；在发展期，大量提供与消费流行相符的上市商品；在高潮期内，购买流行商品的消费者数量会大大增加,商品销售量急剧上升,此时企业应大力加强销售力量;进入衰退期后,企业应迅速转移生产能力,抛售库存,以防遭受损失。另外,还应看到,随着经济和产品更新的加速,消费流行周期会越来越短。为此,企业应及时调整营销策略,以适应流行节奏越来越快的要求。

消费流行的规律在很大程度上取决于消费者心理变化的过程。这种心理变化产生的适应,会极大地影响消费流行传播的地域范围、消费者群体范围及企业的市场营销活动。对企业来讲,由消费者心理活动促成的消费流行,既是企业的市场营销机会,又是企业营销中的"陷阱"。因此,把握消费流行规律,研究消费心理,对企业掌握市场动向是重要的一环,同时又直接影响消费者对流行商品的需求强度。

7.3.2 消费流行的心理效应

1. 消费流行引起顾客认知态度的变化

通常情况下,当一种新产品或新的消费方式出现时,由于顾客对它不熟悉、不了解,往往会抱有怀疑和观望的态度,然后通过学习、认知过程来消除各种疑虑,再决定购买与否。但是,由于消费流行的出现,大部分顾客的认知态度会发生变化,怀疑态度取消,肯定倾向增强,学习时间缩短,接受时间提前。

2. 消费流行引起顾客心理反向变化

在正常的生活消费中,顾客往往要对商品进行比较和评价后,再决定是否购买。但是,在消费流行浪潮的冲击下,常规的消费心理会反向变化,如一些流行商品明明价格很高,顾客却毫不计较,慷慨解囊;相反,原有的商品,尽管价格低廉,却无人问津。

3. 消费流行引起顾客心理驱动力的变化

就顾客的购买行为而言,直接引起、驱动和支配的心理因素是需要和动机。在通常情况下,这些购买动机是相对稳定的。但是,在消费流行的冲击下,顾客多对流行商品产生盲目的购买驱动力。

4. 消费流行引起顾客消费习惯与偏好的变化

由于顾客长期使用某种商品,对该商品产生特殊的好感,习惯地、反复地购买该商品,还会在相关群体中进行宣传,形成惠顾动机。但是,在消费流行的冲击下,惠顾动机也会动摇,"喜新厌旧",转而购买流行商品。在消费流行的冲击下,顾客由于生活习惯、个人爱好所形成的偏好心理,也会发生微妙的变化,社会风尚的无形压力会使顾客自觉或不自觉地改变原有的消费习惯和消费偏好。

【案例 7-1】 廉价低质商品正逐步退出市场 轻奢消费正流行

越来越多的企业针对年轻群体打出"轻奢"大旗,以往廉价低质的商品正逐步退出市场。

(1)轻奢消费正流行

眼下,一股"轻奢潮"正在各个领域流行开来。

根据第一财经商业数据中心联合天猫国际日前发布的《2017 天猫国际年度消费趋势报告》显示，轻奢已经成为中国年轻一代新的消费观，产品精致化、品质化、内容化成为中国当下的消费趋势。

轻奢，顾名思义，即轻度奢侈。一般而言，轻奢产品的品质处于中上等，既不同于普通产品，但又尚未达到奢侈级别，价格也可以被普通消费者接受。根据《报告》，目前购买轻奢品牌以年龄在 25～35 岁的群体最为活跃。这个消费群体普遍具备一定的经济条件和鉴赏能力，希望追求较高品位的生活。

纵观多个行业，越来越多的企业已经旗帜鲜明地打出"轻奢"大旗，以往琳琅满目的廉价低质商品逐步退出市场，轻奢潮流也已紧随消费升级的脚步来临。

（2）轻奢消费流行起来

自从"一点点"奶茶在北京开店以来，店门前排长龙已经成为常见的城市一景。如今，在一二线城市，这类轻奢品牌奶茶店数量大幅增加。记者发现，与以往的奶茶饮品相比，轻奢品牌的奶茶，单杯售价多在二三十元以上，虽然价格相对较高却颇受欢迎。

一家"一点点"奶茶店的店长告诉记者："以前消费者在选择有限的情况下，购买饮料就是为满足解渴需求。现在我们奶茶店逐渐走向咖啡馆模式，从原先单纯的卖饮品转向卖体验。这样，奶茶产品好看、好喝，又有类似咖啡厅的空间体验，适应了年轻人的消费需要。"

不仅是奶茶店、餐厅等餐饮行业，日用品、家居、珠宝等行业的轻奢产品或服务也开始流行起来，轻奢风格和"绝不将就"成为不少"80 后""90 后"消费群体的常见消费理念。例如在时装领域，有报道称，COACH、MICHAEL KORS 等轻奢品牌近几年在中国的销量都呈两位数增长。有专家指出，轻奢产品的含义主要分为顶尖设计师原创设计和高品质面料工艺两个方面。与顶尖奢侈品牌不同的是，轻奢品牌或许不太注重前卫设计，但对品质的讲究却不含糊。此外，二者的最大区别在于价格，轻奢品牌不会像顶尖奢侈品那样，对普通消费人群而言遥不可及。轻奢品牌的产品定位一般是中高档，对于城市年轻消费群体来说具有很大吸引力。

有数据显示，近年，中国轻奢市场规模已达 2000 亿元。分析认为，庞大的消费人口基数以及未来巨大的成长空间，将会使得轻奢消费浪潮在目前乃至今后一段时期都会持续。

（3）轻奢消费的需求来自哪里

事实上，轻奢消费能够流行起来，很大程度在于契合了年轻一代的消费需求。

正在清华大学读研的学生小秦说："现在不少大学生在消费上倾向于轻奢风格，这可能是由于棘轮效应（指人的消费习惯形成之后有不可逆性）的影响造成的，当人们体验到更优质的产品后，就很难再接受劣质的产品。"

至于缘何越来越多的年轻群体开始购买轻奢产品，小秦认为，轻奢产品不仅质量好，而且品牌形象给自己带来了一定的价值感。同时，一个品牌呈现的格调如果适合自己，自己便会享受轻奢品牌带给自身的归属感。

刚入职不久、在北京从事 IT 行业的小林是一个"90 后"。对于轻奢消费，他告诉记者说，在走入社会以后，很多场合需要一些外在的包装来打开社交圈，而对特定元素的青睐会使得一部分人拥有相同审美，并且互相欣赏，由此扩大个人的社交圈。所以，适当购买轻奢品牌对于自己是有帮助的。

"掉色的布料会让衣服看上去没有质感,不是说所有的服装都要买品牌货,但一些场合确实需要体面的服装,轻奢品牌可以很好地满足这一点。"盖永林说。

有专家认为,当下年轻人的消费特点是消费理念具有一定的超前性,年轻人更有底气追求高品质生活,因而轻奢消费的流行是社会发展的趋势。不管是学生还是工薪阶层或是都市白领,每个人都可以享受轻奢消费带来的个人满足感。

(4) 为奢而奢不可取

在日常消费环境中,奢侈性消费往往带有一种贬义色彩,因此轻奢消费的理念从一产生就饱受争议。事实上,轻奢消费的流行与年轻人的消费需求固然有关,但与商家的造势营销也不无关系。

打开很多家居、服装品牌的官网,都会出现诸如"轻奢主义正流行""有一种生活态度叫轻奢""有一种奢华可以败得起"等广告宣传语,无孔不入的宣传推销信息势必会影响消费者的消费心态。在这个过程中,不少年轻人盲目消费、为奢而奢的消费取向却值得警惕。

清华大学的小秦说,在大学里,一些人对于某些轻奢品牌可能并不了解它的历史、风格,但却会跟风购买,这可能与当下社交媒体的普及有关。"看到同学或朋友在微博或者朋友圈转发一个品牌,自己也产生了消费的冲动,但却不考虑实用性和与自身的匹配度。"

中国政法大学副教授陈忠云表示,以前,手表、自行车、缝纫机是风靡一时的"三大件",也是当时高品位生活的标志,BP机在20世纪90年代也曾引领社会潮流。也就是说,消费观会随社会发展而变化,良好的消费状态其实是对自身的一种肯定。眼下轻奢产品渐入人心,这不仅意味着年轻人的消费观念在改变,也是他们追求个性、张扬自我的体现。

陈忠云认为,基于自身经济实际而追求优质的消费体验可谓轻奢消费的本质,但以虚荣为目的,为奢而奢却是不可取的,年轻人的消费还是要相对理性。

【分析】　不同行业的商家都需要对本行业的消费流行观念有敏锐的洞察力,并深入分析消费流行的趋势,在此基础上,进行企业产品的设计研发,才能受到消费者的青睐和市场的认可。

7.4　消费流行的种类及方式

7.4.1　消费流行的种类

消费流行可以从不同角度进行分类。对消费流行进行科学分类,有利于营销者把握其规律性,做好消费流行的预测,因势利导、促进企业营销水平的不断提高。

1. 按流行的内容分类

1) 食品消费流行

这是由于食品的某种特殊性质而产生的。如绿色食品因其具备的天然、无污染等特性而成为当今社会人们强烈追求的对象。食品消费流行具有流行时间长、地域广、种类多的特点。

2）服饰品消费流行

这种流行往往不是由于商品本身具有的性能所引起的，而是由于商品的附带特性而引起消费者的青睐。如时装的面料、款式、颜色等往往是引起时装流行的基本原因。服饰品流行的时间较短，其价格在流行期内要大大高于非流行服饰品，而流行周期过去后，价格就会大幅下跌。

3）日用品消费流行

这种流行往往是由于它能给生活带来很大便利而产生的消费流行，主要是一些耐用消费品。日用品的消费流行范围比较广泛，受商品的生命周期影响，其流行时间也比较长。

【案例7-2】　消费流行"自讨苦吃"

吃苦瓜、喝苦丁茶、刮痧、拔火罐、攀岩……温州人现代生活中花钱买点"苦头"吃，正悄悄成为消费时尚。乐于此道者称，这不失为健康生活方式的一种新选择。

（1）饮食：苦尽甘来

现如今，人们吃惯了大鱼大肉，吃够了甜酸咸辣，追求饮食质量和营养搭配的市民纷纷热衷素食、野菜和绿色食品，不知不觉间，不少温州人开始了对苦味的求索。

漫步市区饭店、超市、菜场，苦味浓浓或淡淡的各种食物和饮料，如苦瓜、苦菜、莴笋、银杏、野生菇、苦丁茶、橄榄汁……以"苦"取胜的饮食品种数不胜数。特别是以往无人问津的瓜菜中的"苦味之冠"——苦瓜，近年来身价日高，一些原先吃不惯苦味的市民竟然吃上了"瘾"，苦菜等过去在乡村才看得见的野菜更是大受城市市场欢迎；而银杏虾仁、苦瓜肉片、野生蘑菇汤等苦味菜则成了餐桌上的新宠，将口苦变作了口福。

同样，苦丁茶、乌龙茶、红茶、橄榄汁等苦味饮料让不少温州人偏爱有加。为降低脂肪也好，为清热解毒也好，或者仅仅为品味"苦"的滋味，难抵其苦味诱惑者都大有人在。

（2）保健：痛并快乐

温州人的保健项目越来越多，人们在这方面的消费能力也越来越强，花钱买健康、花钱买青春已是家常便饭。但不难看出，与"苦"结缘的项目渐受青睐。如拔个火罐、刮个痧什么的，甚至推拿、桑拿，都是先吃点苦头后感觉轻松的，经历一番"痛苦"，换来轻松和健康，何乐而不为？

而整容整形的日渐兴起更可谓"吃得苦中苦"的典范，特别是城市女性为美丽和青春常驻，付出的代价实在不菲。比如，减肥、隆胸、增高、除皱等，花费可观，还动辄挨刀，往往要吃相当多的苦头才能苦尽甘来，有时甚至还要冒一些风险。

（3）休闲：苦中作乐

人们打发休闲时光也流行自讨苦吃。一些单位同事放着现成的车子不坐，反倒去租些双人自行车或山地车，周末嘿咻嘿咻花上数小时骑到郊县风景区，再骑回来。虽累出一身汗、蹬得屁股痛，却可一路欣赏风景，还能舒展舒展筋骨、锻炼锻炼身体，心情舒畅，乐此不疲。如今时尚的休闲项目多数与舒服过不去，例如，年轻人喜爱的探险、攀岩、漂流……无不与吃苦头有瓜葛，但在惊恐、劳累、刺激中挑战自我，令人欲罢不能。

苦也罢，累也罢，"自讨苦吃"的生活乐在其中，许多人认为这是当今健康生活方式的新诠释。（资料来源：中华营销网）

【分析】　随着经济的发展和社会的进步，人们的消费观念发生了很大的变化，出现了对某些时尚的消费观念,而这些正是商机所在。企业应该要洞察消费者的消费流行趋势,开发满足他们所需要的产品或服务。

2. 按消费流行的速度分类

随着科学技术的不断进步和社会生产力水平的提高,商品更新换代的速度越来越快,导致消费流行的速度日益加快。但是,由于不同商品的市场生命周期的长短不同,其消费流行的快慢也有区别。

(1)迅速消费流行。有些商品的市场生命周期较短,顾客为追求流行趋势,立即采取购买行为,形成迅速流行。

(2)缓慢消费流行。有的商品的市场生命周期较长,顾客即使暂缓购买,也不会错过流行周期,从而形成缓慢流行。

(3)一般消费流行。有些商品的生命周期没有严格的界限,流行速度介于上述两者之间,形成一般消费流行。

消费流行的速度还与商品的价格有关。顾客购买贵重商品时,往往要经过充分比较和慎重选择,因此,消费流行的速度就慢;当顾客购买价格低、使用频率高的商品时,决策快、购买迅速,因此,消费流行的速度就快。

3. 按消费流行的地理范围分类

(1)世界性消费流行。它一般来源于人们对世界范围内一些共同问题的关心。如绿色商品的流行,来源于人们对生存环境的关心和担忧;保健商品的流行,来源于人们对健康问题的担忧。世界性消费流行往往首先在发达国家形成,具有流行范围大、分布广的特点。

(2)全国性消费流行。它往往是受到世界性消费流行的影响而形成的。就我国而言,全国性消费流行并不能涵盖所有的消费地区和顾客,只是就大部分地区而言。因为我国幅员辽阔、人口众多,目前属于经济发展不平衡的发展中国家,所以,全国性消费流行从起源看一般始于经济发达地区、沿海城市,然后,逐步向经济不发达地区和内陆城市发展;从消费流行状态来看,有些流行速度快的全国性消费流行呈现出明显的波浪式。

(3)地区性消费流行。从现象上看,这是一种最普遍、最常见的消费流行。从实质上看,这种消费流行有的来源于全国性消费,又带有地区色彩;有的纯粹是一种地区性消费流行,是由地区消费的特点所引起的。

4. 按消费流行的时间进行分类

按这种方法进行分类,可分为长期消费流行、中短期消费流行和短期季节消费流行。由于不同地区的经济发展状况不同,即使是同一种商品流行,流行时间也有长短之别。因此,并无严格的界限,只是相对而言。长期消费流行的流行时间一般在3~5年以上。长期消费流行只是某种笼统的消费趋势,流行的商品种类较多,凡是符合这一消费趋势的,都进入流行商品的行列。短期季节消费流行的流行期很短,长的1年,短的也就只有一个季节。其主要特点是来势急、时间短、市场反响大、种类较少。介于两者之间的消费流行属于中短期消费流行。

7.4.2　消费流行的方式

在实际生活中，各种流行并非是单一的线性发展，而是交叉重叠在一起，互相影响，互相渗透。无论何种消费流行，都是通过一定的方式扩展开来的。归纳起来，消费流行的方式一般有以下三种。

1. 滴流

滴流即自上而下依次引发的流行方式。通常以权威人物、名人明星的消费行为为先导，而后由上而下在社会上流行开来，如中山装、列宁装的流行等。

习近平主席和夫人彭丽媛一同出访俄罗斯，迈出机舱时，第一夫人身着藏青色大衣，配上一条湖蓝色的丝巾，左手提着一只黑色皮包，简单大方的装束颇受网友关注。不由得让人想起了美国的第一夫人米歇尔，在隆重场合首选本土老牌时装，也在一夜之间成为竞相追逐的目标。几乎是在一夜之间，包括"例外""无用"在内的高端设计师或定制服装品牌成为公共搜索的热词。

2. 横流

横流即社会各阶层之间相互诱发横向流行的方式。具体表现为某种商品由社会的某一阶层率先使用，而后向其他阶层蔓延、渗透，进而流行起来。如近年来，"三资"企业中白领阶层的消费行为向其他社会阶层扩散，从而引发流行。

3. 逆流

逆流即自下而上的流行方式。它是由社会下层的消费行为开始，逐渐向社会上层推广，从而形成消费流行。如"牛仔服"原本是美国西部牧牛人的工装，现在已成为下至平民百姓、上至美国总统的风行服装；领带源于北欧渔民系在脖子上的防寒布，现在则成为与西装配套的高雅饰品。

流行不管采取何种方式，其过程一般是由"消费领袖"带头，而后引发多数人的效仿，从而形成"时尚潮流"。引发流行除了上述榜样的作用外，还有商品的影响、舆论宣传的影响等。

7.5　消费流行对汽车消费的影响

7.5.1　暗示效应

暗示又称提示，是采用含蓄、间接的方式对消费者的心理和行为产生影响，从而使消费者产生顺从性的反应，或接受暗示者的观点，或按暗示者要求的方式行事。

暗示作为一种特殊的客观存在的心理现象，自古以来就引起了人们的注意。俄国著名学者别赫捷列夫认为，暗示性是每一个人所固有的一种普遍的心理现象，是人类精神方面的正常特性。暗示是以词和联想过程中产生的心理活动为基础，也是以机体各种机能活动和行为为基础的。暗示与说服不同，它不是从"正门"，而是从"后门"进入意识的，因而就回避了看守人——意识批判的作用。

暗示的作用在日常生活中几乎随时随地都可以见到，它比我们想象的要普遍得多，尤其是在觉醒状态下的暗示。社会心理学的研究认为，群体对个体的影响，主要是由于"感染"的结果。处于群体中的个体几乎都会受到一种精神感染式的暗示或提示，在这种感染下，人们会不由自主地产生这样的信念：多数人的看法比一个人的看法更值得信赖。因此，暗示的主要影响因素就是暗示者的数目，或者说是暗示所形成的舆论力量的大小。如果暗示得当，就会"迫使"个人行为服从群体的行为。

暗示分为他人暗示和自我暗示两种。他人暗示是指从别人那里接受了某种观念，这种观念在他的意识或无意识里发生作用，并实现于动作或行为之中。自我暗示则是指自己把某种观念暗示给自己，并使这种观念化为动作或行为。在人们的日常生活中，自我暗示的现象经常在有意识或无意识中发生。例如，开会时，如果一个人打呵欠，许多人就会跟着打呵欠；在影剧院里，如果有一个人咳嗽，就可能引起许多观众的"咳嗽爆发"，这是相互之间他人暗示的例子。至于自我暗示的例子就更多了，如果一个人临睡前想着第二天要起早赶火车，千万不能睡过了头，则往往不需要闹钟，到时候自己就会醒来，其原因就在于头天晚上有意无意对自己进行了强烈的自我暗示。

在购买行为中，暗示影响人们决策行为的情况极为常见。例如，某种商品只要摆在紧俏商品的柜台里面，就往往会吸引很多人购买，而同样的商品若被放到一般商品的柜台里面，很可能就没有多少人光顾了。再如，某个商店门口或者某个摊位前面只要有人排队，马上就会有许多人跟着排，迅速形成长蛇阵。倘若去问问那些跟着排队的人为什么排队，很有可能连他们自己也说不清楚。再如，在一个机械翻砂车间，当大家都穿着工作服劳动的时候，唯独你自己穿着笔挺的西装，你就会感到不大自在。而当你换上了工作服时，你就会感到气氛变了，心里舒坦多了。在消费行为中，人们接受暗示往往是不知不觉的。例如，一个人从来没想到要穿西服，但同事们大多数都穿了，再加上电视宣传的影响，他也会觉得穿西服似乎很不错。

暗示起作用的原因是从众心理，暗示的结果往往导致受暗示者对暗示源在某种程度上的顺从。暗示作用的极端性结果表现为盲从。正是由于这个原因，暗示往往造成抢购风潮的爆发，尤其是在通货膨胀、物价轮番上涨时。

暗示的具体方式多种多样。个人的词语和语调、手势和姿势、表情和眼神以及动作等，都可以成为传递暗示信息的载体。此外，暗示还可以以群体动作的方式出现。例如，有的企业为了推销商品，不惜重金聘请名人做广告，这就是信誉暗示；有的企业出售商品时挂出"出口转内销"或"一次性处理"的招牌，这是词语暗示；有的商贩雇用同伙拥挤滩头，造成一种"生意兴隆"的假象，吸引他人随之抢购，这是行为暗示。

儿童、妇女和顺从型的消费者容易受暗示的影响。商业部门常常根据暗示的心理效应来设计广告，以加强宣传的效果。售货员在接待消费者时，若能正确地使用暗示，其效果也比直接劝说要好。当然，也有个别不法商贩，为了推销劣质商品，请几个同谋者临场装模作样地去排队"抢购"，以吸引一些不知内情而受暗示性较强的人跟着去排队购买。

实践证明，暗示越含蓄，其效果就越好。因为直接的提示形式容易使消费者产生疑虑和戒备心理；反之，间接的暗示则容易得到消费者的认同和接受。德国"奔驰"轿车的广告是："如果有人发现我们的'奔驰'牌车发生故障，被修理车拖走，我们将赠送你美金一万元。"这就以婉转的方式从反面暗示消费者，"奔驰"牌轿车的质量上乘，绝对可靠。

7.5.2　模仿效应

模仿是指仿照一定榜样做出类似动作和行为的过程。社会心理学家和社会学家的研究表明，人类在社会行为上有模仿的本能，这一本能同样存在于人们的消费活动中。消费活动中的模仿，是指当某些人的消费行为被他人认可并羡慕时，便会产生仿效和重复他人行为的倾向，从而形成消费行为的模仿。但凡能引起个体注意和感兴趣的新奇刺激，都容易引起模仿。

在消费活动中，经常会有一些消费者做出示范性的消费行为。这些人可能是普通消费者，但他们的消费兴趣广泛，个性独立，消费行为有独创性；也可能是一些名人，如影视歌星、运动员、政界人士等；还可能是某行业的消费专家，如美食家、资深"发烧友"等。这些特殊消费者的示范性行为会引起其他消费者的模仿，模仿者也以能仿效他们的行为而感到愉快。

在消费领域中，模仿是一种普遍存在的社会心理和行为现象。可供模仿的内容极其广泛，从服装、发型、家具到饮食习惯，都可成为消费者模仿的对象。例如，名人、明星的装束打扮经常被人们竞相模仿。英国已故王妃戴安娜因怀孕而特地设计的一款底色鲜红、夹着黑白色碎花的孕妇服，成为当时许多英国妇女群起效仿的流行服装。

分析消费活动中的模仿行为，大致有以下几个特点：

（1）模仿行为的发出者，即热衷于模仿的消费者，对消费活动大多有广泛的兴趣，喜欢追随消费时尚和潮流，经常被别人的生活方式所吸引，并力求按他人的方式改变自己的消费行为、消费习惯。他们大多对新事物反应敏感，接受能力强。

（2）模仿是一种非强制性行为，即引起模仿的心理冲动不是通过社会或群体的命令强制发生的，而是消费者自愿将他人的行为视为榜样，并主动加以学习和模仿。模仿的结果会给消费者带来愉悦、满足的心理体验。

（3）模仿可以是消费者理性思考的行为表现，也可以是感性驱使的行为结果，成熟度较高。消费意识明确的消费者，对模仿的对象通常经过深思熟虑，会认真选择；相反，观念模糊、缺乏明确目标的消费者，其模仿行为往往带有较大的盲目性。

（4）模仿行为的发生范围广泛、形式多样。所有的消费者都可以模仿他人的行为，也都可以成为他人模仿的对象。而消费领域中的一切活动，都可以成为模仿的内容，只要是消费者羡慕、向往、感兴趣的他人行为，无论流行与否，都可以加以模仿。

（5）模仿行为通常以个体或少数人的形式出现，因而一般规模较小。当模仿规模扩大，成为多数人的共同行为时，就发展为从众行为或爆发为消费流行了。

7.5.3　从众行为

1. 从众行为的概念

从众行为是指个体在群体的压力下改变个人意见而与多数人取得一致认识的行为倾向。与模仿相似，从众也是在社会生活中普遍存在的一种社会心理和行为现象。在消费领域中，从众表现为消费者自觉或不自觉地跟从大多数消费者的消费行为，以保持自身行为与多数人行为的一致性，从而避免个人心理上的矛盾和冲突。这种个人因群体影响而遵照多数人消费行为的方式，就是从众消费行为。

2. 从众行为产生的心理依据与原因

社会心理学研究认为，个体在受到群体精神感染式的暗示或提示时，就会产生与他人行为相类似的模仿行为。与此同时，各个个体之间又会相互刺激、相互作用，形成循环反应，从而使个体行为与大多数人的行为趋向一致。上述暗示、模仿、循环反应的过程，正是心理学研究证实的求同心理过程。正是这种求同心理，构成了从众行为的心理基础（见图 7-2）。

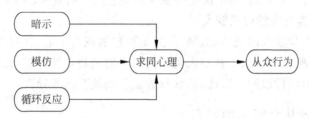

图 7-2　从众行为的心理基础

具体来说，之所以产生从众行为，是由于人们寻求社会认同感和安全感的结果。在社会生活中，人们通常有一种共同的心理倾向，即希望自己归属于某一较大的群体，被大多数人接受，以便得到群体的保护、帮助和支持。此外，对个人行为缺乏信心、认为多数人的意见值得信赖，也是从众行为产生的另一个重要原因。有些消费者由于缺乏自主性和判断力，在复杂的消费活动中犹豫不决，无所适从，因此，从众便成为他们最为便捷、安全、可靠的选择。

3. 从众行为的表现方式

消费者的从众行为多种多样，归纳起来有以下几种表现形式：

1) 从心理到行为的完全从众

当消费者对某种商品不了解时，由于群体的暗示或认为多数人的行为能提供有效信息，从而产生从众行为。

2) 内心接受，行为不从众

这是指对形成的消费潮流从心理上已完全接受，但在形式和行为上予以保留。例如，多数美国人认为到市郊的超级市场购物既方便又便宜，而上层社会人士由于身份、地位等的顾虑，虽然内心赞成，但行动上不便支持。

3）内心拒绝，但行为上从众

这是一种权宜从众行为。某些消费者对商品抱有抵触心理，但无力摆脱群体的压力而不得不采取从众行为。例如，在正式场合着西装系领带是现代消费者通行的行为方式，少数消费者尽管不习惯或不喜欢，但为了避免与多数人相左而不得不遵从这一行为规范。

4. 从众行为的特点

从众行为尽管在表现形式上有所差别，但具有某些共同特征。

1）从众行为往往是被动接受的过程

许多消费者为了寻求保护，避免因行为特殊而引起群体压力和心理不安，而被迫选择从众。在从众过程中，消费者会产生复杂的心理感受，除安全感、被保护感等积极感受外，还会有无奈、被动等消极的心理体验。

2）从众行为现象涉及的范围有限

就总体而言，消费者的行为表现形式是多种多样、各不相同的，这是由消费活动个体性、分散性等内在属性决定的。因此，通常情况下，让大多数消费者对所有的消费内容都保持一致行为是根本不可能的；也就是说，从众行为不可能在所有的消费活动中呈现。它的发生需要一定的客观环境和诱因刺激。例如，在社会环境不稳定、人心浮动的情况下，个人容易追随多数人的消费行为；又如，舆论误导极易使消费者因不明真相、无从判断而盲目从众。

3）从众消费行为发生的规模较大

从众现象通常由少数人的模仿、追随开始，继而扩展成为多数人的共同行为。多数人的共同行为出现后，又刺激和推动了在更大范围内更多的消费者选择相同或相似的消费行为，从而形成更大规模的流行浪潮。因此，从众行为是消费流行的先导。

5. 影响消费者从众行为的因素

从众消费行为的发生和发展受到群体及个体多方面因素的影响，主要有以下几个因素。

1）群体因素

一般来说，群体的规模越大，群体内持相同意见的人越多，所产生的群体压力也越大，此时越容易产生从众行为。同时，群体的内聚力、一致性越强，群体领袖人物的权威性越高、影响力越大，从众行为越容易发生。再者，个体在群体中的地位越低，越容易被影响，也越容易采取从众行为。

2）个体因素

一般来说，容易发生从众行为的消费者大多对社会舆论和他人的意见十分敏感，缺乏自信，非常注意社会和他人对自己的评价。个人缺乏足够的知识经验，导致其做出判断时必须依赖他人提供的信息，从而容易引发从众行为。有研究表明，性别差异也对从众行为有所影响，从总的情况来看，女性比男性更容易出现从众行为。

3）问题的难度

问题的难度大小也是导致从众行为的重要因素。无论哪一种商品，只要消费者对其质量、功能和效用越难做出明确的判断，就越容易引起从众行为。有研究表明，个人在解决问题时，随着问题难度的加大，需要群体其他成员帮助、指点的必要性增加，个人对他人的依赖和信任随之增加，跟人发生从众行为的机会也增加。

值得指出的是,从众行为作为一种多数人共同采取的大规模行为现象,必然对宏观经济运行、社会消费状况产生重要影响。这种影响既有积极的一面,又有消极的一面。

一方面,由于从众现象是通过多数人的行为来影响和改变个人的观念与行为的,因此,政府部门可以通过各种媒介宣传提倡正确的消费观念,鼓励引导健康的消费行为,使之成为大多数消费者共同遵从的行为规范。然后,利用从众心理的影响,带动其他个体消费者,促进形成全社会健康文明的消费氛围。工商企业也可以利用从众心理,抓住时机进行宣传诱导,培育新的消费市场,引导消费时尚的形成或改变,进而促进大规模购买行为的实现。

另一方面,在特定条件下,从众行为也可能导致盲目攀比、超前消费、抢购风潮等畸形消费现象的发生。对于这一消极影响,国家和企业必须采取积极措施加以防范。另外,从众行为还有可能扼杀消费者的创新意识,使新的消费观念、消费方式的提倡和推行遇到阻力或障碍。对此,企业要予以格外关注,采取多种措施避免从众行为的负面影响。

7.5.4 消费流行对汽车消费的影响

随着国民经济的发展和人民生活水平的不断提高,中国已经超过美国,成为世界第一大汽车市场。国家统计局公布数据显示,2017 年全国民用汽车保有量 21 743 万辆(包括三轮汽车和低速货车 820 万辆),比上年末增长 11.8%,其中私人汽车保有量 18 695 万辆,增长 12.9%。民用轿车保有量 12185 万辆,增长 12.0%,其中私人轿车 11 416 万辆,增长 12.5%。

迅速增长的中国市场,无疑已经成为全球最为活跃的汽车市场。在各大厂商纷纷看好中国,并加大对中国市场投入的同时,市场竞争的日趋激烈,让汽车厂商更加注重了解消费者的个性化需求以及汽车市场的流行态势。

1. 从众心理对汽车消费的影响

近年来,随着国内汽车需求量的增长,汽车已经逐渐成为中国家庭的重要消费品之一。汽车时代的来临,使得私人购车成为一种风尚,购车风潮已经不仅仅局限于一、二线城市的消费者,三、四线城市以及中西部地区的汽车市场也在持续增长。据国家统计局数据显示,2010—2017 年期间,中国私人汽车保有量从 6539 万辆增长至 18 695 万辆(见图 7-3)。

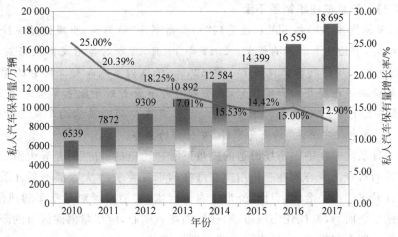

图 7-3 2010—2017 年中国私人汽车保有量及增幅

目前，在中国汽车已经开始大规模进入家庭，成长趋势强劲。出现这一变化趋势的原因，很大程度是受到大众汽车消费观念从众心理的影响。随着周围的亲朋好友、同事同学相继拥有了自己的汽车，使得无车族愈发感觉拉大了自身与所在群体的距离，购车已经成为一种消费潮流。选择购车，成为有车一族，缩小与朋友、同事之间的距离，在消费行为上与群体保持一致，是当前很多消费者购车行为的重要驱动力。

2. 流行趋势对汽车消费的影响

在追随购车潮流的同时，消费者也愈加关注汽车的颜值、技术、品质等因素。

1）设计元素趋于年轻化

随着"90 后"群体的崛起，汽车消费也更加个性化，汽车设计也必然要跟上时代的步伐。年轻化是当下的主题，无论是外观还是内饰设计，年轻化都将在未来很长时间成为一个设计主题。这不但迎合了当下中国市场的需求，也让汽车对于我们的意义不仅仅是交通工具，而是展现个性和彰显品位的选择。

2）互联网元素持续融合

互联网已经成为了人们每天都需要接触的东西，并且正在一步步融入我们的生活，"互联网＋"思维的发展让物流等行业都发生了变化，汽车领域也同样是互联网要攻占的"战场"，互联网与汽车的融合必将大行其道。

3）自动/半自动驾驶技术逐渐普及

21 世纪以来，计算机技术、互联网、物联网思维的快速发展给传统的汽车制造工业带来崭新的变革，研究表明自动驾驶技术可以大大提高交通系统的效率和出行的安全性，自动驾驶汽车将成为世界汽车产业发展的必然趋势。如今不少中级车都配置了自适应巡航这类的半自动驾驶的配置，随着自动/半自动驾驶技术的成熟和发展，未来将会得到更大的普及和推广。

4）新能源市场快速发展

国家政策导向能够使一个国家消费结构产生变化，中国车市亦是如此。国家对新能源汽车的补贴和限号限牌等措施鼓励了新能源汽车特别是纯电动汽车的发展，新能源汽车销量迅速增长。

【案例 7-3】　日系车在华销量下滑

2012 年，日系汽车品牌都不同程度受到"钓鱼岛事件"的影响，出现销量下降，高档汽车受影响程度略好，中档汽车受影响最大。2012 年 11 月，日本财务省发布数据显示，2012 年 10 月，日本对中国市场的汽车出口同比下滑 82％。根据国家汽车行业协会的调查，日系车在中国的市场份额早已经开始出现颓势，近年来国内消费者对于欧系车型的购买意向率从 2009 年的 25％上升到了 2012 年的 35％，而对于日系车型的购买意向率从 2009 年的 32％下降到了 24％，这个数字还是"钓鱼岛事件"发生前的数字。

【分析】　日系汽车在中国市场遭遇的销量下滑，"钓鱼岛事件"只是导火索，真正的原因是中国消费者的从众消费心理在起作用。在潜在购车者看来："大家都不买日系车了，那我也不买了！"日系车的产品老化、召回、外形中庸等因素，使消费者对日系车的热情也愈加淡化。对于日系车企而言，要抓住中国市场，挽回消费者信心，应尽量消除区域的限制和影响，加大对自身产品创新的投入，引导中国消费者理性购车。

3. 流行色彩对汽车消费的影响

美国精神物理学家海巴·比伦曾指出：人们在自然界中能见到的色彩是有限的,如果总是接受同样的色彩,就会感到单调乏味,于是人们需要新的刺激与注意。

随着我国跨入汽车时代,人们对美好的生活方式不断追求,自然要求汽车产品要更先进、更新颖,这种要求便构成了汽车色彩流行的内在动力。调查显示,顾客在购买商品时,70%以上的人第一眼衡量的就是颜色,认可颜色后才会考虑产品的其他性能指标。由此可见汽车颜色的重要性。

目前在用车中依次排列数量最多的四种颜色是白色、银灰色、黑色、红色,占据了汽车总数的92%以上,并且这种具有代表性的流行色也正处于不断地变化之中,其变化规律表现出了与世界同步的特点。

色彩需求由多种因素构成,某种汽车色彩所表现出的流行趋势往往不是由单一因素所决定的,其成因要复杂得多,也深刻得多。由于国家地域、气候条件、民族、职业群体等因素的不同,综合因素作用的结果会使群体中保持一个相对稳定和较高比例的色彩观念,人们对某种色彩会产生根深蒂固的观念,不会轻易改变。

在我国汽车工业刚刚起飞的前几年销售的汽车中,黑色汽车及颜色较深的汽车走俏。黑色一直是轿车的争议色。恐怕无人质疑红色会成为我国汽车流行色。红色代表着"红红火火"的含义,同时,红色又是幸福和喜庆的象征,因此红色成为中国出租车颜色的首选色彩。

白色和银灰色汽车在我国的流行明显受到了国际汽车流行趋势的影响。日本流行色协会的调查资料表明,20世纪90年代初是日本白色汽车流行的高峰,四辆汽车中竟有三辆是白色的。这两种颜色被我们广泛接受的原因还是顺应了我国广大消费者的色彩观念。白色轿车在车流之中给人以清新亮丽、卓尔不群的印象,它代表高级,正如出淤泥而不染的莲花,能给人一种高高在上、超凡脱俗的感觉。银色是具有科技感的色彩,它既有同绿色一样自然的亲和力,又有同白色一样气度不凡的感觉。

汽车销售更要重视颜色。只有生产的汽车产品满足市场和消费者的需求,汽车色彩符合消费者的审美,才能更好地在市场竞争中占据有利地位。

目前我国汽车市场初现流行色现象,亟待一些权威机构着力对其进行统计和研究,在广泛地对汽车色彩进行定期的调查和研究的基础上,从中发现其变化规律及趋势,预测未来色彩需求的变化倾向,提出流行色预测结果,把握市场对各种不同色彩汽车需求的整体比例,从而有效地指导汽车厂商的色彩设计,避免盲目生产而造成损失;同时利用汽车流行色引导消费,为产品的流行和畅销创造有利条件。

世界上汽车生产大国已经形成了一套行之有效的做法。美国福特汽车公司的经销商充分认识到把握流行色趋势对汽车营销的重要性。为此,总部要求所有销售人员跟踪汽车流行色的情况每月向他们汇总报告。深入地调查和仔细地研究色彩与人的心理和生理上的相互作用,色彩与形状之间的联系,在汽车色彩设计中将其规律性的东西加以充分考虑和应用,必将会大大提高我国汽车产品的设计水平和市场占有率。汽车流行色的预先设计与合理利用对于促进汽车生产和销售必将起到事半功倍的效果。

本 章 小 结

消费流行是指在一定时间和范围内众多顾客追求某种商品或时尚的消费趋势。随着社会的发展，人们的消费观念不断变化，消费内容越来越丰富多彩，消费流行变化的节奏越来越快，生活方式越来越现代化。暗示作为一种特殊的客观存在的心理现象，自古以来就引起了人们的注意。它是采用含蓄、间接的方式对消费者的心理和行为产生影响，从而使消费者产生顺从性的反应，或接受暗示者的观点，或按暗示者要求的方式行事。消费活动中的模仿，是指当某些人的消费行为被他人认可并羡慕时，便会产生仿效和重复他人行为的倾向，从而形成消费行为的模仿。市场竞争的日趋激烈，让汽车厂商更加注重了解消费者的个性化需求以及汽车市场的流行态势。只有掌握消费流行的趋势，才能更好地掌控市场，促进企业的长远发展。

思 考 题

1. 什么是消费流行？消费流行的种类有哪些？
2. 消费流行对顾客的心理效应会产生什么影响？
3. 分析消费流行周期与商品的市场生命周期之间的关系。
4. 根据你所了解的汽车市场相关动态，试举例说明当前汽车市场的消费流行趋势。

实 训 题

以小组为单位进行市场调研，了解不同性别、年龄、学历、职业、收入的人群，在购车选择上有什么差异，不同人群对汽车销量流行趋势有何不同的看法，消费流行对其购车决策有哪些影响等。

 案例分析-1

J. D. Power：2017 中国汽车消费新升级的六大亮点

在 J. D. Power 的大量研究中，有十句话可以非常形象地描述当前中国消费者的个性化需求，例如：若是一辆环保型汽车，我愿意花费更多金钱/为了汽车的所有豪华配备，我愿意花费更多的钱/别人能从我开的车看出我的很多个性/我会付出额外的金钱以保证我的汽车拥有最新的安全功能/我更喜欢购买国产品牌车/我喜欢能够脱颖而出的汽车/我想要能够提供灵敏的处理能力和强大的加速性能的汽车……

中国汽车产业已进入了一个裂变的时代，这场裂变以智能化、电动化、网联化、共享化

"四化"为代表。消费人群在发生快速变化,变得更加追求品质、追求个性。日前,J. D. Power(君迪)中国区副总裁兼董事总经理梅松林总结了汽车领域"消费升级"的六大亮点,勾勒了一幅生动的中国购车人群画像。

亮点一:"轻价格"——品牌、品质、颜值、技术成为购车四大决定因素

近五年来,中国乘用车销量以平均每年14%的幅度增长。虽然从2017年起,中国汽车市场进入了微增长的常态,但增速依然高于美国市场。从私家车保有量增长趋势来看,2016年中国的私家车保有量较上年增加了17%。此外,中国市场的车型多达700多种,是美国市场车型的2.5倍。即便如此,车型数量还在不断增加,提供给消费者更多选择。有了更多选择的消费者变得更加挑剔。

J. D. Power 中国汽车销售满意度研究(SSI)发现,中国车主购车的原因发生了显著变化:价格因素从2000年的首要因素下降到2017年第五位,而品牌、品质、颜值和技术,成为购车前四位的原因。

消费者对品质,亦即对汽车质量和安全性的要求始于2005年,此后,品质在购车原因中所占的权重逐年上升。从2015年开始,中国消费者突然关注起技术,因为技术原因购买新车的比例快速上升。

亮点二:"重技术"——新技术需求后来居上,消费者愿为技术买单

中国消费者对新技术的需求高涨,导致汽车安全/智能互联网设备的安装率逐步提高。2017年,自动泊车系统、读出短信、车载互联网连接、车道偏离警告系统、语音识别、内置蓝牙电话、导航系统、停车辅助/倒车雷达等安装率都较2015年有了一定幅度的提升。与其他年龄段的消费群体相比,"90后"对新技术的热衷程度普遍高于更早年龄段的消费群体。

亮点三:"买国产"——自主品牌从消费升级中受益,占据四成市场份额

在消费者追求品质的过程中,有一类品牌随着消费者的改变而成长,这就是自主品牌。J. D. Power 中国汽车销售满意度研究(SSI)发现,质量/安全因素在中国消费者选购自主品牌的原因中的重要性从2005年的8%上升至2017年的19%。自主品牌以实实在在的质量提升吸引了越来越多的中国消费者。J. D. Power 中国新车质量研究(IQS)发现,从2000年至2017年,自主品牌与国际品牌的每百辆车问题数(PP100)从397分缩小至12分,两者的差距将在未来两三年内消失。

对"品质"的追求驱动了再购升级,但再购升级不意味着买得更贵,自主品牌正从消费升级潮流中受益。从2005年至2016年,自主品牌的市场份额从26%上升到40%,相当于欧系品牌和日系品牌的总和。此外,研究还显示,2017年,在首辆车为自主品牌的消费者中,再次购买自主品牌的比例高达47%。

亮点四:"恋SUV"——豪华车和SUV取代中型车,成为消费者首选

从车型购买的趋势来看,中国消费者越来越不喜欢小车。J. D. Power 中国新车购买意向研究(NVIS)显示,2010年至今,中型车和入门级中型车对潜在车主的吸引力明显减少,两者在潜在车主最想购买的车型中所占比例下降了超过一半,而消费者对豪华车和SUV趋之若鹜。

豪华车占潜在车主最想购买的车型比例从2010年的1%上升至2017年的9%,SUV则从2010年的10%上升到2017年的37%。正是因为对品质的追求,才导致消费者开始追逐豪华车和SUV。购买意向驱动销量,预计到2017年底,SUV会贡献中国乘用车市场

43％的销量。

亮点五："试网购"——在线购车方兴未艾

"互联网＋"概念横空出世,给汽车市场带来了深刻变革,方便厂家为消费者提供个性化产品和配套服务,并与消费者进行直接沟通。J.D.Power 中国汽车销售满意度研究(SSI)显示,中国新车车主网络购车的比例从 2015 年的 8％上升至 2017 年的 17％。此外,在入店客流中,来自经销商网络营销的比例从 2015 年 26％上升至 2017 年的 30％。随着互联网的不断发展,价格的天平会向消费者一方继续偏移,市场会变得更加透明。

亮点六："喜共享"——共享出行受青睐,消费者或将舍弃私家车

近年来,中国经销商普遍遭遇了客户流失的挑战,车主的进店频次大幅下降,这也是消费者变化导致的后果之一。从 2010 年至 2017 年,消费者每年驾驶的公里数下降了 15％,进经销店接受服务的次数从 3.5 次下降到 2.9 次。

便捷且多样化的出行方式,使得消费者的用车频率减少,2016 年 3 月,J.D.Power 对 5000 名普通消费者进行在线调研,36％的被访者对尝试共享出行表现出积极态度,79％的消费者表示"可能会"和"一定会"尝试打车软件服务。近日发布的 J.D.Power 中国消费者打车软件使用情况调查显示,七成中国消费者表示,如果有其他选择,他们或将愿意放弃拥有私家车。

试分析：

1. 影响汽车消费流行趋势的因素有哪些?
2. 试比较分析汽车消费流行趋势与其他产品的消费流行趋势有何异同。

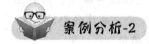 案例分析-2

《2017 中国汽车消费趋势调查报告》

2017 年 11 月 18 日,由 21 世纪报系中国汽车金融实验室联合尼尔森共同推出的《2017 中国汽车消费趋势调查报告》正式发布。调查结果显示,4S 店仍是购车主流渠道,"90 后"消费者和二手车用户更能接受网络购车;现有购车信贷率为 35.1％,"80 后""90 后"是主要信贷购车消费人群,潜在用户信贷意愿率高达 59.7％;直租性融资租赁的使用率为 11.3％;车险市场集中性强,互联网平台的价格优势最受消费者关注;汽车延保使用率为 22.8％。

(1)"90 后"和二手车用户更青睐于网络购车

本次调查结果显示,在绝大部分消费者仍选择传统 4S 店购车的同时,"90 后"消费者和二手车用户更能接受网络购车。调查数据显示,有 13.7％的"90 后"消费者选择在电商平台购车,二手车用户中选择在电商平台购车的占比为 13.6％。而潜在用户对网络购车平台的接受度更是高达 20.1％。价格优惠幅度大、节省看车时间和电商平台的促销活动都是吸引用户的重要因素。但由于汽车本身是大宗商品,多数消费者出于对产品、售后等方面的顾虑,影响了其选择电商平台购车的可能性。

(2)潜在用户信贷意愿率高达 59.7％

信贷购车比例近几年呈持续平稳上升趋势。调查数据显示,现有购车信贷率为 35.1％,"80 后""90 后"是主要信贷购车消费人群,占比均在四成以上。潜在用户信贷意愿率更是高达 59.7％。

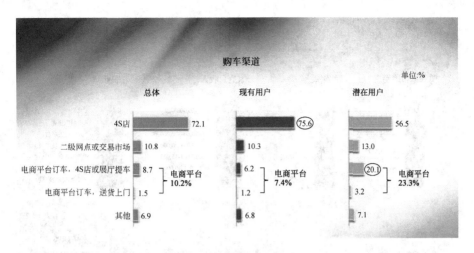

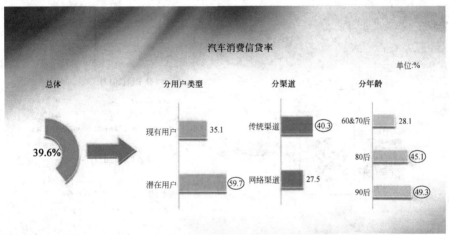

调查结果显示,银行传统信贷和汽车金融公司是主要的信贷渠道,占比分别达到34.5%和32.3%;但厂商财务公司和融资租赁公司在低级别城市发挥较大作用。

相较于2016年,2017年选择银行传统信贷、信用卡分期的比例有所回升,占比分别达到34.5%和18.7%;选择汽车金融公司和厂商财务公司的比例有回落,分别为32.3%和8.2%;互联网金融平台仍然占比很小。

在本次调查中,直租性融资租赁的使用率为11.3%,一线和二线城市消费者、"80后"、企业职员和个体老板是选择直租性融资租赁的主要消费人群。没有余值风险、省时省力是吸引消费者选择直租性融资租赁的主要原因。

(3)汽车延保使用率为22.8%

在汽车保险方面,调查结果显示,目前我国车险市场集中性强,平安、人保和太保占据了86%的市场份额。其中,平安在一线城市表现突出,几乎获得半壁江山;而大地车险则深耕三线及以下城市。在车险购买渠道方面,互联网平台的价格优势最受消费者关注。消费者对互联网车险平台的满意度和续保意愿均较高。

调查结果显示,汽车延保使用率为22.8%,2017年跟2016年相比略有提升。相对而言,车价越高,延保使用率越高。避免后期高价维修是购买延保的主因。

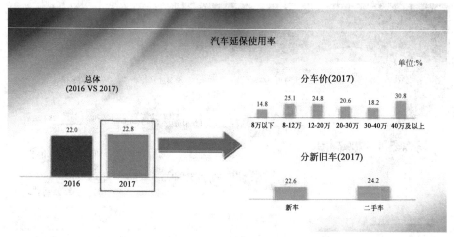

试分析：

1. 2017 年汽车消费趋势有何新变化？
2. 影响汽车消费者消费趋势变化的因素有哪些？

汽车销售环境心理

　　学习目标：通过本章的学习,应了解营销环境的作用,掌握营业场所外部环境与消费心理间的关系；掌握营业场所内部环境与消费心理间的关系。

　　关键概念：营销场景(market scene)　　选址(selected location)　　招牌(advertisement)　　商品陈列(commodity exhibition)　　汽车展览(auto show)

8.1　汽车专营店环境心理

　　汽车专营店销售环境是指包括汽车专营店类型、汽车专营店地理位置、汽车专营店外部形态以及汽车专营店内部布置在内的汽车专营店宏观与微观环境,对消费者购买心理的形成和发展有着很大的影响。根据消费者在进入汽车专营店前的预期心理要求确定适宜的经营场所,是成功实施商业经营的第一步。

8.1.1　汽车专营店的环境与选址心理

汽车专营店的选址是从市场营销的角度出发，权衡顾客需求与商业利益的商业布局安排。它与消费者的购买心理密切相关，直接关系到经营能否成功。要实现企业的经营目标，选址需要综合考虑所选定区域、经营汽车品牌的种类、专营店类型及消费者的需求心理等诸多因素，并要以发展的眼光，既研究现状，又预测未来，从长计议。

1. 汽车专营店选址对消费者心理的影响

汽车专营店选址的好坏对市场或店面销售力、获利力和竞争力都有很大的影响；一个合适、恰当的基地位置，是汽车专营店建筑经营成功的重要因素之一。汽车专营店选址应综合考虑城市规划、法规政策、消费者因素、交通条件、城市商业条件、用地条件等诸多因素，同时由于汽车专营店建筑具有独特的经营方式，从而在选址上又有自己的特点，有别于其他类型的商业建筑。

汽车专营店的选址与消费者心理密切相关，直接关系到经营的成败。汽车专营店的选址应从市场营销的角度出发，权衡消费者需求与汽车专营店的利益。

1）专营店布局心理

汽车专营店选址首先要考虑人口密集度、消费者人数是否能够形成规模性的市场，判断目标消费群是否存在。

商业经营中具有明显的"马太效应"，即当消费者在一处营业环境购买商品或消费时，他们可能会同时在附近的营业场所游览、观光或者消费，并可能产生购买行为。很多顾客有浓厚的从众心理，人越多，认为商品越吸引人，购买兴趣就越高。但营业环境形成马太效应的条件，一般是这些营业单位的地理位置接近、营业性质比较接近或者相互兼容，消费者才有可能在这个营业圈内保持持续消费的动机。所以人口密集、商家密集，是设置商场理想的区域。

商品的性质与人们的消费心理密切相关，选址应充分考虑这一点。销售日常生活用品的超市应设在靠近居民区中间的地段，以适应顾客购买高档物品时对商场档次、商场信誉、外部环境的心理要求。

汽车专营店所处地理位置通常要考虑城市规划、客流量和环境因素、交通问题等，以便顾客能够方便、快捷地选车、购车，并能够享受后续的维修保养等一条龙服务，同时享受专营店提供的金融、保险等其他便捷服务项目。

2）购车便捷心理

购买便捷主要取决于交通条件。公共交通条件无疑是影响营业环境最重要的外部因素。交通条件越方便，消费者购买商品越方便；交通条件越差，消费者购买商品的难度越大。当前，很多经营单位已为购买大件商品的顾客提供免费送货上门的服务，但是经营单位要为所有的顾客解决商品运输问题就较为困难。所以选址要选择交通比较便捷、进出道路比较畅通、商品运输安全省时、主要顾客购买路程不远或乘坐公共汽车站不多且不必换车的地方。

为满足汽车消费者的需要，及汽车专营店的规划原则，专营店应选择交通网络建设成熟、接近交通枢纽、方便到达等地点作为其选址的重要因素。

3）最佳地段心理

在一条商业街内，其两端购物的人要明显少于其他地段，其他一些地段则相对比较优越。上海十里南京路上的第一百货商店生意兴隆、享誉全国，云集了来自各地的顾客。从外滩到静安寺的十里南京路段中，它正好处在三分之一距离处，接近黄金分割。有人从顾客心理角度分析，认为人们从外滩到达此地，购物的欲望达到了最高潮。

汽车专营店的选址同样要考虑这个因素，但汽车专营店不同于商场或超市。当前汽车市场供大于求，顾客可以有很多选择来决定购买的汽车品牌、专营店，以及车型等。消费者通常会货比三家，确定几个备选方案，然后逐一进行评估和决策。而在此过程中，消费者往往会选择较为便捷高效的方式，来缩短评估和购车周期。此时，专营店的地理位置就显得尤为重要。因此在进行汽车专营店选址时，应考虑尽量选择在汽车贸易区，从而借助商业聚集效应推动品牌专营店的发展。

【案例 8-1】　万客隆的选址策略

万客隆创办于 1968 年，是世界著名的零售集团之一，主要是采用会员制销售。万客隆在荷兰语中是 Makr，本意是"宏大""远大"，它是世界上第一家仓储商店。1997 年万客隆被麦德龙集团收购，欧洲的万客隆全部改名为麦德龙。

万客隆于 1996 年进入中国大陆。1996 年 9 月 26 日，由泰国正大集团、荷兰万客隆和广州佳境公司三家共同投资兴建的正大万客隆佳境仓储商店在广州三元里开业。1997 年11 月 8 日，由中国中土畜产品进口总公司、荷兰万客隆和中国台湾丰群投资公司三家合资经营的北京万客隆也正式开业。1998 年 12 月 11 日，万客隆在北京的第二家店——酒仙桥店开业，该店营业面积 1 万多平方米，商品约 14 000 种，并配有可容纳 500 多辆汽车的大型免费停车场。截至 2001 年 6 月底，万客隆在中国共有 5 家店开张。

万客隆作为仓储商店的最早创建者，在中国的选址策略有独到之处。国外传统的仓储式商场选址通常在租金低廉的城乡接合部，这是以发达国家交通便利、私家车普及为前提条件的。但是在中国，万客隆并没有采用传统的选址方式。因为中国的国情不同于西方发达国家，简单照搬外国经验肯定行不通。

万客隆认为，在中国开仓储式商场选址既不能太偏，又不能在繁华的闹市区。闹市区固然客流大，但地价也昂贵，成本过大，不符合万客隆这样的仓储商店的经营模式。万客隆在北京的第一家店选在了洋桥地区。尽管南城是北京历史上消费水平较低的地区，并远离市中心繁华地带，但随着北京老城区改造的深入，众多的拆迁户逐渐迁到了远离闹市的郊区。而洋桥地区已发展得颇具规模了，交通的便利，也克服了由于地方远、必须有汽车购物的弊端。

从万客隆在全球的选址策略来看，有一条选址原则是尽量选在城市边缘的高速附近。万客隆的另一选址策略是注重商场的辐射作用及商圈战略。以广州正大万客隆为例，该店建在广州三元里地区绝非偶然。除了低价因素外，广东省作为我国改革开放的龙头，经济发展在全国是首屈一指的，当地的购买力非常强，广州市的人均年消费在万元以上（1997 年统计数据），加之广州是全国陆路交通中心，公路四通八达，将万客隆设在广州三元里地区不仅对广州市民具有吸引力，对广州市周边地区消费者也具有吸引力。这就产生了"万客隆商圈"。由于广州以北地区的经济相对落后，目标顾客相对较少，所以这一万客隆商圈是呈扇形的,绝大多数的顾客在广州市及其以南的地区。该商圈又分成 3 个层次,其核心商圈是广州地区,次级商圈包括广州、周边地区的花都、南海、佛山等地,边缘商圈涉及顺德、番偶、东莞等地。这一商圈的形成大大超过了辐射方圆 5 公里的范围,为万客隆的知名度打下了基础。北京第一家万客隆洋桥店也是辐射作用和商圈战略的体现。洋桥店的顾客除了北京市顾客之外,郊区的门头沟区、房山区,河北的廊坊、涿州都有客人光顾。万客隆的设店投资,不像其他商店那样追求廉价地租而是采取购买土地使用权的方式。这样做,虽然一次性投资较大,看起来是增大了成本,不易尽快收回投资,但实际上,这样有两个方面因素对于投资更为有利:

(1) 一次性投资完毕后,必然省去了今后每年的土地租金,对投资各方的实力是很好的检验,并且省去了今后的再投资。从企业长远发展考虑,尤其在我国,这样做可以避免投资商的短期行为。

(2) 万客隆投资的重点基本上为发展中国家的大中城市,选址的地段都是很有发展前途的。各地的地价上扬,几乎是无可争议的事实。若是用租地方式,租金的多少几乎是每年谈判的惯例,这必然会耗费相当的人力、物力、财力,并且不稳定;而买地投资,谈判只需一次,省人省力不说,今后地价上涨,就会增加固定资产,即降低经营成本。即使万客隆将来不在此地开店,仅仅靠土地出让手段也不会亏本。(资料来源:《商界中国经营模式经典》)

【分析】 万客隆的选址策略可以归结为在经济较发达地区中心城市的出口位置。这种选址策略的有利之处在于可以降低经营成本,辐射面广,拥有大量的目标顾客。当然,此种选址策略也有弊端,即对顾客的交通工具有一定要求,这必然成为对商场目标顾客范围的限制;在广告宣传方面,由于商场不处于商业密集地区,不具有商业的"扎堆效应",也会给其他企业业主带来众多机会。

2. 汽车专营店的选址原则

汽车专营店的选择区域要综合考虑所在区域的人口因素、地理因素、地段因素,并掌握与此相关的顾客心理。

1) 选址的影响因素

汽车专营店在选择具体的位置时应重点考虑以下主要因素。

(1) 城市规划要求。选址应符合当地城市总体规划、控制性详细规划的控制要求。不得随意更改用地性质,为了短期利益侵占规划绿地、规划道路及市政公用设施等用地。也应避开城市高压走廊、防洪区等。城市周边地带具备较好的交通条件,地价相对市区低,用地较宽裕,投资成本低,比较适合此类建筑的建设。

(2) 用地条件。对汽车贸易市场来说,展示、维修需占用较大面积的土地,目前在国内大城市中心区内很难安排如此大规模的市场用地。因此,宜在城市边缘选址建设。汽车专营店占地一般为 6～15 亩,建筑面积一般在 4000～6000 平方米,容积率为 0.45～0.8,土地使用率较低,在市中心区投资成本会高很多,可根据不同情况做相应的选择。根据具体用地条件的不同,每个品牌专营店的建筑设计也会有变动,所以选址时应充分考虑用地的形状和大小,以满足基本标准的要求。

(3) 交通条件。交通的便利与否直接关系到客流量的大小,这是汽车 4S 品牌专营店赖以生存的前提条件。只有当客流量达到一定的规模后,4S 店的服务功能才能充分地发挥。

另一方面为了便于内部人流、车流的有效疏导和减少对周围地区的交通压力,4S店不宜集中布置在城市中心区,而应临近中心区边缘的城市快速路或城市干道。

(4)客流条件。从有利于经营和尽量接近消费者角度出发,结合汽车市场行情和汽车贸易建筑分布现状,布局应采取"匀布"的原则,在城市中心区边缘交通便利处均匀布局,确定合理的服务半径,形成各自相对稳定的商圈,利用周围所形成的商业圈氛围来推动自身的发展,并避免出现网点过密而造成的市场竞争激烈的现象。

(5)环境因素。周围环境对汽车4S品牌专营店的影响也是十分关键的,良好的周边环境有利于构造一个人性化的服务空间。汽车4S品牌专营店作为商业建筑,其建筑外形应力求新颖和与众不同,同时也应做到与自然环境、周边环境相协调。建筑物是在一定的环境中建成的,它的形象颜色一方面影响环境的整体效果。另一方面也要受到环境的制约,因此建筑不能脱离地区和环境而孤立的存在,而应根据相应的环境做出具体的设计。

2)选址布局原则

(1)汽车4S品牌专营店的用地选择应与产业结构调整和市区用地结构调整相结合,市区可以利用其他老建筑进行改造,也应充分利用已有的仓库、厂房等,并注意交通、环境、景观等方面与周围地区相协调。

(2)汽车4S品牌专营店建筑的建设应本着统一规划、合理布局、均匀布点的原则,在工程立项、开发、建设前应进行充分的市场调研和可行性分析,避免一哄而上,造成不必要的人力、物力和财力的浪费。汽车4S品牌专营店总的建设原则是:对于中小城市,4S店建设的原则是"大的销售半径,小的服务半径"。对于北京、上海、广州、深圳等大城市则反其道而行之,宜将大型汽车4S品牌专营店开到郊外,而在市内豪华地段开一些小的销售点,或类似精品展示柜的橱窗。

(3)汽车4S品牌专营店的选址应从宏观研究入手,分析未来汽车市场的发展趋势及对用地产生的影响,合理确定建筑的规模、布局方式及对周围地区的影响,合理选址。

(4)汽车4S品牌专营店的布局应坚持大集中小分散、确定合理服务半径的原则,即在大型交易市场内集中布置,在市区分散布置,确定合理的服务半径,布点不可过密,也不可太分散。

众多品牌汽车销售聚集在一起的商业圈比单一设置的专营店具有更大的吸引力,消费者更乐意去专营店聚集的区域选购。因此选址时应首选正在建设或规划的汽车贸易区(我国各地纷纷在建汽车城),对一些中小城市,形不成集中汽车贸易区的,基地应选择在中高档生活社区附近。同时也可采用现在最为盛行的汽车大道模式,将众多不同品牌的专营店汇聚在交通便捷的公路两侧,借助于整体形成的商业聚集效应来推动每一个品牌的发展。

(5)考虑可持续发展基地所在区域应有足够的发展空间。在选址和总体规划时,考虑整个汽车商业区的扩建空间,为新加入的汽车4S品牌专营店留有足够的建造空间,且对于各个专营店的基地也应保证其有足够的发展空间,特别是要考虑二手车市场的发展用地。

8.1.2　汽车专营店的外观与橱窗设计心理

外观与橱窗就像人的脸一样重要,美好的面孔总是使人越看越喜欢。第一印象往往会给人留下深刻的印象,汽车专营店的外观与橱窗就是专营店在顾客心中的第一印象,因此专营店的外观与橱窗设计应考虑品牌专营店的整体感观,设计不仅要展示品牌的特性,同时还要突出品牌的内涵和文化。

1. 外观与橱窗设计对消费者心理的影响

美轮美奂、具有特色的橱窗设计不但能令人驻足观赏,更能烘托出所出售商品的卓越品质,有助于推销橱窗中所展示的货品。美观得体的橱窗设计能即时地提高顾客的购买欲望,是影响零售业绩的主要因素之一。戴比尔斯进行的调查结果显示,80％成功出售的钻戒都是顾客直接从橱窗中挑选出来的,这足以证明橱窗的促销作用不容忽视。众所周知,不少人逛商场,旨在观赏橱窗,并没有打算花钱购物,但设计出色的橱窗往往能让货品与顾客相互接触,令顾客对商品产生好感,直接刺激顾客的购买欲望,让他们改变只看不买的初衷。此外,橱窗设计在商场整体的装饰中也发挥着重要的作用。因此橱窗布置从设计策划到着手陈设均不能掉以轻心。

2. 橱窗的心理功能

1) 唤起消费者注意

随着新产品不断推向市场,商品品种越来越多,人们对琳琅满目的商品不免要眼花缭乱,视野被淹没在商品的海洋中。橱窗既是装饰商场店面的重要手段,也是商场直接向顾客推介商品的不可或缺的广告宣传形式。当一个人漫无目的地走在商业街上时,一个醒目的、色彩鲜艳的橱窗很容易吸引住他的视线。

2) 引发消费者兴趣

橱窗的最大特点是以商品实物的形态向顾客作商品推介,形象而又生动。人们视觉上的注意进而会激发成情绪上的兴趣,会产生想要进一步了解商品的愿望。

3) 激发消费者的购买动机

橱窗展示具有特殊的丰富表现手法,光线、色彩、造型手段全方位的运用,可以淋漓尽致地将商品的形象、性能、功能加以渲染,让人产生这是一种无与伦比的美妙商品的感受。注意和兴趣的积累,往往会逐渐形成一种欲望,想象中自己也变成了画面中的主角,身临其境该有多么的潇洒自如,于是忍不住产生"心动不如行动"的焦虑,促使人们最终想要掏钱购买。

3. 汽车专营店外观与橱窗设计的原则

1) 精选车型,突出主题

橱窗所要推介的主体是商品,顾客观看是为了获得商品信息,进而为选购商品提供参考。但专营店内车型种类繁多,不可能把所有车型都陈列出来。若陈列过多,则会显得纷乱繁杂,使人感觉零乱、沉闷,反而起不到好的效果。因此,橱窗设计一定要精心选择车型,把那些适应市场需求、功能独特、式样新颖、造型美观、易于流行的新车型或特色车型突出地介绍给消费者。

2) 塑造优美的整体形象

在橱窗中陈列的商品并不是孤立的,总有许多陪衬物的烘托,为了突出主题,避免喧宾夺主,就必须从橱窗的整体布局上采用艺术的手法来考虑设计陈列方案,使橱窗的整体布局能给顾客留下优美的整体印象。要达到此目的,布局上就要做到均衡和谐、层次鲜明、主次分明,一般情况下可采用对称均衡、不对称均衡、重复均衡、主次对比、大小对比、远近对比和虚实对比的手法,把整个橱窗中的各种物件有机地联系起来,使它们组成一个稳定而不呆板、和谐而不单调、主次分明、相辅相成的整体形象。在色彩运用上需要根据商品本身的色彩、题材以及季节的变化来安排,采用单一色、邻近色、对比色和互补色等原理,处理好对比、调和以及冷暖的变化关系,给消费者以明快、舒适的感受。

3) 启发消费者的联想

用抒情的艺术手法去体现主题,对陈列商品进行描绘和渲染,构成完美协调的立体画面,是橱窗设计中经常使用的方法。这能让陈列商品更加耐人寻味,使顾客产生丰富的联想,进而激发购买欲望。比如夏季用以推介游泳用品的橱窗陈列,设计出以大海、沙滩、椰树作为背景,由各式游泳衣裤巧妙折叠成年轻人游泳中的矫健身姿,再配以救生圈、遮阳伞等相关物品,可让人于烈日炎炎中联想到海边消夏的愉快场景,有身临其境之感,免不了跃跃欲试。

【案例8-2】 首因效应:第一印象很重要

一位大学毕业生走进一家报社问道:"你们需要一位好编辑吗?"言下之意自己当然就是"好编辑",语气很是自信。

"不。"拒绝却是那么干脆。

"那么,好记者呢?"语气还是那么自信。

"不。"拒绝还是那么干脆。

"那么,印刷工如何?"依然是坚韧不拔。

"不。"

看来是没戏了,可是……

"那么,你们一定需要这个东西。"这位大学生从公事包里拿出一块精美的牌子,上面写着:"额满,暂不雇用。"

报社主任笑了,但也开始用一种新的眼光来审视面前这位年轻人了。最后,这位年轻人被录用为报社销售部经理。

这位大学生通过一块牌子展现了自己的机智和乐观,给报社主任留下了良好的"第一印象",从而为自己赢得了一份满意的工作。

一位心理学家做过这样一个实验:他让两个学生都做对30道题中的一半,但是让学生甲尽量做对前15道题,让学生乙尽量做对后15道题,然后让一些被试者查看两名学生的做题结果并给予评价:两人相比,谁更聪明一些? 结果发现,大部分人都认为学生甲更聪明。

这个实验揭示出"第一印象"的微妙作用,有力地证明了首因效应的存在:人们第一次与某人或某物接触时留下的印象持久而深刻。

【分析】 首因效应指的是,第一次接触某人或某物时,给人们留下的印象最为深刻和持久。销售人员在初次接触客户时,一定要给客户留下良好而专业的"第一印象"。

对于首因效应形成的原因,心理学家给出了解释:当有外界信息输入大脑时,信息输入的顺序对认知效果有着重要的影响。一般来说,人们倾向于重视最先输入的信息,即使后输入的信息很重要,人们也会认为后面的信息是非本质的、偶然的。人们习惯于按照前面的信息解释后面的信息,当前后信息不一致时,人们会屈从于前面的信息,以形成整体一致的印象。

德国心理学家赫尔曼·艾宾豪斯指出："保持和复现，在很大程度上依赖于有关的心理活动第一次出现时注意和兴趣的强度。"与一个人初次会面，在 45 秒钟内你就能产生对他的第一印象，这一最先的印象会主导着你的头脑，每当你想起他或再次见到他的时候，你对他的第一印象便会不自觉地涌现出来，这就是首因效应发生在你身上的体现。

几乎所有人身上都会发生首因效应，客户也不例外。作为销售人员，客户与你初次接触时，会在头脑中形成对你的第一印象，这种第一印象将影响着今后长时期内他对你的看法和评价。因此，与客户初次接触，你一定要给客户留下专业而良好的第一印象，从而为日后的交往打下良好的基础。

8.1.3　汽车专营店的展厅设计心理

展厅是进行车辆展示和向客户提供专业优质服务的重要场所，同时也是信息双向交流的平台，是更好地展现汽车品牌和经销店形象和实力的场所。良好的展厅设施和轻松欢乐的购车环境能够给客户感受带来全方位的冲击，激发客户的购买意愿，让客户享受轻松看车、选车、购车以及售后服务的美好过程。

1. 展厅设计对消费者心理的影响

1）展厅外部环境对消费者心理的影响

良好的外部环境能够吸引客户走进展厅，给客户留下深刻的第一印象，同时，完善的展厅外部设施为给客户提供贴心的服务创造条件。如标志性的广告牌，可以吸引和指示客户，并在客户进店前留下良好的印象；指路牌/综合指示牌能够向来店客户明确指引店内方向和布局；低矮灌木、草坪等广场绿化带保证客户从外部能够轻松、完整地看到店内展车全貌；清洁透明的店面落地玻璃，可以保证客户在店外能够轻松、完整地看到展车全貌。

此外，展厅外景照明也是外部环境需要注意的一个重要方面。由于汽车展厅占地面积大，如果完全采用人工照明，将消耗大量的电费。一般都会采用钢化玻璃替代外墙来充分利用自然采光，同时可以让汽车清晰地为客户所见，如图 8-1 和图 8-2 所示。

图 8-1　兰博基尼展厅外景

图 8-2　路虎展厅外景

在外景灯光设计上需要注意两点：

（1）避免鱼缸效应。由于大量采用玻璃为外立面，所以当白天日照强烈的时候，内外照度反差大，容易产生鱼缸效应，使汽车不为客人所见。

如图 8-3(b)则为产生鱼缸效应，店铺内的服装难于辨别，而玻璃上出现了很多建筑外景的映像。

(a)　　　　　　　　　　　　　　(b)

图 8-3　鱼缸效应

（2）避免过多色彩。随着 LED 灯具的深入发展，越来越多建筑外体采用多色彩变幻的 LED 照明。而对汽车展厅外景来说，过多变幻的色彩反而易造成光污染、降低汽车的档次，不能很好地凸显汽车的主角地位。图 8-4 所示为 LED 模组和投光灯具。

图 8-4　灯具

2）展厅内部环境对消费者心理的影响

展厅内部是经销店进一步展示其品牌和实力的场所。在展厅内营造轻松愉悦的购车环境，可以减轻顾客压力，增强顾客对经销店的信心，从而促进车辆销售，提升客户满意度。

车型陈列是展厅内部陈设的核心内容,也是吸引消费者购买汽车的重要因素之一。展厅内车型的陈列摆放是指专营店展厅内各车型的摆放位置、搭配及整体表现形式。

2. 汽车专营店展厅设计的原则

汽车专营店展厅设计,由外部设计和内部设计两部分组成,外部设计的表达要素有建筑式样、入口设计、橱窗设计和招牌设计等;内部设计的表达要素有色彩、灯光、音乐、背景装饰等。

虽然商品陈列因行业不同、经营品种不同、经营场所构造不同而有所差异,但有一点是相同的,即商品陈列本身就是商品广告,摆放得体的商品本身就是激发消费者购买欲望的有力手段。因此,汽车专营店的展车陈列也同商品陈列一样,基本要求有以下几个方面。

1）方便顾客观看

在方便顾客观看展车方面,展车的摆放位置应该要充分考虑消费者的观看便利性。研究发现观看陈列过高的商品或蹲下去俯视陈列过低的商品,往往会引起不舒适和不悦感,是人们不情愿做的事情。

2）方便顾客行动

在布置营业柜台时,有些单位在有意无意之中会犯一个常识性的错误,即柜台布置出现"死胡同"的现象。顾客沿一个方向观看了一组柜台的商品之后,必须折回来再观看一遍商品才能走到另一组商业柜台里去。他们以为通过这样来回一遍可以增加顾客观看商品的机会,其实这种布置方式是不可取的。顾客折回来观看商品,必然与走入这组柜台的顾客相遇,造成柜台内顾客人数增加,给来往的顾客带来拥挤忙乱等不方便的现象。有些消费者只是观光性地浏览闲逛,并没有一定购物计划,他们一看到"死胡同"般的柜台布置会立刻往外走,结果反而减少顾客观看商品的机会。因此应该避免这种柜台布置形式。同样的情况也适用于汽车专营店。在对专营店的展车摆放位置进行设置时,也应充分考虑顾客行动的便利性。当顾客在专营店观看展车时,销售顾问会采用"六方位绕车"的方式,引导顾客了解其感兴趣的车型。在此过程中,应保证顾客能够在展车移动通道之间灵活走动而不受影响。

3）方便顾客挑选

展车陈列位置要尽可能做到合理美观,同时要有价格、性能、规格等相关说明,便于消费者观看、触摸和比较,以增强对车型的直观感性认识。如果消费者不能直接看到或触摸展车,陈列展车只有价格,而较少有其他说明,这样易使消费者产生怀疑而导致购买欲望下降。

4）要清洁整齐、疏密有致

展车的陈列不仅要讲究层次、方位,也要给人以干净、整洁之感。展车上如有积灰应随时清除,否则会使人"倒胃口"。另外也要注意展车陈列与展车摆放要疏密得体、充实丰富,展车的陈列必须丰满,随时填补展车销售后留出的空间,给人以丰富、充实的感觉,但也不能塞得严严实实,以免使人感觉沉闷、压抑。展车之间的通道应畅通,宽窄要适宜,给人以思索的余地、想象的空间。据分析,自由市场中2/3的购买决定是在通道里做出的。如果商品陈列合理,可以增加10%的冲动型购物。

【案例 8-3】 家乐福的商品陈列

商场里的商品极其丰富,而顾客首先要接触的就是商品,如果没有一个良好的商品陈列,就不会有温馨舒适的购物环境。其商品陈列得当与否,直接关系到商品销售量的多寡。

而商品陈列的最大原则就是要促使产品"量"感的魅力，使顾客觉得商品极多而且丰富。家乐福的商品陈列一般从以下几个方面进行考虑。

（1）视野宽度：视野一般是指消费者站在一定的位置，其所看到的范围。根据医学报告，人的视野宽度可达 120°左右，但看得清楚的地方却是 60°左右。

（2）视野高度：一般消费者视线的高度，男性是 165～167 厘米，女性则是 150～155 厘米，因此，黄金陈列位置即为视线下降 20°左右的地方，也就是大约 70～130 厘米之间的位置。

（3）粘贴标价重点：价格标签粘贴位置，一定力求固定，但绝对不宜贴在商品说明或制造日期标示处上方。

因此，为了方便顾客挑选，家乐福在货品的陈列上下功夫：一是有效利用陈列空间。依据销售量来决定每类商品的陈列面，而不同商品的摆放高度也不同，一切以方便顾客为原则。如家电的最佳位置为 125～165 厘米，这样选看起来方便，而货架下层多用于放包装箱。二是陈列上具有量感。家乐福信奉"库存尽量放在卖场"的原则，堆头、端头、货架顶层均安放货品。三是尽力打破陈列的单调感。卖场内每隔一段，货架就有不同的高度，有时还用吊钩、吊篮来调剂陈列样式。四是展示商品诱人的一面，通过主通道沿线设计和副通道的搭配，使顾客巡行所经之处，有大量的存放和不断显示的"特价"品等，凸现商品的色、香、味，给人以强烈的视觉、味觉、嗅觉等多方面的冲击。家乐福陈列商品的货架一般是 30 厘米宽。如果一个商品上了货架销售得不好，就会将它的货架展示缩小 10 厘米。如果还是没有任何起色，那么宝贵的货架就会让出来给其他的商品用。

家乐福还将卖场中的每种商品的陈列面积夸张地加大，利用突出陈列将卖场的气氛发挥到极致。每类商品的尽头都有特价商品，顾客不仅能一饱眼福而且也容易寻找到自己需要买的东西。家乐福大卖场的特卖商品都陈列于商场十分显眼的位置上，如端头、堆头和促销区，为了更好地吸引消费者注意，在商品的标价签上用旗形、矩形或者是一些有创意的设计，以显示其有别于其他的促销商品。此外，特卖商品在标价签上还用各种不同的颜色来突出其特卖价格。

另外，在家乐福的商品陈列中也遵循本土意识，按当地的消费习惯和消费心理进行摆设，在中国市场上，为了迎合消费者有挑选比较的习惯，家乐福在货架上专门增加了同类商品的供应量，以方便顾客选购。在成都家乐福卖场内，有不少的装饰品都采用竹器及泡菜坛子等本地特有的容器。这充分地显示出了家乐福为了顾客的方便而别出心裁的商品陈列。

在家乐福超市里，糖果摆放在两排有近 2 米高的竖筒式透明钢化塑料容器里，每一竖筒里堆同一种颜色的糖果，远远看去就好像两排不同色彩的竖灯。这样顾客就很容易被诱惑近前，而一走到两排竖筒容器中间，马上会被那鲜亮的糖果激起食欲，只要有钱，谁都会忍不住往购物篮里抓的。而国内许多商家就很不重视糖果区的陈列布置：家用水桶一样的容器上面，糖果如谷堆一般垒成小山，靠在场内一根柱子周围，如果消费者不仔细寻觅，恐怕难以发现这种甜蜜之源。家乐福非常清楚，顾客在商场的冲动购物远大于"计划购物"，因此，如何刺激消费者的购买欲望，让其忘乎所以地、不看钱袋地购买则是家乐福生意兴隆的关键。

家乐福还将水果、蔬菜全部摆放在深绿色的篮子里，红的、黄的水果和绿的、白的蔬菜在绿篮的映衬下，让消费者有种环保卫生的感觉，潜意识会认为这些果蔬都是来自大自然的新鲜的东西，对身体健康很有好处；再加上挂在篮子上空的照明灯的灯罩也是同一绿色，消费者徜徉其中，仿佛回到大自然。此种刻意营造的氛围树立了生鲜卖场环保新鲜的形象，消费者自然开心、放心地在此采购生鲜食品。这种迎合了当今消费者进超市买生鲜食品以保干净、卫生、安全心理的措施，受到欢迎是理所当然的。

【分析】　随着现在市场经济的发展，消费者购物越来越理性化，他们要求在购买商品的同时，也要有良好的购物体验，所以说现代的商业经营不只售出商品，同时也售出温馨的感觉、愉快的体验、得心应手的满足感。这就对店内的商品陈列提出了更高的要求。家乐福所有的这些陈列很好地实现了讨顾客欢心、激起顾客购买欲望的目的，其不断更新的陈列方式也是家乐福发展到现在的必要保证。

8.1.4　汽车专营店微环境与消费心理

购物场所微环境一般指购物场所的音响、温度、湿度、照明和色彩，这些微环境对消费者心理都会产生一定的影响。

1. 音响与消费心理

音响是汽车专营店内部环境的重要组成部分，用音乐来促进销售，可以说是一种古老的经商艺术了。营业场所的音响主要包括三个方面：一是背景音乐，目的是调节营业环境的气氛，调动顾客的购物情绪；二是经营场所播放的广告信息；三是服务员给顾客演示商品性能而产生的音响。除此之外，还有顾客与服务人员的交谈声，少数配套设备发出的声音等。

在营业环境中播放适度的背景音乐，如一些轻松柔和、优美动听的乐曲能抑制噪声并创造欢愉、轻松悠闲的浪漫气氛，调节顾客的情绪，使顾客产生一种舒适的心情，放慢节奏，甚至流连忘返，从而给营业环境增加许多新的生机。但要注意，并不是任何音响都能唤起消费者的购买欲望。相反，一些不合时宜的音响不仅使顾客心情烦乱、注意力分散，还会使顾客反感。因此，在播放背景音乐时切忌音量过大和过于强劲。背景音乐的选择一定要结合专营店的特点和顾客的特征，以形成一定的风格。同时还应注意对音量高低的控制，既不能影响顾客用普通的声音说话，又不能被店外的噪声所淹没。

播放广告信息所产生的音响对于指导购物比较重要，这类音响应该具有较高的清晰度。中、低档商业营业环境还存在一个严重的问题，即不同柜台分别播放不同的广告信息，相互之间的音量很大而且相互干扰，顾客找不到一个安静购物的环境，这样的广告信息也破坏了营业环境的整体美感。

2. 照明与消费心理

如何让汽车这个庞然大物展示得更完美？这要根据展厅的高度、地面材质、自然采光情况、汽车档次等条件来决定和综合考虑。广告上的汽车往往看上去非常完美，就是由于很多摄影灯从不同角度照射并细心调节其亮度来实现的。然而在实地展示中，不可能像摄影棚一样来照明汽车，但也可以通过照明设计的美化来提升汽车的档次从而吸引顾客。

例如层高在4米以上的展厅，条件允许的情况下，建议多利用自然采光，同时采用西顿专用的高空金卤灯CLL6268。在高庭还能提供足够的地面照度，如图8-5所示。

图 8-5   高庭照明

普通层高的展厅则可采用高显色的荧光类光源或均匀发光的格栅类灯具。荧光光源发光面较大,从而可以避免金卤类点光源在汽车车身留下很多光斑,如图 8-6(a)所示,图 8-6(b)则为点光源照射在车身产生的光斑效果,使汽车看上去杂乱。

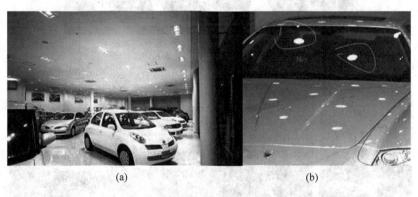

(a)   (b)

图 8-6   荧光类光源

而一些更特殊的高档奢侈跑车,则可以利用灯光制造出速度的感觉。如北京兰博基尼 & 布加迪汽车展厅(见图 8-7),作为中国最大的兰博基尼展厅及全球首家布加迪展厅,灯光设计主要表现汽车自身的精密工艺及车身的造型关系,对车身照明分为车身顶部、两侧、前脸、尾部、引擎区、轮骨 6 个主要区域的分部式灯光表现,以让展品自身呈现更具有视觉冲击力的立体表达。在天花顶部设计 5 条发光顶棚,在车身的反射下表现出极速行驶时汽车留下的光影视觉,以静态的空间联想极速的风驰。

随着照明技术的日益发展,很多新的技术和照明手法都有助于个性地表现品牌。图 8-8 所示为斯巴鲁汽车展厅的天花顶,采用了 LED 模组和光纤灯,制造出繁星的美轮美奂的效果,并把品牌 LOGO 个性而重点地表达出来。

很多 4S 店会设计配套产品选购(见图 8-9),方便顾客,更带来连带销售。跟汽车本身

图 8-7　布加迪汽车展厅

图 8-8　斯巴鲁汽车展厅

图 8-9　汽车配件选购区

的灯光相比，此处的灯光就显得次要，但也可以精益求精做到更好。

客人选购汽车，往往不是快速消费，所以洽谈区（见图 8-10）的设置是很有必要的。如何做好洽谈区的灯光，让客人感觉放松舒适，可以很平和地谈选购汽车的事情？主要遵循以下原则：

（1）照度不宜过高，过高容易造成人神经紧张。但需和展示区域有良好的亮度过渡。

（2）色温不宜过冷，中性色温更显自然。

营业环境的内部照明分为自然照明、基本照明和特殊照明三种类型。

1）自然照明与消费心理

自然照明是专营店中的自然采光，通过天窗、侧窗接收户外光线来获得。自然光柔和、

图 8-10　顾客洽谈区

明亮,使人心情舒畅,是最理想的光源。专营店设计中应考虑最大限度地利用自然光,增加玻璃顶面、玻璃墙面的面积,但自然光受季节、营业时间和气候的影响,不能满足专营店内部照明的需要,因此要以人工制作的其他照明作为补充。

2) 基本照明与消费心理

基本照明是为了保证顾客能够清楚地观看、辨认方位与商品而设置的照明系统。目前,专营店多采用吊灯、吸顶灯和壁灯的组合,来创造一个整洁、宁静、光线适宜的购物环境。基本照明除了给顾客提供辨认商品的照明之外,不同灯光强度也能影响人们的购物气氛。基本照明若是比较强,人的情绪容易被调动起来,这就好像在阳光普照的时候或在阳光明媚的海滩上一样令人心旷神怡。美国麦当劳或肯德基的连锁店,其基本照明都很充足,人们一进入营业环境里立即感到一种兴奋。基本照明若是比较弱,人不容易兴奋起来,可能让人产生平缓安静的感觉,也有一定程度的压抑感,商品的颜色看起来有些发旧。所以销售古董一类商品的场所可以把基本照明设计得暗一些,但在汽车专营店的设计中应该避免这样做。

3) 特殊照明与消费心理

特殊照明是为了突出部分商品的特性而布置的照明,目的是为了凸显商品的个性,更好地吸引顾客的注意力,激发起顾客的购买兴趣。特殊照明多采用聚光灯、实行定向照明的方式,常用于金银首饰、珠宝玉器、手表挂件等贵重精密而又细巧的商品,不仅有助于顾客仔细挑选、甄别质地,而且可以显示商品的珠光宝气,给人以高贵稀有的心理感受。国外有的商店还用桃红色作为女更衣室的照明。据说在这种灯光的照射下,女性的肤色更加艳丽,试衣者感觉这件衣服穿在身上能使自己更显美丽,大大增加了服装的销售量。在橘子、哈密瓜、电烤鸡等水果、食品的上方采用橙色灯光近距离照射,可使被照食品色彩更加红艳,凸显新鲜感,激起顾客购买食用的心理欲望。在汽车专营店的设计中,对于汽车配件展示区,就可以采用特殊照明方式,凸显相关产品,吸引消费者的注意力。

3. 温度与消费心理

温度是评价营业场所室内环境的主要因素,对人们的影响最为直接。营业场所的温度受季节和客流量的影响。温度过高或过低都会引起人们的不舒适感。在骄阳似火、汗流浃背的夏天,除了急需的特定购买目标以外,人们无心在闷热的店堂里多留片刻。打不起精神来浏览商品,自然无法形成购物冲动。在寒冬腊月、滴水成冰的霜刀与风剑里,人们在哆哆嗦嗦之际,也不会有挑选商品、耐心购物的兴趣。现在,商场里安装冷暖空调已不是奢侈之举,它是满足人们生理和心理双重需要的基本设施,适宜的温度对购物情绪和欲望有着良好、直接的影响。

4. 湿度与消费心理

湿度是表明空气中水分含量的指标。人们一般对湿度的注意程度要远远低于对温度的注意程度。湿度与季节和地区有密切的关系，南方在夏季时气候异常潮湿，北方的冬季气候出奇地干燥。如果是在高温季节里，再加上潮湿的空气，会使人更加觉得不舒服，购物情绪将荡然无存。空调制冷过程中，可以有效地降低空气中的水分，提高人们的舒适度。

5. 色彩与消费心理

色彩是指购物场所内壁、天花板和地面的颜色。在内部环境设计中，色彩可以用于创造特定的气氛，它既可以帮助顾客认识商场形象，也能使顾客产生良好的回忆和深刻的心理感受，激发人们潜在的消费欲望，同时还可以使顾客产生即时的视觉震撼。

以餐饮业为例，快餐厅是相当常见的餐厅形式之一。根据其"快餐"这一定位，餐厅的客人一般都不愿意花太多时间在就餐上，人的流动节奏快，人流量比较多。为了满足这样的功能需求，快餐厅的室内配色可采用明度、饱和度较高的暖色系颜色，如柠檬黄、朱红。这样的原因有三方面：首先高明度高饱和度的暖色系颜色属于膨胀色，有着从心理上拓宽空间的作用，这样明亮的空间就能减少客人数量多时的拥挤感；其次红色、黄色、橙色等暖色系颜色有令人感觉时间比实际时间长的作用，也就是说人们在暖色环境下会下意识地加快动作的节奏，从而提高了快餐厅客人的流动速度；再者颜色鲜亮的空间和家具能给客人以干净与高效的印象。国际著名的连锁快餐店麦当劳（McDonald's）和必胜客（PizzaHut），还有国内著名的中式快餐连锁店真功夫快餐店等均采用红色、橙色和黄色为主调的配色方案，配以暖色的白炽灯，这些都是很好的应用实例。咖啡厅（或茶室）是和快餐厅的功能要求近乎相反的空间。咖啡厅的特点是慢节奏。人们到咖啡厅消费是为了找个宁静安逸的空间在放松的环境下休息身心或者洽谈事务。针对这样的特殊要求，咖啡厅的配色就应该采用明度和饱和度较低的颜色，并可使用较多的冷色系颜色。低明度低饱和度的颜色可以令人的血管收缩致使人的兴奋情绪得到抑制，使得人的心理和生理都较容易冷静下来。冷色系颜色尤其蓝色也有以上的效果，并且蓝色特别有令人精神放松的作用。与红色相反，人在蓝色的环境中感觉时间比实际时间要短。因此采用这样的配色就能适应咖啡厅慢节奏的功能要求。需要特别提出的是，咖啡厅中不适宜用色温太低（即过于暖的颜色）的灯具来作为照明灯光，因为人在这种光源下容易变得烦躁而无法久留。以连锁咖啡厅星巴克（StarBuck）为例，其门店的装修多采用低饱和度低明度的棕色与灰色作为主色调，加上局部的冷色装饰作点缀，再配合略为偏黄的 LED 照明灯光，营造出安静舒适的环境，吸引了众多乐于在店里坐上一整天的消费者。

一般而言，汽车专营店内部装饰的色彩以淡雅为宜。例如，象牙白、乳黄、浅粉、浅绿色等会给人以宁静、清闲、轻松的整体效果；反之，配色不适或色调过于浓重，会喧宾夺主，使人产生杂乱、沉重的感觉。

【案例 8-4】 红叶超市的购物环境与消费者心理

红叶超市营业面积 260 平方米，位于居民聚集的主要街道上，附近有许多各类商场和同类超级市场。营业额和利润虽然还过得去，但是与同等面积的商场相比，还是觉得不理想。

通过询问部分顾客,得知顾客认为店内拥挤杂乱,商品质量差、档次低。听到这种反映,红叶超市经理感到诧异,因为红叶超市的顾客没有同类超市多,每每看到别的超市人头攒动而本店较为冷清,怎么会拥挤呢? 本店的商品都是货真价实的,与别的超市相同,怎么说质量差、档次低呢?

经过对红叶超市购物环境的分析,发现了真实原因。原来,红叶超市为了充分利用商场的空间,柜台安放过多,过道太狭窄,购物高峰时期就会造成拥挤,顾客不愿入内,即使入内也不易找到所需的商品,往往是草草转一圈就很快离去;商场灯光暗淡,货架陈旧,墙壁和屋顶多年没有装修,优质商品放在这种背景下也会显得质量差、档次低。

为了提高竞争力,红叶超市的经理痛下决心,拿出一笔资金对商店购物环境进行彻底改造。对商店的地板、墙壁、照明和屋顶都进行了装修;减少了柜台的数量,加宽了走道,仿照别的超市摆放柜台和商品,以方便顾客找到商品。

整修一新开业后,立刻见到了效果,头一个星期的销售额和利润比过去增加了70%。可是随后的销售额和利润又不断下降,半个月后降到了以往的水平,一个月后低于以往的水平。为什么出现这种情况呢? 观察发现,有些老顾客不来购物了,增加了一批新顾客,但是新增的顾客没有流失的老顾客多。对部分顾客的调查表明,顾客认为购物环境是比原先好了,商品档次也提高了,但是商品摆放依然不太合理,同时商品价格也提高了,别的商店更便宜些,一批老顾客就到别处购买了。听到这种反映,红叶超市的经理再次感到诧异,因为一般来说,红叶超市装修后商品的价格并未提高,只是调整了商品结构,减少了部分微利商品,增加正常利润和厚利商品,其价格与其他超市相同。

案例思考:

1. 红叶超市原先的购物环境中哪些因素不利于吸引顾客的注意?

2. 红叶超市原先的购物环境导致顾客对其所售商品有怎样的认知? 装修后的购物环境导致顾客有怎样的认知?

3. 红叶超市应当怎样改造和安排购物环境才能增加消费者的注意,并诱导消费者的认知朝着经营者所希望的方向发展?

【分析】

(1) 红叶超市作为一家坐落在居民聚集区内主要街道上的小型超市,其营业额和利润不佳与其购物环境有着十分密切的关系。在购物环境中存在许多不利于吸引顾客注意的因素:①柜台安放过多,过道太狭窄,购物高峰时期造成拥挤;②店内杂乱,柜台和商品摆放不合理,入店后不易找到所需商品;③店内灯光暗淡、货架陈旧,墙壁和屋顶多年没有装修。也正是由于这些因素的影响导致消费者认为店内拥挤杂乱,企业经营的商品质量差、档次低。

(2) 商场针对原来不利于经营的购物环境进行了改造,即对商店的地板、墙壁、照明和屋顶进行了装修;减少了柜台的数量,加宽了走道,仿照别的超市摆放柜台和商品。改造后的购物环境确实对吸引顾客、增加营业额起到了很好的效果,但仅仅维持了一周,却又回到了从前的状况。这是为什么呢? 究其原因主要有以下几方面:①吸引小批新顾客的同时丧失了大批原有的老顾客,顾客规模缩小;②商品结构的调整只考虑到企业经营的需要(减少微利商品,增加正常利润和厚利商品),而未考虑消费者的购买心理(求廉心理);③店内商品摆放不合理,不便于消费者选购商品。

（3）红叶超市要想改变目前经营的不利状况，必须认真研究顾客心理，重新调整店内布局，突出自己的特色，以吸引新老消费者。①恢复那些对企业来说是微利，但原消费者喜欢的商品，增加部分同类型企业目前没有经营的商品，以吸引更多的顾客进店，扩大顾客规模；②调整店内货柜和商品摆放位置，将消费者购买时可能会连带购买的商品就近陈列展示，以方便顾客选购，增加连带商品的销售；③重新设计陈设商品的货柜和货架，使其既符合充分展示商品的需要又能体现本企业的市场定位和特色，使企业与其他企业形成明显的差异，依靠特色增强企业的竞争能力。

【案例 8-5】　破窗效应：利用环境进行诱导

1969 年，美国斯坦福大学心理学家菲利普·辛巴杜进行了一项实验，他找来两辆一模一样的汽车，将其中的一辆停在加州帕洛阿尔托的中产阶级社区，而将另一辆停在相对杂乱的纽约布朗克斯区。

停在布朗克斯区的那辆车，他把车牌摘掉，把顶棚打开，结果当天就被偷走了；而放在帕洛阿尔托的那辆车，一个星期也无人理睬。后来，辛巴杜用锤子把那辆车的玻璃敲了个大洞，结果呢，仅仅过了几个小时，它就不见了。

以这项实验为基础，政治学家威尔逊和犯罪学家凯琳提出了一个"破窗效应"理论，他们认为，如果有人打坏了一幢建筑物的窗户玻璃，而这扇窗户又得不到及时的维修，别人就可能受到某些暗示性的纵容去打烂更多的窗户。久而久之，这些破窗户就给人造成一种无序的感觉，结果在这种公众麻木不仁的氛围中，犯罪就会滋生。

【分析】　"破窗效应"理论揭示了一个心理学上的现象：环境对人的心理状态有强烈的暗示性和诱导性。在生活中，这种暗示和诱导的作用时时都在发生。

比如，你到了一个地方，发现这里很干净，地上一点儿垃圾都没有，在这种情况下，恐怕你是不会乱扔垃圾的。而如果你到了一个脏乱的地方，地上满是垃圾，即使你很讲究卫生，也很可能会做出乱扔垃圾的行为。

客户的购买心理同样会受环境的影响。商场里销售服装的地方，都会在显眼的位置放置道具模特；房地产公司为了销售房屋，都会布置一间精美的样板间。而这些，无疑都是通过环境布置来对客户的购买心理实施暗示和诱导。

销售人员要善于通过营造营销环境来暗示和诱导客户的购买心理。如果你的销售活动是在公司或店面展开，就要善于利用自己的"主场"，利用环境因素，对客户进行心理暗示和诱导。而如果是在家庭环境中，此时你必须注意一种特殊的心理动因——客户不会在卧室里做出任何购买决策，所以，千万不要在卧室内做销售演示。

8.2　汽车展览环境与消费心理

汽车展览（auto show），简称车展，是由政府机构、专业协会或主流媒体等组织，在专业展馆或会场中心进行的汽车产品展示展销会或汽车行业经贸交易会、博览会等。消费者可经由汽车展览会场所展示的汽车或汽车相关产品，了解汽车制造工业的发展动向与时代脉动。汽车展览不仅是汽车厂商对外宣传产品的设计理念、发布产品信息的平台，也是厂商展示汽车产品，使消费者近距离了解产品相关信息和功能的重要方式。

　　汽车展览作为信息交流的载体,以其独特的方式向消费者传达产品的信息和服务。因此,汽车展览环境将直接影响到消费者的感受和心理,影响汽车品牌及其产品在消费者心中的形象,进而影响消费者的购车偏好和消费决策。

8.2.1　汽车展台设计对消费者心理的影响

　　据统计,近年来,车展往往是吸引参观者数量最多的展会之一,也是最受欢迎的展会。如何在汽车展览中对产品和服务进行完美的展台设计,会在很大程度上影响会展的效果。汽车展台设计是为了满足消费者的心理和审美标准而进行的,成功的车展展台设计能够为汽车品牌及其产品提供良好的消费场所,刺激消费者的情感需求,引起消费者的购买欲望进而吸引其进行消费。

8.2.2　汽车展台设计心理

　　随着社会经济的迅速发展,人们对于品牌的要求度越来越高。车展展台设计是对某一品牌的汽车产品进行视觉形象的设计,其影响力在品牌的消费中占据着越来越重要的位置。

　　车展展台设计是一项较为复杂的工作,通常需要关于建筑、绘画、设计和美术等方面的内容。对于车展展示设计而言,它的风格是十分重要的,能够从本质上影响整个会展的效果。车展展示设计的核心是以汽车产品为主要的载体,在已经充分布置的室内对消费者进行展示。车展展示设计不仅需要考虑美观性,还需要充分掌握消费者的心理。现代的市场经济中,消费者越来越追求个性化,因此车展展示设计要能够充分满足消费者的需求。

1. 空间布局与功能设置

　　随着消费者对汽车产品的质量、样式和购买环境等要求的逐渐提升,人们在购买时不仅对产品本身有要求,而且开始关注产品的品牌文化和市场价值。因此,汽车产品以何种方式展示给消费者是十分重要的。汽车展台设计首先要解决产品空间布局与功能设置的问题,通过各种展台元素的合理设计,为消费者传递产品和服务的信息,使消费者在进入汽车展台进行参观时有良好的观展体验,如图8-11所示。

图 8-11　展台空间与功能的区域划分

2. 突出重点与展现特色

车展展台设计能够加强消费者和产品之间的互动体验，向消费者展示产品的特点，向消费者传递品牌的文化，与消费者建立良好的关系，进一步提升销售业绩。因此，车展展台设计要最大限度地传播该品牌产品和服务的信息，在突出重点车型的同时，展现品牌特色，彰显品牌魅力，使消费者能够通过视觉、听觉等综合感知来实现对该品牌的汽车产品和服务的最大认知，如图 8-12 所示。

图 8-12　展台设计的重点与特色

3. 灯光设计与布置

汽车展台的灯光设计是不可忽视的。因为灯光是产生视觉感知不可缺少的条件，同时也是美学形式的基本因素。良好的照明设计对于确定整个展示空间的室内设计风格与特色、塑造商业展示主体形象等方面都至关重要。对汽车展台来说，一般照明、重点照明、装饰照明三种形式要合理搭配，如图 8-13 所示。一般照明要创造一定的风格，避免产生平淡感；重点照明要突出商品，高亮度表现材质光泽，强烈定向光突出立体感与表面机理；装饰照明表现展览状态和氛围照明，要注意保持室内设计的统一。

图 8-13　展台灯光的设计与布置

本 章 小 结

    汽车专营店销售环境是指包括汽车专营店类型、汽车专营店地理位置、汽车专营店外部形态以及汽车专营店内部布置在内的汽车专营店宏观与微观环境,对消费者购买心理的形成和发展有着很大的影响。汽车展览是由政府机构、专业协会或主流媒体等组织,在专业展馆或会场中心进行的汽车产品展示展销会或汽车行业经贸交易会、博览会等。

思 考 题

1. 汽车专营店的选址原则是什么?对消费者的心理有哪些影响?
2. 展厅设计对消费者心理的影响表现在哪些方面?
3. 微环境对消费者心理有哪些影响?
4. 汽车展台设计心理需要注意哪些方面内容?

实 训 题

    实训内容:以小组为单位,针对汽车销售环境设计一份市场调查问卷,并进行实际调研。根据调研结果,对数据进行统计分析,了解消费者对汽车销售环境的满意程度。各小组以幻灯片的形式展示并说明调查结果。

    评价方法:学生自评与互评相结合,并以此为主;以教师评价为辅。

案例分析

宝洁:推出"店中店",创新零售经销新模式

    2001 年下半年,宝洁公司在中国推广的第一家"美发店中店"在北京华普超市登陆。由此洗护发产品也像高档护肤化妆品一样,以美化中国消费者生活的崭新姿态重新进入市场。宝洁"店中店"模式,就是在商店的一个大型集中区域内,设立了专门的组合型货架和展台,还有装饰精美的灯饰和计算机咨询设备。将同一品牌的洗、护、染产品由原来的分开陈列变成现在按品牌形象集中陈列,形成一个与众不同的专区。对此,宝洁中国区美发品市场总监陆博涛先生的诠释是:首先,它对店家的影响是经销模式的改变。现时的商场是将许多美

发品牌的产品混杂放在一起，消费者很难在短时间内获得既美发又护发等足够的信息，选择到合适的产品。推出"店中店"，就可以很轻松地买到全套护发产品。其次，对竞争对手的影响也很大。这种经销模式不仅带动自己品牌的销售，同时带动了其他品牌的销售。再次，就是对消费者的影响。宝洁在一系列深入的市场调查中发现，消费者喜欢集中选购同一品牌的产品，因此集中陈列经营模式将会直接影响消费者的购买欲，并将改变消费者的消费观念，是一个将普通消费品向更高的美容产品提升的过程。

试分析：

1. 宝洁推出"店中店"有什么意义？
2. 商场里的商品如何摆放才能真正满足消费者的需要？

汽车销售服务心理

导入案例：IBM 制造业率先引入服务营销

　　服务业需要服务,似乎是天经地义。但制造业需要服务吗?或者说,服务对制造业重要吗?在今天和以后处于什么样的地位?IBM 在面临困惑的 20 世纪 90 年代,是其总裁郭纳士的服务至上理念让这个"蓝色巨人"起死回生。郭纳士预言,将来的 70% 利润来自服务而非产品。可以说,为制造业公司的服务导向起到了示范作用。

　　IBM 已有 100 多年的历史,它有遍布世界的 100 多家分公司,拥有 40 多万员工,年营业额超过 1000 多亿美元。因为员工的上班制服是蓝色,生产的计算机外壳也是蓝色,美国人一直称它为"蓝色巨人"。从托马斯·沃森创办 IBM 以来,"蓝色巨人"便视为卓越管理和先进技术的典范。多年来其推出的各种型号的计算机称霸于世,超级计算机"深蓝"与国际象棋世界冠军的世纪大战又胜出更让 IBM 妇孺皆知。

　　但是,进入 20 世纪 90 年代"蓝色巨人"便危机四伏。1991 年美国经济徘徊于低谷,市场疲弱,社会购买力下降,加之公司机构重叠、臃肿、官僚作风严重。这一年公司破天荒出现了 29 亿美元的亏损,1992 年,积重难返的 IBM 又亏损 50 亿美元,其总裁约翰阿克斯企图大改组、大裁员,但愿望落空,1992 年底申请辞职。1993 年 3 月公司董事会选定 51 岁的郭纳士为下一任的总裁,他是一位计算机外行,任职于最大信用卡公司——美国运通公司,消息传出,舆论哗然。但是郭纳士上台后的决策又震惊了员工,也震撼了美国。

　　其中,为提高销售效益,他推出"服务至上"的理念,大打"服务牌",提出"得客户者得天下"的口号。明确提出对客户做到"四个 C",即客户的需要、客户可承受的价格、客户能方便地买到产品、厂商与客户的双向交流与沟通。由于每个方面的内容在英语中的第一个字母都是 C,故简称为"四个 C"的客户服务战略。在这一宗旨的推动下,目前 IBM 仅在中国已建立了 300 多家零售店,在 61 个城市建立起 72 个服务点。这对于一向以为自己是计算机行业的大哥来说,并不容易。

　　郭纳士还有其他的果断决策,如关闭一些管理极差的子公司,裁减近 5 万名员工,他称这一决策是"最后一次流血"。此外,他还用外界的新文化、新思想来冲洗 IBM 长期以来形成的旧文化、旧观念,除生产一直以来的计算机主机外,将未来的目标定为"做多媒体计算机、电视、电话网络综合市场的盟主",因此大力推出新产品。郭纳士这个计算机"门外汉"终于让快要倒下的"蓝色巨人"又以挺拔的身姿站立起来了。

阅读并思考:

➢ 郭纳士的服务理念主要考虑了哪些因素?

➢ 谈谈 IBM 能够"起死回生"的启示。

学习目标：通过本章的学习，掌握汽车营销服务的特点与心理效应，掌握营销服务售前、售中、售后三阶段的心理及策略；理解营销人员对顾客心理的影响；了解消费者的权益与保护情况，掌握消费者投诉心理和消费者投诉的沟通与处理方法，以及技巧。

关键概念：营销服务（marketing services）　顾客满意（customer satisfaction）

一种商品占有市场的大小，不仅取决于消费者对该种商品购买力的大小，而且取决于消费者对该种商品心理向心力的大小。消费者的心理特征是消费者行为最直接的、决定性的影响因素，因此，研究市场上消费者的需求，不能只注重物质需求、功能性需求，还需充分研究目标市场上消费者的心理需求。研究营销过程中购销双方的心理活动和商品市场对消费者心理影响的规律，并按其心理活动规律经营推销商品，对于指导社会主义市场经济的实践活动，提高营销工作的效率和经济效益，促进商品的销售，以最大限度地实现企业的经营目标，具有十分重要的意义。

营销服务在汽车企业核心竞争产品中起着什么作用？营销服务对汽车消费者心理有什么影响？这就是本章将要探讨的内容。

9.1　汽车销售服务心理功能

营销服务是各类企业为支持其核心产品所提供的服务。汽车企业的营销服务是由售前、售中、售后服务构成的体系。汽车营销服务在功能营销的基础上，通过加强"服务"这一手段来达到扩大销售的目的。这是企业在愈加认识到服务在销售中的重要作用而必然采取的措施和手段。因此，营销服务在整个汽车营销体系中的作用不言而喻。

9.1.1　营销服务的特点

在营销服务活动中，营销人员与消费者的关系本应该是对等的，但由于营销人员的特定角色以及消费者所处的特定地位，在双方的交往过程中二者的关系却又是迥然不同的，由此决定了营销服务活动具有一系列的特点，具体表现为以下几个方面。

1. 服务性

服务性是营销人员的重要职业特征。营销人员所从事的是不仅与物打交道，而且与人打交道的服务性的工作。因此，营销服务是一种劳务交换，是一种信息传递，是一种情感交流，是一种心理沟通，是在服务过程中实现的商品向消费领域的转移。

2. 短暂性

营销服务中的人际交往是一种短暂性和公务性的交往。在一般情况下，营销人员与消费者的接触只限于满足消费者购物活动的服务需要。双方都立足于各自眼前的利益，完全是一种商品买卖关系。

3. 主导性

营销人员服务活动的对象是人，消费者有着千差万别的消费行为与心理，营销人员不可能采用单一的标准模式进行接待。在双方交往过程中，营销人员要注意观察消费者的行为，揣摩分析消费者的心理,了解消费者的需要,解答消费者关心的问题,并对消费者进行暗示与诱导,这些活动都使营销服务工作具有了主导能动作用。

4. 不对等性

营销服务中的人际交往通常是一种不对等的交往过程。"顾客是上帝"的特定地位,决定了营销人员必须服从和满足顾客的意愿。只有顾客对服务人员提出要求,而不存在服务人员对顾客提出要求的可能性。这是对特定职业角色的要求。因此,营销服务人员要正确理解双方之间的"平等"与"不平等"的含义,不能与顾客争输赢,要接受"顾客总是对的"这一观点。

9.1.2　营销服务的心理效应

在营销服务中,营销人员与消费者的关系是一种双方相互作用的人际知觉关系,营销人员的主体形象对消费者的行为和心理将产生一定的影响。这种影响作用所产生的心理效应表现在以下几个方面。

1. 首因效应

首因效应又称优先效应,是指在某个行为过程中,最先接触到的事物给人留下的印象和较大的决定力和影响力。在现实生活中,先入为主和首因效应是普遍存在的,例如,消费者到某商场购物时,第一次和某位销售人员接触,由于双方的首次接触,总有一种新鲜感,都很注意对方的仪表、语言、动作、表情、气质等,并喜欢在首次接触的瞬间对一个人做出判断,得出一种印象。如果这种印象是积极的,则会产生正面效应;反之,则会产生负面效应。市场营销活动中,如果商品展示陈列丰富多彩,购物环境舒适宜人,销售人员礼貌热情,会使消费者产生"宾至如归"的积极情感。良好的第一印象为营销沟通和消费行为的实现创造了条件;反之,则会使消费者产生消极的情绪,影响购买行为的进行。消费者许多重要的购买决策和购买行为,都与对服务人员的第一印象有关。

2. 近因效应

近因效应是指在某一行为过程中,最后接触到的事物给人留下的印象和影响。消费者完成购买过程的最后阶段的感受,离开零售点之前的所见所闻和印象及评价,最近一次购买行为的因果等都可能产生近因效应。与首因效应类似,近因效应也有正向与负向之分,对下次购买行为也会产生积极或消极的影响。优质的服务所产生的近因效应,是促使顾客经常光顾的动因。

3. 晕轮效应

晕轮效应也称为光环效应或印象扩散效应,是指人们在观察事物时,由于事物所具有的某些特征从观察者的角度来看非常突出,使他们产生了清晰、明显的知觉,由此掩盖了对该事物其他特征的知觉,从而产生了美化或丑化对象的印象。人们常说的"一俊遮百丑""一好百好,一坏百坏"的知觉偏差,即是晕轮效应的典型例子。晕轮效应发生在消费者身上,表现为消费者根据对企业某一方面的突出知觉做出了对整个企业优劣的判断。如企业对售后服务的承诺兑现程度如何、接待顾客投诉的态度及处理方式是否认真负责等,这些都会使消费者产生晕轮效应,使之形成对整个企业的总体形象的知觉偏差。

4. 定势效应

定势效应是指人们在社会知觉中,经常受到以前经验模式的影响,产生一种不自觉的心理活动的准备状态,并在其头脑中形成固定、僵化、刻板的印象。消费者对不同的营销人员的个体形象及其评价也有一些概念化的判断标准。这种印象若与消费者心目中的"定势"吻合,将会引起消费者的心理及行为的变化。例如,仪态大方、举止稳重的营销人员,给消费者最直观的感受是"真诚""可信赖",与消费者的心理定势相吻合,消费者则愿意与其接近,征询他们的意见和接受他们的指导,容易促成交易。反之,消费者对于闪烁其词、解答问题含糊不清、急于成交的营销人员的最直观感受是"不可信赖",与消费者的心理定势相吻合,消费者则会产生警觉、疑虑、厌恶的情绪并拒绝购买。

9.2　汽车销售服务三阶段的心理策略

随着汽车需求量的快速增长,以及汽车消费观念的变化,汽车销售已经不是简单的买卖交易,汽车营销正在走入服务时代。靠服务争得市场,通过售后带动售前,已经成为全新的汽车服务营销理念的重要内容。

【案例 9-1】　化妆品的营销服务

化妆品的营销服务,首先立足于"观念教育",虽然化妆品的营销发展日益见好,但传统的化妆观念存在误区,如男人不能用化妆品;夏日无所谓,冬日抹点油等。从消费观念来分析,中国化妆品护肤理念还没有真正成熟。因此,营销服务的首要精力应花在市场的培育上,可使化妆品的消费市场更成熟,消费群体更大。这有待于商家、专业人士,以及营销人员的引导传播,从美容角度树立起正确的护肤理念,让更多的人喜好、依赖化妆品。化妆品还需要注意"服务的专业性"。在宣传上,将皮肤结构、皮肤类型等护肤基础知识,根据消费者的需求作沟通,引导他们认识了解护肤的重要性,并鼓励消费者培养护肤习惯,科学地护肤。

产品销售出去后,还要重视对消费者的"跟踪服务"。如在购买后的某天,选择恰当的时机首次给客户打电话询问使用情况、使用感受等,表达关切之意,为下次沟通打好基础。过一段时间,给顾客打第二次电话,表明自己对顾客的重视,关心他们的使用效果,询问是否需要美容指导。如果顾客反映效果好,那就顺势推荐其他配套化妆品;如果效果欠佳,应尽快确定见面时间,帮助他们分析原因,找到正确的解决办法。对于新老顾客,营销人员最好在一个星期内尽量登门拜访,及时沟通,增进彼此的感情,创造再次购买的条件,将其发展成为忠实的顾客,还可借其口碑传播,引进新顾客,扩大消费人群。对于特定消费者,还可建立美容沙龙,为他们提供专业美容咨询、化妆时尚信息、专业护肤服务等,促进了解和信赖。美容沙龙要定期举办,一季度至少一次,要建立客户档案,进行一对一的资料库行销。（资料来源：阿里巴巴网站 Alibaba.com.cn（化妆品的营销策略）张继明）

【分析】　化妆品属于快速消耗品,消费频率高,几乎每天都要使用,消费基数大,市场前景广阔,同时,化妆品更看重质量、效果与保质期,因此售前、售中、售后服务很重要。消费者不仅要买到一流的产品,还要买到一流的服务。化妆品销售应注重营销服务,营销服务是为消费者提供专业咨询、购买方便、使用指导、使用价值跟踪等营销行为,其目的就是增加商品的使用价值。

9.2.1　售前服务心理策略

1. 售前服务与顾客心理

售前服务是整个商品交换过程的重要活动,是争取顾客的重要手段,因此,售前服务对顾客的心理影响是非常重要的。它是指产品从生产领域进入流通领域,但还没有与顾客见面的这段时间里的各种服务,主要包括货源组织、商品的运输、储存保管、再加工,零售部门的广告宣传、拆零分装、柜台摆布、橱窗陈列、商品卫生等。在这一过程中,为顾客服务的工作主要体现在为顾客买好、用好商品所做的准备与预先控制上。顾客购买商品的心理活动,首先总是从对商品或商店的注意开始的,进而逐步对商品产生兴趣,产生购买欲望。而售前服务的心理影响正是要达到引起顾客注意,并对商品产生兴趣和购买欲望的目的。售前服务心理主要体现在利用售前广告引起顾客的注意,商品陈列力求使顾客产生兴趣,以及货源准备、商品质量检验等各项工作上。

2. 售前顾客心理分析

顾客由于需要产生购买机,这种购买动机受时空、情境等因素的制约,有着各种各样的心理取向。

1) 顾客认知商品的欲望

售前,顾客最关注的是有关商品的信息。他们需要了解商品的品质、规格、性能、价格、使用方法,以及售后服务等内容。这是决定是否购买的基础。

2) 顾客的价值取向和审美情趣

随着社会经济的发展,人们的价值取向和审美情趣往往表现出社区消费趋同的现象。所以,通过市场调研了解社区顾客的价值取向和审美情趣,并以此作为标准来细分市场,对销售大有帮助。

3) 顾客的期望值

顾客在购买以前,往往对自己要购买的商品有所估量。这种估量可能是品牌,可能是价格,可能是性能,也可能是其他因素。这种估量就是所谓的期望值。随着时代的发展,人们对产品的要求越来越高,企业生产与销售产品,一方面要满足顾客的物质需要;另一方面要满足顾客的心理需要。顾客的购买从生理需求占主导地位正逐渐转变为心理需求占主导地位,心理需求往往比物质需求更为重要。因此,服务除了要考虑产品的质量等各项功能外,还要考虑人们引申的需求。营销人员在售前服务中应根据顾客的心理特征,有效地把握顾客的期望值。

4) 顾客的自我意识

自我意识并非与生俱来,它是个体在社会生活过程中与他人相互作用、相互交往、逐渐发展所形成的。所以,要了解顾客的自我意识,为进一步开展营销活动奠定基础。

3. 售前服务心理策略

了解掌握了顾客的心理需要及特征之后,就可以有针对性地采取相应的心理策略。

1) 建立目标市场服务档案,把握顾客心理需要

市场经过细分之后形成多个子市场,相同的细分市场具有相同的性质,不同的细分市场具有异质性。企业可以通过建立数据库,储存目标市场顾客的心理特征、购物习惯等方面的信息,为做好更有针对性的服务提供依据。

2) 最大限度地满足顾客的相关需求

顾客的需求往往不是单一的,有时除了主要需求以外,还有许多相关需求。最大限度地满足顾客的相关需求,会让顾客产生一种意外惊喜的感觉,从而促使其购买商品。

3) 促使顾客认知接受商品

这也是售前服务中最为重要的策略。顾客认知接受商品需要一个过程,消除顾客的戒备心理,使顾客认知企业所销售的商品,需要通过三个途径来解决。其一,帮助顾客树立新的消费观。随着科学技术的飞速发展,商品中的科技含量越来越高,顾客通过自身认知较为困难,这就需要不断引导顾客学习新的知识和技术,顺势推销商品,帮助消费者树立新的消费观,准确选购和使用商品。其二,利用广告宣传与咨询服务等手段,增强顾客的注意力。在宣传商品时,利用广告可以给消费者留下深刻的印象,促进顾客学习,并对购买态度产生积极的影响。同时,企业还可以开展咨询服务,以及通过店堂布置、商品陈列、美化、便捷购物环境等使顾客产生好感。其三,售前进行商品质量检验,是确保售前服务质量的有效措施,也是确保柜台商品质量的有效措施。做好这一点,对顾客心理可以产生重要影响,使其消除戒备心理,增强对商品和商店的安全感。

【案例 9-2】 "拍立得"的市场推广

某天,美国迈阿密海边浴场人如潮涌。有一位妙龄女郎款款走入水中,其优美的泳姿吸引了许多游客。突然,女郎在水中挣扎起来,她很可能是抽筋了。一位男子跃入海中,将女郎救起。

人们围上来表示慰问。这时一个摄影师挤进人群,将一些照片拿给人们观赏。这些照片再现了刚才惊心动魄的一幕,众人暗暗称奇。

摄影师高举相机,得意地说:"这是一款新型相机,拍摄后一分钟即可取得照片。"游人们争先恐后地观看这种新型的一次成像相机。

原来这是普拉公司为推出"拍立得"相机精心策划的一场戏。不久普拉公司的新产品推向美国各地市场,人们争相购买,连商店橱窗里的样品都卖掉了。

普拉公司这场"大海救人"的营销策划取得了巨大的成功。原因何在? 最根本的原因是利用了人们的好奇心理。当人们还在为海上的惊险一幕捏把汗时,能够立刻拍出相片的新型相机很快就吸引了人们的注意力,人们对新产品的好奇心迅速地将"拍立得"推向了事件的中心。

【分析】 从心理学上看,每个人天生都具备好奇心。对于自己不了解、不熟悉的事物,人们通常都会感到好奇,并且在好奇心的驱使下,人们往往愿意花费大量的时间和精力去关注促使自己产生好奇心的事物。

好奇心是人们普遍存在的一种行为动机。因此在推销的过程中,销售人员如果无法接近客户或遭到客户的拒绝,不妨采用一些特别的手段来激发客户的好奇心,从而引导他们把注意力重新转移到所售产品上来。

9.2.2 售中服务心理策略

1. 售中服务与顾客心理

售中服务是指在商品买卖过程中,直接或间接地为销售活动提供的各种服务。现代商业销售观念认为,销售过程既是满足顾客购买商品欲望的服务行为,又是不断满足顾客心理需要的服务行为。服务的好坏不但直接决定买卖成交与否,更重要的是为顾客提供了享受感,从而增加了顾客购买的欲望,在买卖者之间形成相互信任、融洽而自然的氛围。售中服务在更广泛的范围内被企业家们视为商业竞争的有效手段。售中服务主要包括介绍商品、充当参谋、交货与结账。

2. 售中顾客心理分析

顾客在接受售中服务的过程中,大致有以下期望希望得到满足。

1)希望获得详尽的商品信息

顾客希望营销人员能对顾客所选购的商品提供尽可能详细的信息,使自己准确了解商品,解决选购的疑惑与困难。期望主要表现在:营销人员提供的信息是真实可靠的,不能为了推销而搞虚假信息;提供的信息够用、具体、易于掌握。

2)希望寻求决策帮助

当顾客选购商品时,营销人员是他们进行决策的重要咨询和参与者。特别是在顾客拿不定主意时,非常希望营销人员能提供参谋建议,帮助顾客做出正确的购买决策。期望主要表现在:营销人员能站在顾客的角度,从维护顾客利益的立场出发帮助其做出决策;能提供令顾客信服的决策分析;能有针对性地解决顾客的疑虑与难题。

3)希望受到热情的接待与尊敬

顾客对售中服务的社会心理需要,主要是能在选购过程中受到营销人员的热情接待,能使受人尊敬的需要得到满足。这种期望主要表现在:受到营销人员的以礼相待;营销人员满怀热忱,拿递商品不厌烦,回答问题耐心温和;在言谈话语之间,使顾客的优势与长处得到自我表现。

4)追求方便快捷

顾客对售中服务期望的一个重要方面是追求方便、快捷。这种期望主要表现在:减少等待时间,尽快受到接待,尽快完成购物过程,尽快携带商品离店;方便挑选,方便交款,方便取货;已购商品迅速包装递交,大件商品能送货上门。

了解顾客心理对于售中服务至关重要,只有顾客对他们在销售过程中受到的接待完全满意,销售活动才算成功。如何使接待工作符合顾客的心理需要,将在下一节中具体阐述。

9.2.3 售后服务心理策略

1. 售后服务与顾客心理

售后服务是指生产企业或零售企业为已购商品的顾客提供的服务。传统观点把成交或推荐购买其他商品的阶段作为销售活动的终结。在市场经济条件下，商品到达顾客手中，进入消费领域以后，企业还必须继续提供一定的服务。因为这样可以有效地沟通与顾客的感情，获得顾客宝贵的意见，以顾客亲身感受的事实来扩大企业的影响。它不是一种简单的形式，而是把顾客的利益看成是自己的利益，竭力为顾客提供完美的服务，促进销售的手段。

售后服务作为一种服务方式，内容极为广泛，目前愈来愈受到企业的重视，服务的范围也在不断扩大。售后服务主要有两个方面：一是提供知识性指导及咨询服务，通过实行"三包"服务使顾客树立安全感和信任感；二是帮助顾客解决安装与运输大件商品服务等常常使顾客感到为难的问题，为顾客提供方便。

企业需要熟悉了解顾客对商品使用后的感受和意见。业内专家分析，面临激烈的市场竞争，维持一个老顾客所需的成本是寻求一个新顾客成本的0.5倍，而要使一个失去的老顾客重新成为新顾客所花费的成本，则是寻求一个新客户成本的10倍。维持当前的消费者的成本远小于得到新的消费者。一个五年来一直忠诚不变的消费者对于商家来说，产出了7.5倍的利润（相对于第一年的消费）。因此，在营销的环节中，保持或培养顾客的忠诚度至关重要。良好的售后服务有助于维持和增加当前顾客的忠诚度。

2. 售后顾客心理分析

顾客在进行购买以后，无论是要求退换商品，还是咨询商品的使用方法，或是要求对商品进行维修等，他们的心理活动是各不相同的。其心理状态表现为以下几个方面。

1）评价心理

顾客在购买商品后，会自觉不自觉地进行关于购买商品的评价，即对所购商品是否满意进行评估，进而获得满意或后悔等心理体验。

2）试探心理

由于主观和客观的多种因素，顾客对所购商品的评价在购买的初期可能会出现不知是否合适的阶段，尤其以大件和新产品居多，甚至有些顾客希望退换商品。但他们来到商店提出要求退换商品的问题时，往往具有试探的心理状态。先来试探商店的态度，以便进一步做出决断。

3）求助心理

顾客在要求送货安装、维修商品、询问使用方法和要求退换商品的时候，多会表现出请求商场给予帮助的心理状态。

4）退换心理

当购买的商品被顾客确定为购买失误或因产品质量出现问题时，顾客就会产生要求退换商品或进行商品维修的心理状态。

3. 售后服务心理策略

随着市场由卖方市场向买方市场的转变，售后服务必将成为企业竞争的关键因素之一，从而对顾客的心理产生深远的影响。完美的售后服务能同顾客建立起亲密的关系，其心理策略就是要针对顾客的心理状况，调节顾客的心理平衡，努力使其建立起信任感与满足感。

1）提供优良的售后服务

许多顾客挑选商品,在其他条件相同的情况下,售后服务的优劣往往成为决定是否成交的关键。对于高档耐用品而言,尤其如此。现在,有许多企业促销时越来越多地扛出了售后服务这面大旗。事实上,一些经营者只是把售后服务当成一种宣传口号,并不准备兑现。非要等消费者"跑细了腿,磨破了嘴",忍无可忍诉诸舆论或向有关部门投诉时,才被迫给予解决,使售后服务成了诉后服务。良好的质量、合理的价格,是商品占领市场并取胜的保障;而良好的售后服务则是提高信誉,取得"第二次竞争"胜利的法宝。聪明的、有远见的经营者应该像抓推销产品那样着力抓好售后服务,不仅要做好找上门来的售后服务,而且要主动出击,做好跟踪服务。商家们为减少顾客的后顾之忧,提供周到的售后服务,不仅可以维持老顾客的忠诚度,还可以争取到更多的潜在顾客。

为了帮助车主了解汽车,扩充用车、养车知识,一些汽车企业会定期开展车主课堂,通过现场讲授驾驶、用车常识,结合趣味问答的方式向客户讲解用车技巧,增进客户与客户之间、客户与4S店、客户与厂家之间的有效沟通,维系客户关系,提升客户满意度。此外,某些企业还推出了创新的个性化服务,例如为了消除新车用户在接车后到接受售后服务这段空白期,东风风神的销售顾问会在新车交车的时候,将服务顾问也请到现场,并在第一时间介绍给客户,使销售过程和服务过程做到无缝衔接,新车客户在接车后到接受售后服务之前这段时间,遇到任何问题都会得到服务顾问的专业服务。

【案例9-3】　春兰、美的空调的服务政策

春兰空调的服务政策为"从设计开始,由细节做起,到满意为止";"大服务"配套实施;"全过程,全方位,全身心"的"春兰24小时金牌服务";"超值服务工程"中,为消费者提供免费服务是长项,如长期开展的免费咨询规划,免费过滤网清洗,免费检查空调,免费移机,免费电话热线等活动,每年都有上万名消费者受益,使他们真切地感到了购买春兰产品所带来的物超所值的享受;网上个性化服务,是21世纪春兰售后服务再度升级最突出的表现。消费者可以根据自己的需要,坐在家中轻轻点击春兰网站,便可以享受到春兰提供的可在网上定制的个性化服务产品。目前,春兰的这种服务模式已为业界所效仿。

美的空调的服务目标:顾客满意100分。服务标准:认真做足100分。服务宗旨:顾客永远是第一位的。服务承诺:免费设计,免费安装(不含窗机),市内免费送货上门(不含窗机),定期用户回访,全国3000余个服务网点,随时为您服务,24小时热线电话服务,全国各营业中心设有服务热线,随时听候您的召唤。(资料来源:春兰公司网站,美的公司网站)

【分析】　对于高档耐用的消费品来说,顾客在购买时在其他条件相同的情况下,售后服务的优劣往往成为决定是否成交的关键。我国的一些有远见的家电企业,如春兰、美的等都在加强售后服务上下功夫,不仅做好找上门的售后服务,而且主动出击,做好跟踪服务,这样不但减少了顾客的后顾之忧,还可以维持老顾客的忠诚度,并进一步争取到更多的潜在顾客。

2）提升CS经营理念,进一步完善企业服务工作

CS是英文"Customer Satisfaction"的缩写,译为顾客满意。作为现代企业的一种经营手段,常被称为CS战略。其基本指导思想:企业的整个经营活动要以顾客的满意度为指针,从顾客的观点而不是企业的观点来分析考虑顾客的需求,针对顾客需求个性化、情感的发展趋势,尽可能地全面尊重和维护顾客的利益。

美国市场营销大师菲利普·科特勒在《营销管理》艺术中指出："企业的整个经营活动要以顾客的满意度为指针，要从顾客角度，用顾客的观点而非企业自身利益的观点来分析考虑消费者的需求。"科特勒的观点，形成了现代市场营销观念的经典名言。顾客的满意对企业来讲至关重要。良好的产品或服务，最大限度地使顾客满意，成为企业在激烈竞争中独占市场、赢得优势的制胜法宝。只有让顾客满意，他们才可能持续购买，成为忠诚的顾客，企业才能永远生存，财源滚滚。所以，顾客满意是企业战胜竞争对手的最好手段，是企业取得长期成功的必要条件。可以说，没有什么其他的方法能像让顾客满意一样在激烈的竞争中提供长期的、起决定作用的优势。

在 CS 理论中，顾客满意代表了如下含义：顾客满意是顾客在消费了企业提供的产品和服务之后所感到的满足状态，这种状态是个体的一种心理体验；顾客满意是以顾客总体为出发点的，当个体满意与总体满意发生冲突时，个体满意服从于总体满意，顾客满意是建立在道德、法律、社会责任基础上的，有悖于道德、法律、社会责任的满意行为不是顾客满意的本意；顾客满意是相对的，没有绝对的满意，因此企业应该不懈地追求，向绝对满意靠近；顾客满意有鲜明的个体差异，因此不能追求统一的满意模式，而应因人而异，提供有差异的满意服务。

热情、真诚为顾客着想的服务能带来顾客的满意，所以企业要不断完善服务系统，以便利顾客为原则，用产品所具有的魅力和一切为顾客着想的体贴去感动顾客。谁能提供消费者满意的服务，谁就会加快销售步伐。在我国，越来越多的汽车企业，尤其是大公司，都以积极的行动，开展营销服务。例如，安徽江淮汽车股份有限公司的"一对一"服务，是江淮乘用车"一家亲"服务品牌下的特色项目：三位一体交车，明确"一对一"专属服务顾问；交车一个月内专属服务顾问携技师预约上门探访，现场了解车辆使用状况并对车辆进行全面检查；交车三个月内专属服务顾问预约并全程负责首保实施。通过全年全系统的开展，让客户切身感受"一家亲"服务所传达的"一切为了客户，家人般的关怀，亲情式的服务"。长安福特免费提供全国无盲点覆盖的专业道路救援服务，全年 365 天，每天 24 小时。该实践活动的服务内容包括：在购买新车的两年内，如果车主的爱车在中国大陆抛锚，无论是发生在其居住所在地或其他地方，福特道路救援都会为车主安排快速、专业的免费道路救援服务。服务的主要内容包括：路边现场机械故障修理、取送钥匙（钥匙遗失/误锁车内）、快速搭电或备用电池更换（电池故障）、换胎服务（轮胎问题）、送水送油服务（燃料、水耗尽）、拖车服务、免费出租车服务、紧急口信送达、事故协调、异地抛锚无法立即修复时继续旅程、返家或酒店住宿服务，使车主的出行更加省心、安全和放心，深受广大车主的喜爱，有力地提升了长安福特汽车消费者的满意度和忠诚度。

有一位成功的企业家曾写下过这样一个颇具哲理的等式：$100-1=0$，其寓意是：职员一次劣质服务带来的坏影响可以抵消 100 次优质服务产生的好影响。我们正在迈步走向 21 世纪的服务型经济社会，消费者变得挑剔、精明，其消费行为也日趋成熟，平庸的服务再也不能赢得消费者手中的货币选票，优质服务正成为企业走向成功的一把金钥匙。海尔集团总裁张瑞敏在推行星级服务工程后深有感触地认为："市场竞争不仅要依靠名牌产品，还要依靠名牌服务"。

9.3　营销人员对顾客心理的影响

营销人员在销售过程中为消费者提供服务,促进消费者购买行为的进行,是营销人员对顾客心理影响的直接体现。营销人员对顾客心理的影响力,就是指一个人从"内在的思想所表现出来的一种外在形象,并散发出一种自然的魅力,进而能使人在不知不觉中被影响的一种力量。"

9.3.1　营销人员对顾客心理的影响力

在产品营销活动中,营销人员所承担的商品销售工作,是在与顾客的双向沟通中完成的,这是营销活动的关键部分。因为在顾客眼中,营销人员是生产企业的代表,是销售企业的窗口和形象的化身,营销活动的成败,在很大程度上取决于他们的工作效率与行为规范。随着现代商业的发展,营销人员的内涵也在发生改变。他们包括所有与顾客直接交流沟通的各类人员,如营业员、收银员、理货员、生产企业的终端促销人员等。营销人员对顾客的心理有着较强的影响力。

商品的陈列和营销人员的作用,是影响零售营销活动的两个重要因素,它们会引发消费者的不同态度情感,从而最终影响顾客的购买行为。作为在购物场所中为顾客提供服务、推动顾客购买行为进行的营销人员,在服务中的影响力表现在以下几方面。

1. 营销人员是信息的沟通者

当顾客进入零售场所后,营销人员亲切的服务态度会使顾客产生良好的信赖感,有利于两者之间的交流与沟通。同时,通过与顾客的接触,可以成功地了解顾客。对于零售企业来说,营销人员是代表企业收集顾客信息最有效的途径。

2. 营销人员是商品的推介者

营销人员可以通过对顾客施加良好的影响来引导顾客观看商品,向他们展示商品,表现商品的特殊性。有些营销人员太急于展示商品,往往适得其反吓走顾客,就是因为不能准确理解顾客的心理。反之,顺应顾客的心理展示动作,是增进顾客信赖感的有效方法。

3. 营销人员是选购的指导者

营销人员不仅是商品的出售者,优秀的营销人员还应该是顾客购买商品的指导者,在商品介绍中可以为顾客提供全面的有关商品消费的知识,能正确解答消费中的问题,能正确评价不同商品品种之间的优缺点等。这样做对顾客的影响是增强了其购买商品的决心。

4. 营销人员是情感的融通者

营销人员优良的服务还可以化解销售中的许多矛盾与冲突。在这里,营销人员自然、诚恳的微笑代表这位营销人员真心实意地欢迎顾客的到来。希尔顿饭店的创始人纳·希尔顿说："如果我是顾客,我宁愿住在只有破地毯,但处处充满微笑的旅馆里,而不愿意走进有一流设备却不见微笑的地方。"

【案例9-4】　导购人员遇到的尴尬

在国内一大型卖场的乳制品货架前,一对老年人徘徊在婴幼儿奶粉货架周围,来回好多次,一会儿拿下奶粉,一会儿又放了回去,一直犹豫不决。这时迎面走来一位年轻的导购小姐,笑容可掬地和他们打起招呼,"您好,要买点什么样的奶粉,我来给你们介绍一下吧。""请问你们的孩子多大了?"这对老年人愣了一下,没说话。这位导购小姐又继续说道;"如果1～3岁的孩子就选这个比较好,如果3岁以上就用这个。"这对老年人继续往前走去,导购小姐紧跟上前,又再一次询问;"请问你们的孩子多大了,我可以向你们推荐一下啊!"这时,这位老人突然回了她一句;"我们的孩子比你大!"这位导购小姐非常尴尬,红着脸半天不说话,就这样眼睁睁地看着这对老人离开了货架,本来一笔可能成交的生意,就这样泡汤了。(资料来源:销售与市场2006-03-16,导购:扎向消费者心窝的利器,秦国伟)

【分析】　观察和分析对一名导购员来说事关重大,作为一名导购员一定要有敏锐的观察力,要有火眼金睛,一位优秀的导购员,他(或她)能对大部分光临卖场的消费者做出有效的判断,她可以通过消费者的衣着、年龄、言谈、举止,大致猜测到该消费者的文化层次、收入水平,以及应当适合消费什么样的产品。学会观察与了解,才能更有效地做好导购工作。

9.3.2　顾客、营销人员、商品三者关系的八种情况

美国心理学家从顾客、营销人员、商品三者的关系上来解释营销人员在销售中的影响力,通过研究,可以把三者之间的关系分为以下八种情况:

(1)顾客遇到自己满意的商品,营销人员也十分热情诚恳、服务周到,能够耐心地帮助顾客挑选商品,营销人员本人对于商品也持肯定的态度。在这种情况下,顾客的心理是处于平衡的状态,愿意配合购买。

(2)顾客看中了某一商品,而营销人员对这种商品持否定态度。顾客虽然不满意营销人员的态度,但是内心仍然以能买到让自己满意的商品而感到安慰,顾客的心理也处于平衡状态,完成购买。

(3)顾客对商品不满意,营销人员能体贴顾客的这种心情,不勉强顾客购买,也不刻意地推荐。顾客对营销人员产生较好的信赖感,心理上处于平衡状态,对零售企业产生好感。

(4)顾客不喜欢的商品,可是营销人员还要费力地向他推销。由于顾客心理的保护作用,不会被营销人员的行为所打动,而会形成我行我素,并对此零售企业产生警惕的心理状态。

(5)顾客有意要购买商品,营销人员的服务也很热情周到,但对商品的评价与顾客有分歧,使顾客原来的购买愿望出现动摇,变得犹豫起来,产生不平衡的心理状态,影响购买行为的继续进行。

(6)顾客与营销人员都对商品持肯定态度,但可能因为营销人员的服务方式或顾客的言行等行为方面的原因使双方发生不愉快,使顾客的心理出现不平衡,形成拒绝购买的态度。

(7)顾客对商品持否定态度,而营销人员仍然坚持推荐商品甚至出现强卖商品的现象,

令顾客心理很不平衡而出现坚决否定的态度。

（8）顾客在商店没有买到自己满意的商品,商店的营销人员对顾客态度较差,令顾客心中十分反感,甚至后悔来此购买,产生不平衡的心理状态,这是最差的结果。因为顾客在这里受了气,或是买到了不满意的商品,他们会以更强烈的消极情绪来传播他们不愉快的心情,把购物环境的恶名传得更远,造成更加严重的不良后果。

9.3.3　营销人员仪表行为对消费心理的影响

仪表是指人的外表,包括人的容貌、姿态、衣着、修饰、风度和举止等方面。营销人员的仪表在与顾客的相互交往中有着重要作用。营销人员的仪表不仅是个人的喜好,而且体现了对顾客的礼貌和尊重;体现了营销人员的精神状态和文明程度。心理学认为,客观事物给人的视觉的第一印象是形式感。人们总是从感知事物的外部形态开始,再逐渐认识其本质的。人们在初次接触中,仪表是一个重要的吸引因素,这通常称为"第一印象"或"首因效应",它影响了人们之间以后的相互关系的发展。营销人员的不同仪表,会给顾客不同的心理感受和情绪体验。

1. 营销人员的服饰穿着与顾客心理

不同的历史阶段,人们对仪表美尽管存在着认识上和程度上的差异,但往往有着大体一致的基本标准。在现代商业活动中,对营销人员的仪表要求尽管各有不同,但也有符合现阶段人们对仪表美的大体一致的标准和民族习惯,适合消费者对仪表的一般心理要求,从而能给消费者良好的心理感觉,以引起消费者积极的购买情绪,促进购买行为。一般来说,营销人员的服饰着装应该整洁大方、美观合体、端庄舒适,并能与特定的营业环境相和谐,与接待顾客的需要相适应,给顾客以清新明快、朴素稳重的视觉印象。营销人员舒适端庄的服饰衣着,对顾客的购买行为具有积极的影响,它可以使顾客联想到零售企业的经营成就和尊重消费者的服务精神,使顾客感到诚实、忠实的营业作风,从而产生信任感,促进购买活动的进行和完成。如果营销人员衣着式样古怪或是皱褶不堪、污渍满身,或是男营销人员蓄须留长发,女营销人员化浓妆等,都会引起顾客对营销人员个人品质的怀疑,因而不愿与之接近,更不愿请其协助选购,这就必然抑制了顾客的购买行为,甚至影响企业的信誉与形象。营销人员的形象规范应该做到:统一着装、佩戴工号、衣着整洁、仪表大方。

2. 营销人员的言语表情与顾客心理

语言是人们交流思想、增进感情的工具。营销人员的语言十分重要,它不仅用来宣传、出售商品,也用于沟通营销人员与顾客之间的感情。

礼貌文明、诚恳、和善的语言表达,能引起顾客发自内心的好感,起到吸引顾客的作用。售货员、收银员在同顾客交谈时,尽量多用"请""麻烦您""久候了""谢谢"等词语,并结合文明的举止,往往能给顾客以好感。营销人员说话时要注意顾客的情感,使顾客乐于接受。对消费者的称谓要恰当、准确,这样能缩小与消费者的距离感。要善于把握消费者的情绪变化,对个性不同的消费者要采用不同的语言,避免让消费者感到难堪。营销人员在询问顾客时要注意自己的态度,要做到言表一致。

　　总的来说，营销人员的接待语言应做到：一要和气，说话冷静，平等待人，有耐性，说话口气使人感到和蔼可亲，赏心悦目。二要用词简练明白、抓住要领，语调亲切、温和、客气，既要口语化，又要形象化，能吸引顾客、影响顾客，使顾客有良好的心理感受。三是不失口，营销人员要注意该说的和不该说的话。俗话说"良言一句三冬暖，恶语伤人六月寒"。营销人员应该多说商量的话、委婉的话、关心的话；不该说顶撞的话、粗话、脏话，不要声色俱厉、压人取胜。

3. 营销人员的行为举止与顾客心理

　　营销人员的行为举止主要指其在接待顾客过程中的站立、行走、表情、动作等。行为举止能体现人的性格、气质，也最容易引起消费者的注意。营销人员首先应该给人以健康向上、精神饱满的感觉，这对顾客有着一定的积极影响，乐于与之交易。营销人员的脸上要时时面带笑容，这不仅是所有企业的服务信条，也是营销人员努力追求的目标。微笑应具备三个条件：开朗、热情、真诚。微笑应是发自内心的微笑，要求销售人员不要把自己的烦恼带到工作中去，更不可以将怒气发在顾客身上，必须时时刻刻保持轻松的情绪，并露出开朗的笑容。

　　营销人员的举止应该做到适应顾客心理需要，与人相交，贵在诚意。在销售工作中要真诚地对待顾客，向顾客介绍商品，推测顾客的需要，推荐其所适合的商品。介绍商品要诚实，切不可弄虚作假。在销售过程中对顾客热情接待，并注意倾听顾客的要求，了解掌握顾客的需要、偏好，提供各种方便条件。如在洽谈中主动、积极、热情地为顾客提供产品情况，为顾客选购提供方便，为顾客解决各种购买手续。方便、周到、优质的服务不仅可以吸引更多的顾客，而且能增加用户的依赖感，提高企业的竞争能力。

　　例如，知名的利兹-卡尔顿酒店把倾听作为营销努力的核心要素。任何人得知客人的偏好，都可以通过前台服务人员记录到"客人偏好表"中，然后客人偏好就会进入所有分店的名为"客人历史"的计算机文件中。这样，根据酒店的预定名单查看客人偏好的文件，工作人员就能采取各种必要的措施迎接客人的到来。这种倾听的"小把戏"还包括由前门迎宾人员从行李标签上收集到达顾客的姓名，并迅速传递到服务前台，给酒店其他员工使用。客人投诉由引起投诉的酒店员工负责。问题解决后，此次投诉被记录到"客人事件表"，并立即进入数据库，可以使酒店其他人员了解到当天客人有不愉快的经历而去投诉，可能需要特别的照顾和关心。

　　利兹-卡尔顿的倾听方式从几个方面来说很有指导性，是酒店战略的核心，其带来了大量的口头广告，免去了连锁酒店传统的巨额营销开支。更重要的是整个系统相对简单，易于使用。这样，每个人都被融入日常的数据库收集和使用中，还可以提高为此项工作额外负担的人对信息收集工作重要性的认识。

　　【案例 9-5】 "你今天对客人微笑了没有？"

　　美国希尔顿饭店创立于 1919 年，在近 100 年的时间里，从一家饭店扩展到 100 多家，遍布世界五大洲的各大城市，成为全球最大规模的饭店之一。100 年来，希尔顿饭店生意如此之好，财富增长如此之快，其成功的秘诀是牢牢确立自己的企业理念并把这个理念贯彻到每一个员工的思想和行为之中，饭店创造"宾至如归"的文化氛围，注重企业员工礼仪的培养，并通过服务人员的"微笑服务"体现出来。希尔顿十分注重员工的文明礼仪教育，倡导员工的微笑服务。他每天至少到一家希尔顿饭店与饭店的服务人员接触,向各级人员(从总经理到服务员)问得最多的一句话必定是:"你今天对客人微笑了没有?"

1930年是美国经济萧条最严重的一年,全美国的旅馆倒闭了80%,希尔顿的旅馆也一家接着一家地亏损不堪,一度负债达50万美元。希尔顿并不灰心,他召集每一家旅馆员工向他们特别交代和呼吁:"目前正值旅馆亏空靠借债度日时期,我决定强渡难关。一旦美国经济恐慌时期过去,我们希尔顿旅馆很快就能进入云开月出的局面。因此,我请各位记住,希尔顿的礼仪万万不能忘。无论旅馆本身遭遇的困难如何,希尔顿旅馆服务员脸上的微笑永远是属于顾客的。"事实上,在那些纷纷倒闭后只剩下的20%的旅馆中,只有希尔顿旅馆服务员的微笑是美好的。

经济萧条刚过,希尔顿旅馆系统就领先进入了新的繁荣期,跨入了经营的黄金时代。希尔顿旅馆紧接着充实了一批现代化设备。此时,希尔顿到每一家旅馆召集全体员工开会时都要问"现在我们的旅馆已新添了第一流设备,你觉得还必须配合一些什么第一流的东西使客人更喜欢呢?"员工回答之后,希尔顿笑着摇头说:"请你们想一想,如果旅馆里只有第一流的设备而没有第一流服务员的微笑,那些旅客会认为我们供应了他们全部最喜欢的东西吗?如果缺少服务员的美好微笑,正好比花园里失去了春天的太阳和春风。假如我是旅客,我宁愿住进虽然只有残旧地毯,却处处见到微笑的旅馆,也不愿走进只有一流设备而不见微笑的地方……"当希尔顿坐专机来到某一国境内的希尔顿旅馆视察时,服务人员就会立即想到一件事,那就是他们的老板可能随时会来到自己面前再问那句名言:"你今天对客人微笑了没有?"

【分析】　售后服务中,营销人员的行为举止礼仪,最容易引起消费者的注意。企业礼仪文化的精神风貌的体现,包括企业的待客礼仪、经营作风、员工风度、环境布置风格以及内部的信息沟通方式等内容。企业礼仪往往形成传统与习俗,体现企业的经营理念。它赋予企业浓厚的人情味,对培育企业精神和塑造企业形象起着潜移默化的作用。希尔顿的成功正是由于十分注重员工的文明礼仪教育,倡导员工的微笑服务。

9.3.4　汽车专营店相关人员对顾客心理的影响

当顾客光临汽车专营店时,与之打交道最多的主要有接待人员、销售顾问以及服务顾问三类人员。由于工作岗位和职责权利的不同,在接待顾客时对客户心理的影响也有所不同。

1. 接待人员对顾客心理的影响

汽车专营店接待人员主要包括前台接待、大厅接待、业务接待等。接待人员是汽车专营店最先与顾客接触的公司员工,他们的服务直接影响和关系到公司的整体形象,他们对顾客的影响是直接的。从某种程度上说,公司的每一单交易的达成与否,都与他们的表现有着直接的关系。从马斯洛的需求理论来看,来店的顾客都需要安全感、需要爱(关爱、友爱、温暖)和尊重,因此,接待人员作为店内的服务窗口,就需要具有饱满的工作热情和专业的业务水平。例如,当顾客进入展厅时,前台接待需主动上前迎接、问候,同时保持微笑,并自我介绍,询问顾客是否需要帮助;然后根据顾客的需求,提供相应的服务。

2. 销售顾问对顾客心理的影响

销售顾问是在顾客选车、购车过程中，直接与顾客沟通交流的人员。在为顾客介绍产品相关信息、解答顾客疑问、消除顾客疑虑、促成交易达成等一系列流程中，销售顾问的表现至关重要。因此，销售顾问在工作过程中，首先要注意面带微笑，着装整洁，给顾客留下良好的第一印象。在与顾客交流时，要诚恳、热情、耐心地对待顾客，促成订单的达成。

3. 服务顾问对顾客心理的影响

随着经济发展和人民生活水平的提高，汽车消费尤其是私人购车呈现快速增长趋势。中国汽车市场的主体正在从以新车销售为主的市场占有阶段转向售后服务为主、拼服务、拼品牌的成熟市场阶段发展，可以说，下一个十年的中国汽车市场，将成为汽车企业拼服务质量、拼用户体验的全新时代。由于汽车售后服务良莠不齐，近年来，汽车因质量和售后问题引发的投诉呈现上升趋势。

2018 年"3·15"晚会上，大众途锐汽车、枣庄金顺源、枣庄溢香园、酷骑单车等企业被点名。"3·15"晚会上第一个被曝光的品牌是大众汽车旗下的途锐，多个消费者投诉了这款汽车的一些问题。随后，品牌官方给出回应称，该现象并非设计问题，并给出"拔掉排水阀"的解决方案。然而，车主认为这样的解决方式会影响车辆涉水等场景的正常使用，经过半年的等待，大众汽车才宣布了召回方案。3 月 7 日，大众宣布召回部分途锐汽车。大众称，将自 2018 年 4 月 30 日起，召回 2014 年 12 月 21 日至 2017 年 11 月 12 日期间生产的部分进口 2015—2018 年款途锐系列汽车。据该公司统计，中国大陆地区共涉及 33142 辆。

随着汽车消费的扩大，汽车投诉量大幅升高，其中多数集中在质量安全问题、汽车售后服务等方面，如发动机质量缺陷、配件来源不明、刚过保养期就频繁出现质量问题等。另外，汽车销售过程中，故意隐瞒汽车真实情况、随车附件不明、车险搭售等问题也较为突出。

服务顾问主要解决的是顾客购车之后的售后服务问题。因此，服务顾问在与顾客沟通交流时的态度、服务，以及解决顾客问题的方式方法等，都将直接影响到顾客对专营店售后服务质量的感受和评价，而这一结果也将影响到企业在顾客心目中的形象，并对市场拓展产生不容小视的影响。

9.4　汽车销售服务中的冲突处理与抱怨处理技巧

9.4.1　消费者的权益与保护

随着科学技术的进步和社会经济的发展，企业生产了许多高科技新商品，为消费者带来许多便利，但商品的复杂性与危险性亦与日俱增，消费者的危险也随之而来：经营扩大化；产销过程与流通机构的复杂化；不正当竞争行为多样化；消费者信用低质化；消费者团体意识淡薄化，且由于经营者互相结合成为商会或同业公会，具有完善的组织及丰足的财力，形成压力集团及利益团体，强力影响政府的决策及立法。

1. 我国消费者保护运动及其立法发展

我国从 1979 年开始实行经济体制改革和对外开放政策,促进了市场经济的极大发展。各种家用电器、化学化纤制品、美容化妆品、各类饮料、食品和药品的大量生产销售,在满足消费者生活需要的同时,也发生了损害消费者利益的严重社会问题。因产品缺陷对消费者人身、财产安全造成危害的情况日益突出,饮料瓶炸裂、电视机显像管喷火爆炸、燃气热水器煤气泄漏、食品中毒等事件时有发生;一些不法厂商大肆粗制滥造,生产伪劣商品,严重损害了消费者利益;不少地方发现制造、贩卖假药、劣药和有毒食品,用工业酒精兑水作为饮用酒销售等严重危害消费者人身财产安全的犯罪活动。由此而引发了一系列的社会问题,在这种背景下,逐渐地形成了全国性的消费者保护运动。

1) 消费者保护组织的不断发展

改革开放前,中国的市场经济不发达,消费者保护运动起步较晚。1981 年春,中国外交部接到联合国亚洲太平洋经济社会理事会将于 1986 年 6 月在泰国曼谷召开"保护消费者磋商会"的会议通知。中国派朱震元同志以中国商检总公司代表的名义参加此次会议。这一次会议开阔了中国代表的眼界,了解了保护消费者运动是市场经济条件下消费者为维护自身的权益、争取社会公正自发成立的有组织地对损害消费者利益行为进行斗争的社会运动。1983 年 3 月 21 日河北省新乐县维护消费者利益委员会成立,1983 年 5 月 21 日正式定名为"新乐县消费者协会",率先成立了中国第一个消费者组织;1984 年 8 月广州正式成立广州市消费者协会,1985 年 1 月 12 日,国务院正式发文批准同意成立中国消费者协会,之后,各省市相继成立各级消费者协会。消协组织的成立和发展,为中国保护消费者运动的发展奠定了组织基础。

2) 消费者保护相关法律法规的不断完善

我国的消费者保护立法采用一般法律模式,其优点在于:"消费者保护"观念通过一部单独的消费者权益保护法予以强调和说明,明确规定了消费者和经营者之间的相互地位,具体规定了经营者的法定义务及其法定职责,其中某些规定可以作为裁判规范加以适用,并与其他单行法规中有关消费者保护的规定相互衔接,可以发挥保护消费者利益的重要作用。1994 年 1 月 1 日实施的《中华人民共和国消费者权益保护法》规定了消费者的 9 项权利,具体包括安全权、知情权、选择权、公平交易权、求偿权、结社权、获知权、受尊重权和监督权。目前,国家颁布的有关经济方面的法律法规 400 余件,其中消费者保护的相关法律法规多部,逐步形成了以《民法通则》为基础,由《产品质量法》《反不正当竞争法》《广告法》《食品卫生法》《价格法》《合同法》等一系列法律、法规组成的消费者保护法律体系,使消费者权益在法律上有了切实的保障。

2. 我国的消费者权益保护法

消费者权益保护法是维护消费者利益、保护消费者合法权益的基本法律,是国家对基于消费者的弱势地位而给予的特别保护,是维护真正的公平交易市场秩序的法律。消费者权益保护法是有关保护消费者在有偿获得商品或接受服务时,免受人身、财产损害或侵害的法律规范的总称。消费者权益保护法是对居于弱势地位的消费者提供特别保护的法律,是以保护消费者权利为主要内容的法律。消费者权益保护法有广义和狭义之分,广义上的消费者权益保护法是指所有涉及消费者保护的各种法律规范所组成的有机整体。如由消费者保护基本法和专门的单行消费者保护的法律和法规，以及其他法律和法规中的有关消费者保护法律条款的规定组成的有机整体即为广义上的消费者权益保护法。狭义上的消费者权益保护法是指国家有关消费者权益保护的专门立法。在我国广义上的消费者权益保护法包括《广告法》《价格法》《食品卫生法》《产品质量法》等诸多有关消费者权益保护的法律、法规，而狭义上的消费者权益保护法则仅指 1993 年 10 月 31 日第八届全国人大常委会第四次会议通过、1994 年 1 月 1 日实施的《中华人民共和国消费者权益保护法》。之所以说消费者权益保护法是基于消费者的弱势地位而给予的特别保护，是由于消费者的弱势性而决定的。消费者的弱势性，是指消费者为满足生活消费需要在购买、使用经营者所提供的商品或服务的过程中，因缺乏有关知识、信息以及人格缺陷、受控制等因素，导致安全权、知情权、自主权、公平交易权、受偿权、受尊重权、监督权在一定程度上被剥夺而造成消费者权益的损害。

依照我国 1994 年 1 月 1 日颁布实施的《中华人民共和国消费者权益保护法》的规定，消费者享有九项基本权利。具体包括：

（1）安全权，即消费者在购买、使用商品和接受服务时享有人身、财产安全不受损害的权利。

（2）知情权，即消费者享有知道其购买、使用商品和接受服务的真实情况的权利。

（3）自由选择权，即消费者享有自主选择商品或服务的权利。

（4）公平交易权，即消费者享有公平交易的权利。

（5）求偿权，即消费者因购买、使用商品和接受服务时受到人身、财产损害的，享有依法获得赔偿的权利。

（6）结社权，即消费者享有依法成立维护自身合法权益的社会团体的权利。

（7）获得有关知识权，即消费者享有获得有关消费和消费者权益保护方面的知识的权利。

（8）人格尊严和民族风俗习惯受尊重权，即消费者在购买、使用商品和接受服务时，享有其人格尊严、民族风俗习惯得到尊重的权利。

（9）监督权，即消费者享有对商品和服务以及保护消费者权益工作进行监督的权利。

3. 汽车消费者的权益与保护

随着生活水平的不断提高，家用汽车也逐渐进入普通居民的生活之中。与此同时，有关车辆的投诉也逐渐增多。汽车方面的投诉逐渐成为消费者投诉的一个新热点。10 多年前，购买家用汽车对大多普通消费者来说，还是一件遥不可及的事。而在 2012 年，涉及汽车质量和售后服务方面的投诉作为家用机械类投诉，已经成为第二大投诉热点，从这点也印证了家用汽车拥有量的快速增长。2018 年 1 月 29 日，中消协发布了 2017 年全国消协组织受理投诉情况分析：从商品和服务投诉量变化分析中看，汽车及零部件投诉高居榜首。

2012 年 11 月，国务院常务会议审议通过了《缺陷汽车产品召回管理条例》。从"规定"到"条例"，中国汽车召回制度经过多年的漫长等待，终于被"扶正"了。这意味着，中国将成为继美国、日本、加拿大、英国和澳大利亚之后，第六个实行汽车召回制度的国家。《缺陷汽车产品召回管理条例》已于 2013 年 1 月 1 日起正式施行。召回条例的出台，对加强汽车厂商提高在生产、制造和售后各环节的要求和标准予以了监督和保障，并对构建文明的汽车社会,增强消费者在购车和用车过程中的安全、安心感起到了积极的促进作用。

目前汽车消费者权益保护的现行法律法规主要有《产品质量法》《侵权责任法》《消费者权益保护法》《缺陷汽车产品召回管理条例》以及部门规章《家用汽车产品修理、更换、退货责任规定》(简称"三包规定")。

9.4.2　消费者投诉心理

1. 期待问题尽快解决的心理

对企业来说,如果顾客期待问题尽快解决,这意味着顾客心理没有达到信任危机的状态,只要企业的相关部门能密切予以配合,在顾客可以容忍的时限内解决了问题,那么顾客的满意度和忠诚度就不会受到影响。所以,把握住顾客期待问题尽快解决的心理后,应立即采取措施。如果是常见的可控问题,那么应该给顾客承诺,提出一个解决问题的期限,以安抚顾客。如果是不可控的问题,或者需要进一步确认的问题,那么应更灵活地对顾客表示企业会尽力尽快地解决问题,并及时与顾客联系,也欢迎和感谢顾客主动来进一步沟通。

2. 渴望得到尊重的心理

人们通过各种途径表达自己丰富的情感,在接受企业的服务时,情感的力量往往超过理性的力量。如果他们在接受企业营销人员直接提供的服务过程中发现有令人不满意的地方,是不愿意隐瞒的。事实上,顾客投诉服务质量问题,对于企业来说并不是坏事,通过自我审视才能提高服务质量,但只有顾客满意才是最终标准,所以顾客对营销人员服务的监督和投诉能有效地提供客户服务的改进点。

任何顾客自我尊重的心理都非常强,他们在服务过程中的不愉快绝大多数情况都是由于营销人员的失误而表现出对顾客不够尊重,所以需要把握住顾客渴望得到尊重的心理来处理服务类型的投诉事件。顾客总希望他的投诉是对的和有道理的,他们最希望得到的是同情、尊重和重视,处理投诉的工作人员及时向其表示歉意,承诺进一步追查,并感谢顾客的建议和支持,是化解顾客因为自尊心理受损导致不满的有效途径。

3. 希望得到适当补偿的心理

在许多投诉事件中,特别是关于费用的投诉事件中,顾客投诉的目的在于得到补偿。这是顾客意识到自己权益受到损害后的要求,有很多情况是属于误解,也有一些是有理投诉。例如在电信服务中,顾客反响最强烈的短信息服务业务中的知情权问题,建立和终止短信息服务业务的条件、方式的不透明,特别是短信息服务的收费标准模糊不清、乱收费等。这不但给顾客造成了财产上的损失,而且无法知道如何终止短信息服务的方式,有持续蒙受损失的可能。因此,在这类投诉处理的过程中,接待人员必须给顾客合理而规范的解释,给予其知情权,并且在有理投诉中提供补偿。

一般地说,顾客希望得到适当补偿的心理越急切,而又无法得到补偿,投诉升级的可能性就越高。投诉升级后,顾客的满意度和忠诚度都会严重下降。因此,从一开始把为什么没有补偿,在何种情况下可以得到补偿,怎样补偿等问题一一解释明白,远比处理投诉升级来得快捷有效。

4. 发泄不满情绪的心理

顾客在带着怒气和抱怨进行投诉时，有可能只是为了发泄不满情绪，使郁闷或不快的心情得到释放和缓解，来维持心理上的平衡。直接发泄不满情绪的情况多见于重复投诉。在处理这类心理的顾客时，接待人员的耐心尤为重要，需要以恰当的言辞及和善的态度安抚顾客，并及时与相关部门联系确认问题所在，分清责任，给予合理解释。顾客有过投诉行为且投诉较多的情况下，极易流失顾客，对此应加强顾客回访，充分沟通。

5. 和他人交流投诉经历的心理

任何顾客都有和他人交流投诉经历的心理，所谓好事不出门，坏事传千里。调查表明，当顾客无法从企业那里得到满意的投诉处理结果时，他会同 10 个以上的人说起此事，对企业的品牌形象绝对不利。据统计，在不满意的顾客中，只有 4% 会正式提出投诉，其余的人没有表示出他们的不满，但大约有 90% 感到不满意的顾客不再光顾那家企业。从数字上看，每有 1 名通过口头或书面直接向企业提出投诉的顾客，就会有约 26 名保持沉默但感到不满的顾客。更重要的是，这 26 名顾客每人都会对另外 10 名亲朋好友宣传这家企业的恶名，造成消极影响，而这 10 名亲朋好友中，约有 33% 的人会把这一坏消息再传递给其他 20 个人。这样：$26+26\times10+26\times10\times33\%\times20=2002$，即每一名投诉的顾客背后，就会有 2002 个潜在顾客对企业不满，他们有可能转向竞争对手，从而削弱企业的存在基础。

9.4.3　消费者投诉的沟通与处理

消费者的抱怨是每个营销人员都可能遇到的情况，即使你的产品再好也会受到挑剔的消费者的抱怨。营销人员不应该粗鲁地对待消费者的抱怨，其实这种消费者有可能就是你产品的永久买主。正确地处理消费者的抱怨，能够提高消费者的满意度，增加消费者认准品牌购买的倾向，并可以获得丰厚的利润。

倾听消费者的不满，这是销售过程的一个部分，而且这一工作能够增加销售人员的利益。对消费者的抱怨不加理睬或错误地处理，将会失去顾客。一般地，消费者有了抱怨心理而在营销人员那里得不到倾诉，回去后会向其亲友倾诉，造成今后营销工作更大的损失。让消费者说出来，既可以使消费者心理平衡，又可以知道问题的所在，从而对目前存在的问题做及时修正，避免以后出现类似问题招致消费者的不满。

要想维护顾客利益，企业必须正确处理顾客的意见。有时即使你的产品和服务非常好，也会受到爱挑剔的顾客的抱怨。粗暴地对待顾客的意见，将会使顾客远离企业而去。根据美国学者的调查，一个企业失去的顾客中，有 68% 是由于售货员态度冷漠，使顾客没有受到礼貌的接待所致。有人可能认为，企业失去一两名顾客是正常现象，不值得大惊小怪，然而，这种情况所造成的影响却是难以估量的。所以，日本松下电器的创始人松下幸之助说："顾客的批评意见应视为神圣的语言，任何批评意见都应乐于接受。"倾听并恰当地处理顾客的意见，可以产生积极的效果，对此，可以用这样一个公式来说明：处理好顾客抱怨＝提高顾客的满意程度＝增强顾客的认牌购买倾向＝丰厚利润。

【案例 9-6】　牢骚效应

在芝加哥郊外,有一家制造电话交换机的工厂。在这个工厂中,各种生活和娱乐设施都很完善,社会保险、养老金等其他方面也相当不错,但是让厂长感到困惑的是,工人们的生产积极性却并不高,产品销售也是成绩平平。

为找出原因,他向哈佛大学心理学系发出了求助申请。哈佛大学心理学系在梅约教授的带领下,派出一个专家组对这件事展开了调查研究。

经调查发现,厂家原来假定的对工厂生产效率会起极大作用的照明条件、休息时间以及薪水的高低与工作效率的相关性很低,而工厂内自由宽容的群体气氛、工人的工作情绪、责任感与工作效率的相关程度却较大。

在他们进行的这一系列试验研究中,有一个"谈话试验"。具体做法就是专家们找工人个别谈话,而且规定在谈话过程中,专家要耐心倾听工人们对厂方的各种意见和不满,并作详细记录。与此同时,专家对工人的不满意见不准反驳和训斥。这一试验研究的周期是两年,在这两年多的时间里,研究人员前前后后与工人谈话总共达到了两万余人次。

结果他们发现:这两年以来,工厂的产量大幅度提高了。

经过研究,他们给出了原因:在这家工厂,长期以来工人们对它的各个方面就有诸多不满,但却无处发泄,"谈话试验"使他们的这些不满都发泄出来了,从而感到心情舒畅,所以工人们工作干劲儿高涨。

【分析】　与没有人发牢骚的企业相比,有人发牢骚的企业会更加成功。哈佛大学心理学教授梅约把这种现象称为"牢骚效应"。他认为,牢骚是改变不合理现状的催化剂,牢骚的内容虽然不总是正确的,但发牢骚的行为却是无可厚非的;有人发牢骚,说明他期望现状能够得到改善,只有对现状过于失望时,人才不会发牢骚。

马克·吐温曾说:"每个人都在谈论天气,但却没有一个人会对天气做什么。"这句话折射出一个事实——每个人都有发牢骚的冲动,虽然明知无法改变什么,但却总想把心中的不满宣泄出来。一个人会发牢骚的原因,和他会谈论天气的原因一样,并不是因为他想改变什么,而是因为这是排出不良情绪的重要出口。牢骚过后,人们的心情起码会好点儿。

对销售人员而言,与客户打交道时,难免会遇到客户发牢骚:抱怨产品有缺陷,抱怨售后服务不好等。此时,你千万不要去围堵、去反驳。客户的牢骚是宜疏不宜堵,堵则气滞,只会使牢骚升级;疏则气顺,反而会心平气和。客户把牢骚说出来,他心中的负面情绪就会得到疏导,心情也会逐渐变好。

同时,面对客户发牢骚,你还要分析牢骚是否具有普遍性。你可以与售后服务部门合作,进行客户满意度分析,以确定客户的某种牢骚是不是普遍性的问题。另外,对于能够马上改善的客户抱怨事项,你还要尽快拿出解决方案,并在第一时间解决发牢骚的客户所面临的问题。这样,你才会让客户知道他的意见得到了你的重视,你才能平息他们的不满情绪。

1. 汽车营销人员与投诉顾客的沟通技巧

从心理学的角度看,人的一切行为的出发点和归宿都是人的需要。沟通是人的一种行为,它的出发点和归宿也是人的需要。因为沟通是双方的事,所以沟通的本质是满足双方的需要。

对于顾客的投诉,汽车营销人员在与顾客沟通时,应仔细倾听顾客的"心声",稳定顾客的情绪，认真了解顾客产生不满的原因和事由，准确判断造成顾客投诉的根本因素和主体，从而"对症下药"，及时解决顾客的问题，消除顾客的不满。

在汽车营销服务过程中，消费者对汽车专营店服务所投诉的问题主要集中在以下几个方面：

（1）服务态度不好，相互推诿责任；

（2）维修时间过长，耽误顾客用车；

（3）维修费用过高，有些项目收费不合理；

（4）更换零件以次充好，欺骗顾客。

面对顾客的投诉和抱怨，服务人员在沟通过程中，除了要注意语气、态度、表情、举止等直接显现和传递的业务素养之外，还应以更为有效的解决方案消除顾客的疑虑，挽回顾客的信心，重塑企业的形象，从而提升顾客满意度和忠诚度。

2. 消费者投诉的处理

1）分析消费者抱怨产生的原因

顾客产生抱怨的原因有多方面，一般来说，多是因为营销人员对顾客不尊重、态度不好、疏于说明、工作不负责任而导致客户的不满；也可能是由于顾客错觉或误解所导致的购买；或是卖方在手续上的错误；或是产品质量上存在缺陷；也可能是顾客的不习惯、不注意或期望太高。准确分析抱怨产生的原因，将有助于与消费者沟通和解决问题。

2）处理消费者投诉的方法

（1）绝对避免辩解，立即向消费者道歉。要先向消费者道歉，如果营销人员急急忙忙打断消费者的话为自己辩解，无疑是火上浇油。可以对消费者说："感谢您提出意见。我们一向很重视自己的信誉。发生您所说的事情，我们深感遗憾，我们一定要了解清楚，加以改正。"

（2）耐心地聆听消费者的意见直到最后一句，不要打断对方的话。即便顾客的言语用词不当，也不要说出来，要等他说完以后再以诚恳的态度加以说明，求得其谅解。

（3）询问顾客提出抱怨的原因，并记录重点。对一些情绪激动的消费者，把他们的讲话记录下来，可以使他（或她）冷静下来。

（4）迅速采取措施，解决问题，消除抱怨。如果同意顾客处理的意见，就要迅速、爽快地做出处理，不要有不情愿的表现，更不能拖延。拖延处理抱怨的时间，是导致消费者产生新的抱怨的根源。要有勇气面对顾客的投诉与抱怨，积极处理，这也是赢得消费者信任的最好方式。

3）处理消费者投诉的技巧

（1）感谢顾客的投诉；仔细聆听，找出投诉的问题所在。表示同情，决不争辩。

（2）对顾客投诉问题的回应一定要迅速，正视顾客的问题，不回避问题。销售部门在接到顾客以电信或书面方式投诉的通知时，采取登记事由并以最快的时间由经办人到现场取证核实。如有必要可以让顾客接触到主管。

（3）搜集资料，找到事实，吸取教训，立即改善。尊重客观事实，对顾客投诉进行多方面的调查和区分，确因销售方原因给顾客造成的直接或间接损失，要根据具体情况按约定进行果断赔偿。对事实的调查，不能浮在表面，要深入到所有和索赔有关联的方面。了解造成事故的真正原因,不要回避真相,是什么就是什么,不能扩大也不能缩小。全面收集造成问题的各种因素,包括时间、数量、金额和特性等都要现场确认,不能是是非非、含含糊糊、唯唯诺诺,要给顾客一个明确的答复。

(4)既成事实的赔偿,一般是在双方友好协商的基础上达成共识。征求顾客的意见,提供补偿的措施与方法,并立即采取补偿行动。在表述理由时,要不卑不亢,不要因拒绝了对方的过分要求而怕业务受到影响。让顾客明白,损失的超限赔偿是基于双方的合作关系,吃亏也吃在明处,不能让顾客感到企业处理问题不严肃,可有效地防止顾客的再次过分苛求。要注意给顾客一个台阶下,永远别让顾客难堪。

(5)建立完整的顾客投诉处理的流程与记录。设立专门独立权威的处理顾客投诉的售后服务机构,有利于加强问题的处理力度。一般企业在这方面的机构设置和人员配置都比较完善,在权限上采取层层审批核实的程序,一个报告有业务、销售、生产、技术、营销和质量等五六个部门签字批示意见,最后经总经理审批生效。但要注意各部门之间的协调,不能只走形式,没有真正做到一一核实,一旦责任牵涉到许多部门,就都不敢对顾客表态,最终导致不负责的现象出现。

【案例 9-7】 250 定律

美国著名推销员乔·吉拉德认为,在每位顾客的背后,都大约站着 250 个人,这是与他关系比较亲近的人:同事、邻居、亲戚、朋友。

如果一个推销员在年初的一个星期里见到 50 人,其中只要有两个顾客对他感到不愉快,到了年底,由于连锁影响就可能有 500 个人不愿意和这个推销员打交道,他们知道一件事:不要跟这位推销员做生意。

这就是乔·吉拉德的 250 定律。

由此乔·吉拉德得出结论:在任何情况下,都不要得罪哪怕是一个顾客。

在乔·吉拉德的推销生涯中,他每天都将 250 定律牢记在心,抱定生意至上的态度,时刻控制着自己的情绪,不因顾客的刁难,或是不喜欢对方,或是自己心绪不佳等原因而怠慢顾客。乔·吉拉德说得好:"你只要赶走一个顾客,就等于赶走了潜在的 250 个顾客。"

去商场购物时,我们都有这样的体会:服务人员的态度好,提供的服务优质,往往能给我们留下深刻的印象。我们不仅会增加"光顾"的次数,还会介绍自己的亲朋好友去购物。而那些服务质量不好的商场,我们不仅自己不会去,还可能会把他们的不良服务向所有的亲朋好友"宣传"。

【分析】 心理学家认为,人的情绪具有传递性,并且大多数人具有心理认同性。客户也是一样,如果他从销售人员这里得到了优质的服务,心理上获得了满足,他就会把这种满意的情绪传递出去。而 250 定律反映的就是客户的这种心理:一个满意的客户会向 250 个相关的人传递你的正面信息,你会因此获得 250 个潜在客户。

松下幸之助曾说:"争取一位潜在客户,就可以增加许多新客户,客户的积累是我们生存的基础。"从一个顾客到 250 个客户,不是简单的数字游戏,而是实实在在的潜在销售机会。销售人员如果能充分理解 250 定律的含义,公平对待每一位客户,将这些客户变为自己的"推荐人",必然能为自己创造更多的交易机会。

本 章 小 结

营销服务是指各类企业为支持其核心产品所提供的服务。营销服务活动具有一系列的特点，具体表现为服务性、短暂性、主导性和不对等性。营销服务的影响作用所产生的心理效应表现在以下几个方面：首因效应、近因效应、晕轮效应和定势效应。汽车销售服务由售前、售中、售后服务三阶段构成。售前顾客心理主要表现为：顾客认知商品的欲望、顾客的价值取向和审美情趣、顾客的期望值、顾客的自我意识等，企业可采取相应的售前服务心理策略。售中顾客心理表现为：希望获得详尽的商品信息、希望寻求决策帮助、希望受到热情的接待与尊敬、追求方便快捷等。售后顾客心理表现为：评价心理、试探心理、求助心理、退换心理。售后服务策略要求提供优良的售后服务，提升 CS 经营理念，进一步完善企业的服务工作。

营销人员在服务中的影响力表现在以下几方面：营销人员是信息的沟通者、营销人员是商品的推介者、营销人员是选购的指导者、营销人员是感情的融通者。美国心理学家从顾客、营销人员、商品三者的关系上来解释营销人员在销售中的影响力。营销人员的仪表、语言、行为举止都会对消费者的心理产生影响。

消费者投诉时的心理有以下几种：期待问题尽快解决的心理、渴望得到尊重的心理、希望得到适当补偿的心理、发泄不满情绪的心理、和他人交流投诉经历的心理。分析消费者抱怨产生的原因，采取恰当的方法、运用合适的技巧处理消费者投诉，是解决双方冲突和维护企业形象的重要工作。

思 考 题

1. 汽车消费者对销售服务有哪些心理需要？应采取什么样的心理策略？
2. 举例说明营销人员的仪表对消费者心理有哪些影响？
3. 汽车消费者投诉心理有什么特点？如何采取有效措施处理消费者的拒购或消费投诉？

实 训 题

情景模拟：以小组为单位，每组成员为 3～5 人，其中 2 人为销售顾问，其余成员为顾客。根据角色分工，顾客事先设计好情节和内容，两位销售顾问分别接待不同的顾客。通过销售顾问服务过程中的表现，分析汽车销售服务中应该注意哪些问题。

评价方法：学生自评与互评相结合，并以此为主；以教师评价为辅。

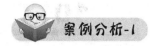
案例分析-1

情感式服务

美国著名企业家玫琳凯又一次开着一辆旧车去一家代销福特汽车的商行,准备购买一部自己早已看重的黑白相间的车子,以作为庆祝自己生日的礼物。但是,福特车行的销售员看到玫琳凯开的是辆旧车,把她看作是"不可能的买主",因而接待时显得漫不经心,最后干脆找了个借口,说已和别人约好要共进午餐,把玫琳凯拒之门外。

玫琳凯走出福特经销商行后,无意中走进了另一家商行。这家商行的销售员极其热情,当他得知玫琳凯是为自己的生日来购车时,说了声"请稍等"就走开了,过了一会儿又回到柜台前。15分钟后,一位秘书给她送来了12朵玫瑰花。他把这些花送给玫琳凯,说是一点儿心意,以表示对她生日的祝贺。这使玫琳凯大感意外、惊喜,并激动不已。于是,她打消了原来的购买意向,决定从这家商行买回一辆黄色默库里汽车。

试分析:

1. 玫琳凯为什么会改变原来的购车意向?
2. "情感式"服务的深层次动机是什么?这种做法夸张吗?适合国情吗?
3. 花的成本该如何处理?本案例的核心理念是什么?

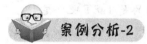
案例分析-2

准确把握客户的心理

明代开国皇帝朱元璋,出身贫寒,少年时就给有钱人家打工,甚至一度还为了果腹而出家为僧,但朱元璋却胸怀大志。

他做了皇帝后,有一天,儿时的一位穷伙伴来京求见。朱元璋很想见见旧日的老朋友,可又怕他讲出什么不中听的话来,心中犹豫不定,但还是让传了进来。

那人一进大殿,即大礼下拜,高呼万岁,说:"我主万岁!当年微臣随驾扫荡庐州府,打破罐州城。汤元帅在逃,拿住豆将军,红孩子当兵,多亏菜将军。"

朱元璋听他说得动听含蓄,心里很高兴,回想起当年大家饥寒交迫时有福同享、有难同当的情形,心情很激动,立即重重封赏了这位老朋友。

消息传出,另一个当年一块放牛的伙伴也找上门来了,见到朱元璋,他高兴极了,生怕皇帝忘了自己,指手画脚地在金殿上说道:"我主万岁!你不记得吗?那时候咱俩都给人家放牛,有一次我们在芦苇荡里,把偷来的豆子放在瓦罐里煮着吃,还没等煮熟,大家就抢着吃,把罐子都打破了,撒了一地的豆子,汤都泼在泥地里,你只顾从地下抓豆子吃,结果被红草根卡住了喉咙,最后还是我出的主意,叫你用一把青菜吞下,才把那红草根带进肚子里。"

当着文武百官的面,"真命天子"朱元璋又气又恼,哭笑不得,只有喝令左右:"哪里来的疯子!来人!快把他轰出去。"

试分析:

1. 同样是朱元璋幼时的伙伴,为什么前者得到了封赏,而后者却被轰了出去?
2. 在与客户沟通时,如何与客户进行良好成功的交流?

汽车营销策略与消费者心理

导入案例：优惠、价格、颜色、订货周期与真诚服务

　　这是一个周末的下午，已经接近六点了，同事们都已经下班了。今天轮到小李值班。正在收拾展车准备下班的时候，进来一对40岁左右的中年夫妇，微笑示意后径直走到了一辆银色的A4 1.8T前。"两位下午好！我是销售顾问小李，这是我的名片。两位今天过来是特地来看我们的A4吧？""对，最近听朋友说，你们正在做一个活动，A4优惠两万元？""请问先生您贵姓？""我姓范，这是我爱人。这次主要是给她买辆车。""范先生，是这样的，前不久我们做过一个活动，但那是07款A4。现在A4全系车型作了配置升级，它较我们以前的车型增加了一些配置，市场竞争力更高，性价比更好。"范先生的妻子田女士问："都增加了哪些配置呢？"小李回答道："您指的是1.8T吧？它增加了舒适包和豪华包等。这是我们的厂家出具的关于A4各车型增加配置的说明。请问您驾龄多长了？"田女士说："一年多了，可我基本上没怎么开过车。""是这样啊，那么，我刚刚提过的增加的配置中，有两项对您来说就再合适不过了。那就是随速助力转向系统和后驻车辅助系统，它对您的操控性和停车都助非常大，您说是吧？对了，我还想请问一下，您选择这款车仅仅是上下班代步吧？""对，就是代步，上下班，接送小孩。""既然是您用，上下班代步，我建议您考虑我们的1.8T，它在操控性方面非常优秀。1.8T带涡轮增压，动力性对于您上下班代步之用那是绰绰有余，在安全性等其他方面……""这些你就不用多说了，我自己用的就是A6，我们今天来就是了解一下情况。时间不早了，你也该下班了吧？我们回去再考虑考虑。""行，我的名片上有我的电话，有什么疑问随时可以打电话找我。A4有试乘试驾车。"田女士说："还可以试驾呀，那好啊！"范先生："改天吧，今天时候不早了。谢谢你的介绍，再见。"三天后，小李电话联系了客户，建议客户选择周末休息的时间来店里参加试乘试驾活动。在试乘试驾过程中，客户在小李的引导下，感受了A4的爆发力、操控性、悬挂系统、舒适性等多方面的信息，客户表示非常满意。接下来就是报价协商了。小李针对客户的实际情况，推荐客户考虑A4 1.8T舒适型，客户欣然接受。对于30万元的价格也无其他异议，并未出现有关优惠方面的争议。客户选择了红色车，这个颜色的车源特别紧俏，订货周期特别长，一般是四个月，但是经过小李的努力，终于挽留住了客户，订了车。

　　也许是A4本身的吸引力，也许是小李的真诚服务得到了客户的肯定，优惠、价格、颜色、订货周期，都没能难住小李。小李的体会是，赢得客户的信任，是销售顾问应当具备的基本技能和素养，也是成功的关键。

阅读并思考:

➤ 客户是冲着那两万元优惠来的,但最后并没有优惠而销售也成功了,这是为什么呢?

➤ 红色 A4 订货周期是四个月,客户还能初衷不改,为什么呢?

➤ 这单生意的成功,给了你哪些启示?

学习目标:通过本章的学习,理解性能、价格、品牌、广告等因素对汽车消费者心理的影响;掌握基于不同要素的汽车营销策略在汽车营销过程中对顾客产生的影响力。

关键概念:营销策略(marketing strategy)　顾客满意(customer satisfaction)

当今企业正面临前所未有的激烈竞争,市场正由卖方垄断向买方主导演变,以消费者为导向的营销时代已经来临。许多商家已经着手通过各种渠道来开展营销,铺天盖地的广告就可以证明这一点。但还有一个潜在的最重要的深层因素——消费者心理被忽视。由于消费者心理影响其消费行为,因此一个好的营销策略必须建立在认真分析消费者心理的基础上。

10.1　汽车性能对消费者购车决策的影响

10.1.1　汽车性能及其指标

1. 性能概述

性能作为中药学术语应用时,泛指药物的四气、五味、归经、升降沉浮、补泻等特性和功能(在此,亦可作效果之意)。产品性能是指产品具有适合用户要求的物理、化学或技术性能,如强度、化学成分、纯度、功率、转速等。这里特指产品性能。

产品性能是指产品具有适合用户要求的物理、化学或技术特性,如强度、化学成分、纯度、功率、转速等。而通常所说的产品性能,实际上是指产品的功能和质量两个方面。功能是构成竞争力的首要要素。用户购买某个产品,首先是购买它的功能,也就是实现其所需要的某种行为的能力。质量是指产品能实现其功能的程度和在使用期内功能的保持性,质量可以定义为"实现功能的程度和持久性的度量",使它在设计中便于参数化和赋值。

2. 汽车性能及指标

通常用来评定汽车性能的指标主要包括动力性、燃油经济性、制动性、操控稳定性、平顺性、通过性以及汽车使用性能等。

1) 动力性

汽车的动力性是用汽车在良好路面上直线行驶时所能达到的平均行驶速度来表示的。汽车动力性主要用三个方面的指标来评定:最高车速、汽车的加速时间、汽车的最大爬坡度。

最高车速是指汽车在平坦、良好的路面上行驶时所能达到的最高速度。数值越大,动力性就越好。

汽车的加速时间表示汽车的加速能力，也形象地被称为反应速度能力，它对汽车的平均行驶车速有很大的影响，特别是轿车，对加速时间更为看重。常用原地起步加速时间以及超车加速时间来表示。

汽车的爬坡能力用满载时的汽车所能爬上的最大坡度来表示。

汽车的最大爬坡度，是指汽车满载时在良好路面上用第一挡克服的最大坡度，它表征汽车的爬坡能力。爬坡度用坡度的角度值（以度数表示）或以坡度起止点的高度差与其水平距离的比值（正切值）的百分数来表示。

2）燃油经济性

汽车的燃油经济性常用一定工况下汽车行驶百公里的燃油消耗量或一定燃油量能使汽车行驶的里程来衡量。在我国及欧洲，汽车燃油经济性指标的单位为 L/100km，而在美国，则用 MPG 或 mi/gall 表示，即每加仑燃油能行驶的公里数。燃油经济性与很多因素有关，如行驶速度，当汽车在以接近于低速的中等车速行驶时燃油消耗量最低，高速时随车速增加而迅速增加。另外，汽车的保养与调整也会影响到汽车的油耗量。

3）制动性

将汽车行驶时在短距离内停车且维持行驶方向稳定的能力，以及汽车在长坡时维持一定车速的能力称为汽车的制动性。汽车的制动性能指标主要有制动效能、制动效能的恒定性、制动时汽车的方向稳定性、汽车的制动过程。

制动效能是指汽车的制动距离或制动减速度，用汽车在良好路面上以一定初速度制动到停车的制动距离来评价，制动距离越短则制动性能越好。

制动效能的恒定性是指制动器的抗衰退性能，即汽车高速驶下长坡连续制动时，制动器连续制动效能保持的程度。

制动时汽车的方向稳定性是指汽车制动时不发生跑偏、侧滑及市区转向能力的性能。目前主流车型配置的 ABS、ESP 等就是为了提高方向稳定性。

汽车的制动过程主要是指制动机构的作用时间。

4）操控稳定性

汽车的操控稳定性是指司机在不感到紧张、疲劳的情况下，汽车能按照驾驶员通过转向系统给定的方向行驶，而当遇到外界干扰时，汽车所能抵抗干扰而保持稳定行驶的能力。汽车操控稳定性通常用汽车的稳定转向特性来评价。转向特性有不足转向、过度转向及中性转向三种状况。有不足转向特性的汽车，在固定方向盘转角的情况下绕圆周加速行驶时转弯半径会增大，有过度转向特性的汽车在这种条件下转弯半径则会逐渐减小，有中性转向特性的汽车则转弯半径不变。易操控的汽车应当有适当的不足转向特性，以防止汽车突然出现甩尾现象。

5）行驶平顺性

行驶平顺性，是指汽车在一般行驶速度范围内行驶时，能保证乘员不会因车身振动而引起不舒服和疲劳的感觉，以及保持所运货物完整无损的性能。这与汽车的底盘参数、车身几何参数，以及汽车的动力性及操控性等有密切关系。由于行驶平顺性主要是根据乘员的舒适程度来评价，又称为乘坐舒适性。

6）通过性

通过性是指在一定载质量下，汽车能以足够高的平均车速通过各种坏路及无路地带和克服各种障碍的能力。坏路及无路地带,是指松软土壤、沙漠、雪地、沼泽等松软地面及坎坷不平地段;各种障碍,是指陡坡、侧坡、台阶、壕沟等。

通过性是车辆通过一定路况的能力。通过能力强的汽车,可以轻松翻越坡度较大的坡道,可以放心地驶入一定深度的河流,也可以高速行驶在崎岖不平的山路上。

主要评价指标有接近角、离去角、最小离地间隙。

7) 汽车使用性能

在一定使用条件下,汽车以最高效率工作的能力称为汽车使用性能。它是决定汽车利用效率和方便性的结构特性表征。

容量:包括额定装载质量,单位装载质量,货箱单位有效容积,货箱单位面积,座位数和可站立人数。

使用方便性:包括操纵方便性,出车迅速性,乘客上下车和货物装卸方便性,可靠性和耐久性,维修性,防公害性。

燃料经济性:包括最低燃料耗量,平均最低燃油耗量。

速度性能:包括动力性,平均技术速度。

越野性、机动性:包括最低离地间隙,接近角,离去角,前后轴荷分配,轮胎花纹及尺寸,驱动轴数,最小转弯半径等。

安全性:稳定性,制动性。

乘坐舒适性:平顺性,设备完备。

10.1.2　性能对汽车消费者心理的影响

1. 汽车性能吸引消费者的注意

从整个营销过程来看,吸引消费者的注意是营销的起点。没有进入消费者注意范围的内容,消费者怎么能决定是否购买呢? 在汽车专营店里,汽车主要的性能指标是汽车销售过程中重点介绍的内容之一,也是影响客户购买汽车的最重要因素之一。能引起消费者注意的,有汽车的价格、颜色、外形、内饰等因素,但最重要的,还是汽车的性能。从性别因素来看,女性更看重价格与外观,男性则更看重性能与品牌。从比例因素来看,近八成消费者买车首选4S店,更注重汽车性能与配置。然而,汽车的性能是"看"不出来的,所以,汽车厂家、商家要把宣传片与广告做好。同时,更要在4S店安排业务过硬的销售顾问,他们要对主营业务如数家珍,心中有数。只有这些工作做好了,才能引起消费者对汽车性能的关注,进而诱发消费者的兴趣。

2. 汽车性能诱发消费者的兴趣

营销过程的第二步,是诱发消费者兴趣。那么,汽车性能能否诱发消费者的兴趣呢? 回答是肯定的。进入汽车专营店要购车的消费者,对预购车型是有一定的认知、情感与意向的。也就是说,他们对预购商品(汽车)的诸多因素有所认识,心理上对某一品牌也有偏好,在购车的意向上也有所打算。通过汽车的宣传片也好,广告也好,销售顾问的详细介绍也好,他们对车的性能有所了解,并有了兴趣,自然会产生购车欲望。

3. 汽车性能刺激消费者的欲望

每个消费者在购车的时候，心理偏好都会有所不同。对于注重汽车安全性能的消费者来说，在购车时会更多地关注预购车型的安全性。如果这一类型的顾客到一家4S店，销售顾问在适当的时机以适当的方式向他介绍了某一车型的安全性能，就会引起顾客的兴趣。也就是说，能在一定程度上刺激这个顾客的购买欲望。专业的销售顾问如果能够从专业的角度为顾客介绍和解释车辆的性能，尤其是安全性能方面的配备，那么就会更深地打动消费者，交易的达成基本上可以说是万无一失了。这对注重安全性的消费者来说，只要在价格上可以接受，就会产生购买欲望。

4. 汽车性能满足消费者的需要

对于消费者来说，汽车的各方面性能表现是影响他们购车决策的重要方面。虽然消费者的需要不尽相同，但是其最为在意的主要因素会对他的购车决策产生决定性的影响。比如，注重汽车动力性能的顾客，在选购汽车时就会偏向于选择德系、美系车型，而非日系车；而重视汽车经济性的消费者，就会对经济、节能的日系车情有独钟。还有些消费者在购车时，更为关注汽车的整体性能表现，那么综合表现突出的车型就会受到他们的关注。不同品牌、不同车型满足了不同消费者的不同需要，生产畅销适路的车型不仅满足了消费者的需要，同时也为制造商和经销商的盈利带来了保障。

5. 汽车性能强化消费者的行为

从二手车置换业务的反馈信息发现，消费者报废了一辆某个品牌的车，又买了一辆同一品牌的车，这既是情有独钟，又是行为强化。行为之所以受到强化，是车的性能使然。通过多年驾驶感受和体验，消费者对其所拥有的汽车品牌车辆性能有了直观的了解和深刻的体会，在进行二手车置换时，自然会想到自己所熟知的品牌。因此，品牌发展过程中，要始终关注汽车性能的革新，保障其性能方面的领先技术，同时结合品牌宣传和营销策略，进一步强化消费者的购车行为，培养消费者成为忠诚顾客。

10.2　汽车价格对消费者购车决策的影响

【案例10-1】　价格策略对消费者购买行为的影响

又是一个快乐的周末，杨珊和好朋友早就约好一起逛街。在太平洋百货的门口，她们看见了一派分外热闹的情景：大幅"九周年庆"的标语、红灯笼，还有门口熙熙攘攘的人流……最吸引她们注意的是"3折起"的价钱，惹得两个人心里直痒痒。对于她们来说，太平洋百货的商品价位一向是比较高的，虽然漂亮的衣服和鞋子很诱人，但每月只有1000多块钱的收入，囊中羞涩，只好望而却步。今天可好了，真是难得的机会，于是两人欣喜异常地跨进了店门……

【分析】　许多消费者对价格都较为敏感，能够抓住消费者的这一心理制定价格策略，是商家制胜的良策之一。价格是营销组合的重要因素，是影响购买行为的最灵活，也最具有刺激性的因素之一，深入研究价格对消费者心理的影响，把握消费者的心理特征，是企业有效地制定价格策略、进行成功营销组合的前提条件。这一章,我们主要讨论价格的心理功能、消费者对价格的心理表现与判断,以及价格制定和调整的心理策略。

10.2.1　价格的含义

价格是商品同货币交换比例的指数,或者说,价格是价值的货币表现。价格是商品的交换价值在流通过程中所取得的转化形式。在经济学中,价格是一项以货币为表现形式,为商品、服务及资产所订立的价值数字。在微观经济学之中,资源在需求和供应者之间重新分配的过程中,价格是重要的变数之一。

10.2.2　汽车价格的本质及其作用

1. 价格的本质

价格是一种从属于价值并由价值决定的货币价值形式。价值的变动是价格变动的内在的、支配性的因素,是价格形成的基础。但是,由于商品的价格既是由商品本身的价值决定的,也是由货币本身的价值决定的,因而商品价格的变动不一定反映商品价值的变动。例如,在商品价值不变时,货币价值的变动就会引起商品价格的变动;同样,商品价值的变动也并不一定就会引起商品价格的变动,例如,在商品价值和货币价值按同一方向发生相同比例变动时,商品价值的变动并不引起商品价格的变动。因此,商品的价格虽然是表现价值的,但是,仍然存在着商品价格和商品价值不一致的情况。在简单商品经济条件下,商品价格随市场供求关系的变动围绕它的价值上下波动;在资本主义商品经济条件下,由于部门之间的竞争和利润的平均化,商品价值转化为生产价格,商品价格随市场供求关系的变动,围绕生产价格上下波动。

2. 价格的作用

1) 价格是商品供求关系变化的指示器

借助于价格,可以不断地调整企业的生产经营决策,调节资源的配置方向,促进社会总供给和社会总需求的平衡。在市场上,借助于价格,可以直接向企业传递市场供求的信息,各企业根据市场价格信号组织生产经营。与此同时,价格的水平又决定着价值的实现程度,是市场上商品销售状况好与坏的重要标志。

2) 价格水平与市场需求量的变化密切相关

一般来说,在消费水平一定的情况下,市场上某种商品的价格越高,消费者对这种商品的需求量就越小;反之,商品价格越低,消费者对它的需求量也就越大。而当市场上这种商品的价格过高时,消费者也就可能做出少买或不买这种商品,或者购买其他商品替代这种商品的决定。因此,价格水平的变动起着改变消费者需求量、需求方向及需求结构的作用。

3) 价格是实现国家宏观调控的一个重要手段

价格所显示的供求关系变化的信号系统,为国家宏观调控提供了信息。一般来说,当某种商品的价格变动幅度预示着这种商品有缺口时,国家就可以利用利率、工资、税收等经济杠杆，鼓励和诱导这种商品生产规模的增加或缩减，从而调节商品的供求平衡。价格还为国家调节和控制那些只靠市场力量无法使供求趋于平衡的商品生产提供了信息，使国家能够较为准确地干预市场经济活动，在一定程度上避免由市场自发调节带来的经济运行的不稳定，或减少经济运行过程的不稳定因素，使市场供求大体趋于平衡。

10.2.3　价格对汽车消费者心理的影响

1. 汽车价格的构成

所有商品价格的构成，都是由生产成本、流通费用、利润税金等几大块构成的。汽车价格也不例外。

1）生产成本

生产成本是生产单位为生产产品或提供劳务而发生的各项生产费用，包括各项直接支出和制造费用。直接支出包括直接材料（原材料、辅助材料、备品备件、燃料及动力等）、直接工资（生产人员的工资、补贴）、其他直接支出（如福利费）；制造费用是指企业内的分厂、车间为组织和管理生产所发生的各项费用，包括分厂和车间管理人员工资、折旧费、维修费、修理费及其他制造费用（办公费、差旅费、劳保费等）。

2）流通费用

流通费用主要包括包装费、运输费、装卸费、保险费、展览费、广告费、租赁费（不包括融资租赁费），以及企业为销售产品而专设的销售机构（含销售网点、售后服务网点等）的职工工资及福利费、类似工资性质的费用、业务费等费用。

3）利润税金

任何一家企业都不能做赔本的买卖，也不能做无利可图的买卖。所以说，在每一件商品的价格里面，都包含一定的利润。利润少则为几成（百分之几十），多则为几倍，甚至十几倍或更多。每台汽车也有它的利润，只不过这是商业秘密，谁也不能说。有人估计，由于车价将继续走低，价格战将不可避免。但不管是价格战，还是持久战，谁也不能做无利可图的事，更不能做赔本的买卖。

企业所得税、增值税等税费，对于企业来说，的确是一笔不小的开销。当然，最终还是都平摊到每辆汽车的价格里面了，汽车消费者成了这些税费的最终承担者。

2. 影响汽车价格的因素

1）市场供给

如果汽车企业的产能过剩，汽车供大于求，那么，汽车价格将持续走低。市场上某些车型紧俏，供不应求，那么这些车型的价格就会上扬。有些车型甚至加价几万元也有人买。从目前我国汽车产能的实际情况看，总体说来是供大于求的。也就是说，我国的汽车价格会保持稳中有降的趋势。

2）企业利润、产业技术、生产规模

一般来说，企业利润、产业技术和生产规模是与汽车价格成反比的。以生产规模为例，规模越大，平均到每辆车的成本就越低。一套模具用在 1 万件和 10 万件零部件上，成本是不一样的。同样,产业技术提高了,就会缩短劳动时间,提高产能,降低成本。

3) 居民收入

随着居民收入的大幅增长,他们的需求就会得到有效释放。这对汽车产业的快速发展和保持车价稳中有降会发挥重要的基础性作用。汽车生产出来,最终还是需要消费者去消费,企业才能赚取利润。因此,提高居民收入是促进消费的关键。

4) 世界车价

改革开放以后,人们的眼界放宽了,信息的快速传播使消费者能够迅速掌握市场行情。以国外汽车市场价格为例,德国、美国汽车价格是国内的二分之一甚至三分之一,然而以2012年的统计数据来看,他们的人均收入却是中国的5倍以上。国内外汽车市场价格的巨大差异,加大了消费者的心理落差,也在一定程度上影响了他们的购车决策。

5) 税收政策

资料显示,中国的汽车家庭买辆轿车如果是进口车,排量在3.0升以上,就要缴车价25%的进口关税,排量3.0升以上车型征收25%消费税,消费者购车时征收9%左右的购置税。其中,关税和消费税为包含在车价内的税费,购置税为车价以外的税费。如果是买辆国产车,企业在生产环节要上缴17%的增值税和5%的消费税。车辆上市销售后,购买者还必须支付约9%的购置税。保有环节还有车船税。

而在美国,大部分州对汽车公司仅征收5%～10%的税费,终端环节也没有购置税。在日本,轿车的平均税率大概是11%,德国则为7%。比较一下可以发现,中国的汽车家庭在购买环节和保有环节背负的税在全球也是数得着的,这不利于刺激消费、拉动内需。与之相反,我们在使用环节的税却偏低,节能减排最公平、最能发挥出效力的环节偏弱。

6) 竞争关系

有一种观点认为,中国的车价大部分是由竞争关系决定的,成本只是其中一部分因素。定价太高了,就容易"鹤立鸡群",以致无人问津;定价太低,无利可图,无异于自杀。就目前中国国内生产轿车的厂家来说,相互之间都有一种竞争的关系。蛋糕就那么大,你切得大一点,我就小一点。所以,这种竞争关系在一定程度上决定了中国车价的高低。

7) 技术转让费

技术转让费也是一个不可忽视的因素。如引用了国外的技术或者车型,就要缴给国外至少10%的技术转让费。如果一台车20万,那就要缴2万元的技术转让费。你生产得越多,转让费也就越多。这也是中国车价高的一个原因。

3. 汽车价格对消费者的影响

1) 车价高会使消费者产生观望心理

M6的价格在2003年的时候,大概是26万元,2010年是16万元左右。26万元的时候,观望者多,购买者少,因为价高,绝大多数普通汽车消费者是买不起的。2010年,16万元,消费者觉得不贵了,于是购买者多了起来。有人在分析中国车价高之谜的时候,一语中的,入木三分:一半交税费,一半是暴利。还有人认为,车太贵的原因,一是我国汽车市场容量太小,使生产成本较高;二是高关税保护;三是老百姓收入水平太低。

2) 车价低会使消费者产生待购心理

从2005年年末开始,我国汽车市场开始打响了一场持续时间达几年的价格战。所谓价格战，不是抬价，而是一夜之间齐刷刷地都降价。这种降价，不是降一次完事，汽车价格越战越低，两败俱伤。这个时候，消费者只能持币待购。其实，汽车频繁降价，带来的负面效应很大。在价格战那个当口，汽车已经成为了消费者最担心的贬值商品，这种行为严重地影响了消费者的购车信心。当然，有人认为，消费者此时买车正当时。要坚持买降不买涨的规律，在车市集体上演"跳水秀"后，消费者选择余地大，此时买车肯定比平时划算。

3）车价平会使消费者产生从容心理

平平淡淡才是真。车市价格平稳，消费者才会觉得真实，价格忽高忽低就不正常了。只有车市的价格平稳了，消费者才能产生从容心理，他们才会从从容容地买车。汽车的定价，要考虑到生产成本，考虑到企业利润，考虑到竞争关系，还要考虑到百姓收入。只有在这种平平淡淡的车价氛围里，消费者才能感受到他买的车物有所值，而不是价格战时的贬值货。

【案例10-2】　本田飞度——低价，一步到位

在国内经济型轿车市场上，像广州本田的飞度一样几乎是全球同步推出的车型还有上海大众的POLO。但与飞度相比，POLO的价格要高得多。飞度1.3L五速手动挡的全国统一销售价格为9.98万元，1.3L无级变速自动挡销售价格为10.98万元。而三厢POLO在2010年11月上市时的价格为13.09~16.19万元。飞度上市后，POLO及时进行了价格调整，12月中旬，在北京亚运村汽车交易市场上，三厢POLO基本型的最低报价为11.11万元。即使这样，其价格还是高于飞度。虽然飞度9.98万元的价格超过了部分消费者的心理预期，但在行家眼里，这是对其竞争对手致命的定价。

飞度定价上也体现了广州本田的营销技巧。对于一般汽车企业来说，往往从利润最大化的角度考虑定价，想办法最大限度地获得第一桶金。这体现在新车上市时，总是高开高走，等到市场环境发生变化时才考虑降价。但这种方式存在一定的问题，即在降价时，因为没办法传递明确的信号，消费者往往更加犹豫，因为他们不知道企业是否已经将价格降到谷底。

飞度的做法则不同，它虽然是一个技术领先的产品，但采取的是一步到位的定价。虽然这种做法会使消费者往往要向经销商缴一定费用才能够快速取得汽车，增加了消费者的负担，但供不应求的现象会让更多的消费者产生悬念。如果产量屏障被打破以后，消费者能够在不加价的情况下就可以买到车，满意度会有很大的提高，因为它给予了消费者荣誉上的附加值。

对于飞度为什么能够实现如此低的定价这个问题，广州本田方面的解释是，飞度起步时国产化就已经超过80％。而国化比例是决定国内轿车成本的两大因素之一。

整体来看，飞度良好的市场表现最重要的原因之一是广州本田采用了一步到位的低价策略。汽车性能和价格在短期内都难以被对手突破。这就使得长期徘徊观望的经济型轿车潜在消费者打消了顾虑，放弃了持币待购的心理，纷纷选择了飞度。

【分析】　低价策略，也可称为渗透定价策略，是指汽车企业以较低的成本利润率为汽车定价，以求通过"薄利多销"来实现利润指标的定价策略。这是一种比较常用的促销手段，利用人的求实、求廉的心理，一般只用于消费者对价格反应敏感的汽车产品，如中低档的经济型汽车。从产品的生命周期来看，属于产品投入期和衰退期的汽车，常常会用低价策略。前者是为了迅速占领市场，后者是为了加快更新换代。但同时低价策略使厂家获取微利，用于市场推广的预算不足，给人以价低质次的不良感觉。

10.3　汽车品牌对消费者购车决策的影响

品牌的价值对于厂商来说永远是第一位的,品牌价值是品牌资产的核心,它影响着这个品牌的认知度,同时给予消费者充足的购买驱动力。汽车品牌不仅代表了汽车生产企业的品牌资产,同时也是品牌质量、性能、服务等多方面价值的综合体现,是消费者购车决策的重要影响因素。

10.3.1　品牌的内涵

品牌是指一个名称、名词、符号或设计,或者是它们的组合,其目的是识别某个销售者或某群销售者的产品或劳务,并使之同竞争对手的产品和劳务区别开来;品牌最持久的含义和实质是其价值、文化和个性;品牌是一种商业用语,品牌注册后形成商标,企业即获得法律保护拥有其专用权;品牌是企业长期努力经营的结果,是企业的无形载体。

1.品牌是一种无形资产

品牌是企业无形资产的浓缩与概括,是一个企业整体素质实力的佐证,也是企业知名度、美誉度的象征,在企业开拓市场、资本扩张、队伍凝聚等方面发挥着重要的作用。

品牌拥有者可以凭借品牌的优势不断获取利益,可以利用品牌的市场开拓力、形象扩张力、资本内蓄力不断发展。因此品牌的价值并不能像物质资产那样用实物的形式表述,但它能使企业的无形资产迅速增大,并且可以作为商品在市场上进行交易。

2.品牌能给其拥有者带来溢价、产生增值

品牌是给拥有者带来溢价、产生增值的一种无形的资产,其载体是用以和其他竞争者的产品或劳务相区分的名称、术语、象征、记号或者设计及其组合,增值的源泉来自于消费者心智中形成的对其载体的印象。

3.品牌是产品或企业核心价值的体现

消费者或用户记忆商品工具不仅要将商品销售给目标消费者或用户,而且要使消费者或用户通过使用对商品产生好感,从而重复购买,不断宣传,形成品牌忠诚,使消费者或用户重复购买。消费者或用户通过品牌,通过对品牌产品的使用,形成满意,就会围绕品牌形成消费经验,存储在记忆中,为将来的消费决策形成依据。

4.品牌是识别商品的分辨器

品牌的建立是由于竞争的需要,是用来识别某个销售者的产品或服务的。品牌设计应具有独特性,有鲜明的个性特征,品牌的图案、文字等与竞争对手的区别,代表该企业的特点。同时,互不相同的品牌各自代表着不同形式、不同质量、不同服务的产品,可为消费者或用户购买、使用提供借鉴。通过品牌人们可以认知产品,并依据品牌选择购买。例如人们购

买汽车时,奔驰、沃尔沃、桑塔纳、宝马、丰田,每种品牌都代表了不同的产品特性、不同的文化背景、不同的设计理念、不同的心理目标,消费者和用户可根据自身的需要进行选择。

5. 品牌是质量和信誉的保证

企业设计品牌、创立品牌、培养品牌的目的是希望此品牌能变为名牌,于是在产品质量上下功夫,在售后服务上做努力。同时品牌代表企业,企业从长远发展的角度必须从产品质量上下功夫,特别是名牌产品、名牌企业。因此品牌,特别是知名品牌就代表了一类产品的质量档次,代表了企业的信誉。比如"沃尔沃",作为汽车品牌人们提到"沃尔沃"就会联想到汽车的安全性。再如"法拉利"作为世界知名的跑车品牌,其优良的性能、卓越的品质在豪车市场有目共睹。"法拉利"代表的是速度与激情,代表的是企业的信誉和产品的质量。

10.3.2 与品牌相关的概念

1. 产品

产品是指能够提供给市场,被人们使用和消费,并能满足人们某种需求的任何东西,包括有形的物品、无形的服务、组织、观念或它们的组合。产品一般可以分为三个层次,即核心产品、形式产品、延伸产品。核心产品是指整体产品提供给购买者的直接利益和效用;形式产品是指产品在市场上出现的物质实体外形,包括产品的品质、特征、造型、商标和包装等;延伸产品是指整体产品提供给顾客的一系列附加利益,包括运送、安装、维修、保证等在消费领域给予消费者的好处。

2. 商标

商标是一种法律用语,是生产经营者在其生产、制造、加工、拣选或者经销的商品或服务上采用的,为了区别商品或服务来源、具有显著特征的标志,一般由文字、图形或者其组合构成。经国家核准注册的商标为"注册商标",受法律保护。商标注册人享有商标专用权。

3. 名牌

对于名牌最通俗的理解就是知名品牌。"名牌"一词,是 20 世纪 90 年代以后在我国广为流行的营销术语,是市场经济的产物。与大量的其他营销学术语直接从西方翻译过来不同,名牌在英文中没有直接对应的单词,意思比较接近的词是"established brand",即"已建立的品牌"或"成熟品牌"。所谓名牌,简言之,就是驰名品牌,也即在市场上具有广泛知名度和美誉度的品牌或商标。

4. 品牌资产

品牌资产是与品牌、品牌名称和标志相联系的,能够增加或减少企业所销售产品或服务的价值的一系列资产与负债。它主要包括 5 个方面,即品牌忠诚度、品牌认知度、品牌感知质量、品牌联想、其他专有资产,如商标、专利、渠道关系等,这些资产通过多种方式向消费者和企业提供价值。

5. 品牌识别

品牌识别是品牌营销者希望创造和保持的,能引起人们对品牌美好印象的联想物。这些联想物暗示着企业对消费者的某种承诺。品牌识别将指导品牌创建及传播的整个过程,因此必须具有一定的深度和广度。

6. 品牌符号

品牌符号是区别产品或服务的基本手段,包括名称、标志、基本色、口号、象征物、代言人、包装等。这些识别元素形成一个有机结构,对消费者施加影响。它是形成品牌概念的基础,成功的品牌符号是公司的重要资产,在品牌与消费者的互动中发挥作用。

7. 品牌个性

品牌个性是特定品牌拥有的一系列人性特色,即品牌所呈现出的人格品质。它是品牌识别的重要组成部分,可以使没有生命的产品或服务人性化。品牌个性能带来强大而独特的品牌联想,丰富品牌的内涵。

8. 品牌定位

品牌定位是在综合分析目标市场与竞争情况的前提下,建立一个符合原始产品的独特品牌形象,并对品牌的整体形象进行设计、传播,从而在目标消费者心中占据一个独具价值地位的过程或行动。其着眼点是目标消费者的心理感受,途径是对品牌整体形象进行设计,实质是依据目标消费者的特征,设计产品属性并传播品牌价值,从而在目标顾客心中形成品牌的独特位置。

9. 品牌形象

品牌形象是指消费者基于能接触到的品牌信息,经过自己的选择与加工,在大脑中形成的有关品牌的印象总和。品牌形象与品牌识别既有区别,又有联系。二者的区别在于,品牌识别是品牌战略者希望人们如何看待品牌,而品牌形象是现实中人们如何看待品牌;二者的联系在于,品牌识别是品牌形象形成的来源和依据,而品牌形象在某种程度上是执行品牌识别的结果。

10. 品牌文化

品牌文化是指品牌在经营中逐步形成的文化积淀,代表了企业和消费者的利益认知、情感归属,是品牌与传统文化以及企业个性形象的总和。与企业文化的内部凝聚作用不同,品牌文化突出了企业外在的宣传、整合优势,将企业品牌理念有效地传递给消费者,进而占领消费者的心智。品牌文化是凝结在品牌上的企业精华。

11. 品牌延伸

品牌延伸是指在已有相当知名度与市场影响力的品牌的基础上,将成名品牌运用到新产品和服务上,以期减少新产品进入市场风险的一种策略。它可以增加新产品的可接受性,减少消费行为的风险性,提高促销性开支使用效率,以及满足消费者多样性需要。

12. 品牌结构

品牌结构是指一个企业不同产品品牌的组合，它具体规定了品牌的作用、各品牌之间的关系，以及各自在品牌体系中扮演的不同角色。合理的品牌结构有助于寻找共性以产生协同作用，条理清晰地管理多个品牌，减少对品牌识别的损害，快速高效地做出调整，更加合理地在各品牌中分配资源。

13. 品牌认知度

品牌认知度（brand awareness）是品牌资产的重要组成部分，它是衡量消费者对品牌内涵及价值的认识和理解度的标准。品牌认知是公司竞争力的一种体现，有时会成为一种核心竞争力，特别是在大众消费品市场，各家竞争对手提供的产品和服务的品质差别不大，这时消费者会倾向于根据品牌的熟悉程度来决定购买行为。

14. 品牌美誉度

品牌美誉度是品牌力的组成部分之一，它是市场中人们对某一品牌的好感和信任程度，它是现代企业形象塑造的重要组成部分。

品牌知名度是美誉度的基础，而品牌美誉度才能真正反映品牌在消费者心目中的价值水平，二者都是衡量品牌价值外延性的重要指标。美誉度是品牌在消费者心中的良好形象。美誉度是以知名度为前提的，没有很好的知名度，更不用说有很好的品牌形象。但知名度可以通过宣传手段快速提升，而美誉度则需要通过长期的、细心的品牌经营，十年如一日地保持良好的品牌形象，才能建立起来。可以说，品牌知名度只是品牌美誉度的一个组成部分。

15. 品牌忠诚度

品牌忠诚度是指由于品牌技能、品牌精神、品牌行为文化等多种因素，使消费者对某一品牌情有独钟，形成偏好并长期购买这一品牌商品的行为。简言之，品牌忠诚度就是消费者的重复购买行为。根据顾客忠诚度的形成过程，可以划分为认知性忠诚、情感性忠诚、意向性忠诚、行为性忠诚。

16. 品牌偏好度

品牌偏好度是品牌力的重要组成部分，指某一市场中消费者对该品牌的喜好程度，是对消费者的品牌选择意愿的了解。

营销学家霍尔及布朗（Hoyer·Brown）于 1990 年的研究论述中指出，消费者在采取购买行动之前，心中就已有了既定的品位及偏好，只有极少数的消费者会临时起意产生冲动性购买。整体而言，就算消费者的购买是无计划性的、无预期性的，仍将受到心中既有的品位与偏好的影响。事实上，品牌与品牌之间的战争，就是一场由营销传播与促销所构建成的消费者心理战，每个品牌都竭尽所能地想击败对手，获取最高的品牌偏好与忠诚度。营销人员在策划与促销产品时，应特别留意消费者内心世界里的"喜欢"或"不喜欢"是如何形成的，才能为品牌注入正面的、强力的偏好度。

17. 自主品牌

自主品牌是指由企业自主开发、拥有自主知识产权的品牌。它有三个主要衡量因素：市场保有量、生产研发的历史及其在整个行业中的地位。企业自主品牌首先应强调自主，产权强调自我拥有、自我控制和自我决策，同时能对品牌所产生的经济利益进行自主支配和决策。自主品牌主要强调两方面，即对品牌知识产权的控制权和所有权。如果对品牌只有使用权如进行贴牌生产的企业，而其处理权和最终的决策权在他人手中，就不是真正意义的自主品牌。

18. 品牌声浪

品牌声浪是指企业利用各种传播手段使消费者甚至是整个社会与企业品牌之间产生共鸣形成统一的价值观。

品牌声浪传播是从一个企业倾听消费者心声开始，再到品牌发出声音并形成品牌声浪，最后品牌声浪再次到达消费者那里，与消费者形成声音共振，引起消费者共鸣的过程。所以，品牌需要声音，但更需要声浪，需要能够辐射到消费者内心的品牌声浪。

品牌声浪原点是品牌的"发声器官"和发声能力，品牌声浪区则是品牌声音传播的介质以及声音本身，由两部分组成，一部分是由企业家、组织机构、员工、产品等有形体所构成的品牌声浪传播硬件基础，另一部分则是由传播技能、企业文化、品牌定位、品牌核心价值等无形体所构成的品牌声浪传播软件基础。两部分的构建是同一个过程。

10.3.3 品牌的种类

1. 根据品牌知名度的辐射区域划分

根据品牌的知名度和辐射区域划分，可以将品牌分为地区品牌、国内品牌、国际品牌、全球品牌。

地区品牌是指在一个较小的区域之内生产销售的品牌。例如，地区性生产销售的特色产品。这些产品一般在一定范围内生产、销售，产品辐射范围不大，主要是受产品特性、地理条件及某些文化特性影响。这点类似于地方戏种，如：秦腔主要在陕西，晋剧主要在山西，豫剧主要在河南等。

国内品牌是指国内知名度较高、产品辐射全国、在全国范围内销售的产品。例如，电器巨子——海尔，香烟巨子——红塔山，饮料巨子——娃哈哈等。

国际品牌是指在国际市场上知名度、美誉度较高，产品辐射全球的品牌，如可口可乐、麦当劳、万宝路、奔驰、爱立信、微软、皮尔·卡丹等。

2. 根据品牌产品生产经营的不同环节划分

根据产品生产经营所属环节可以将品牌分为制造商品牌和经营商品牌。制造商品牌是指制造商为自己生产制造的产品设计的品牌。经销商品牌是经销商根据自身的需求，对市场的了解，结合企业发展需要创立的品牌。制造商品牌很多，如大众、奔驰、宝马、丰田等。

经销商品牌，如"永达""东昌"品牌，旗下都经营有多种品牌的汽车专营店等。

3. 根据品牌来源划分

根据品牌的来源可以将品牌分为自有品牌、外来品牌和嫁接品牌。自有品牌是企业依据自身需要创立的，如本田、东风、永久、摩托罗拉、全聚德等。外来品牌是指企业通过特许经营、兼并、收购或其他形式而取得的品牌，例如，联合利华收购的北京"京华"牌，香港迪生集团收购法国名牌商标 S. T. DuPont。嫁接品牌主要指通过合资、合作方式形成的带有双方品牌的新产品。

4. 根据品牌的生命周期长短划分

根据品牌的生命周期长短来划分，可以分为短期品牌、长期品牌。短期品牌是指品牌生命周期持续较短时间的品牌，由于某种原因在市场竞争中昙花一现或持续一时。长期品牌是指品牌生命周期随着产品生命周期的更替，仍能经久不衰、永葆青春的品牌，如老字号全聚德等，也有些是国际长久发展来的世界知名品牌，如可口可乐、奔驰等。

5. 根据品牌产品内销或外销划分

依据产品品牌是针对国内市场还是国际市场，可以将品牌划分为内销品牌和外销品牌。由于世界各国在法律、文化、科技等宏观环境方面存在巨大差异，一种产品在不同的国家市场上有不同的品牌，在国内市场上也有单独的品牌。品牌划分为内销品牌和外销品牌对企业形象整体传播不利，但由于历史、文化等原因而不得不采用。对于新的品牌的命名应考虑到国际化的影响。

6. 根据品牌的行业划分

根据品牌产品所属行业不同可将品牌划分为家电业品牌、食用饮料业品牌、日用化工业品牌、汽车机械业品牌、商业品牌、服务业品牌、网络信息业品牌等几大类。

除了上述几种分类外，品牌还可依据产品或服务在市场上的态势，划分为强势和弱势品牌；依据品牌用途不同，可划分为生产资料品牌和生活资料品牌等。

7. 根据品牌的原创性与延伸性划分

根据品牌的原创性与延伸性的不同可划分为主品牌、副品牌、副副品牌，如"海尔"品牌，现在有海尔冰箱、海尔彩电、海尔空调等，海尔洗衣机中又有海尔小神童、海尔节能王等。另外，也可将品牌分成母品牌、子品牌、孙品牌等，如宝洁公司的海飞丝、飘柔、潘婷等。

8. 根据品牌的本体特征划分

根据品牌的本体特征又可将品牌划分为个人品牌、企业品牌、城市品牌、国家品牌、国际品牌等。如明星本身就是个人品牌，哈尔滨冰雪节、宁波国际服装节等属于城市品牌，金字塔、万里长城、埃菲尔铁塔、自由女神像等属于国家品牌，联合国、奥运会、国际红十字会等属于国际品牌。

10.3.4 品牌对汽车消费者心理的影响

1. 品牌形象决定了消费者对品牌的认知度

汽车市场竞争日趋激烈的今天,竞争方式也在悄然发生着变革,从单纯的价格竞争,转向考虑品牌因素溢价之争。"什么样的牌子值什么样的价钱"是对品牌竞争平白而精准的注释。品牌因素日益重要,促使每个企业都希望创造更有溢价能力的品牌,品牌建设由此成为企业运营的关键因素。

奥迪、宝马、奔驰这三大汽车品牌在我国消费者心目中的品牌形象最高,所以他们对这三大品牌的认知度也最高。奥迪是整个汽车历史中最具神话色彩的传奇之一,其历史可以追溯到一百多年以前。奥迪四环代表着历史最悠久的德国汽车制造商之一。宝马公司从1916年注册到现在,也有近百年的历史了。宝马也是消费者非常喜爱的一个品牌。奔驰是世界十大汽车公司之一,创立于1926年。奔驰汽车除以高质量、高性能的豪华汽车而闻名外,它也是世界上最著名的大客车和重型载重汽车的生产厂家。这三大品牌的形象,决定了我国消费者对奥迪、宝马、奔驰车的认知度。虽然到目前为止,并非所有汽车爱好者与消费者能真正拥有这三大品牌车,但对它们的认知早就有了。

2. 品牌形象能帮助消费者建立鲜明的自我形象

人们购买知名品牌的汽车,不仅因为它们质量上乘,还因为它们能帮助消费者塑造自我形象。只有当消费者根据自己的需要、价值观及生活方式来选择与之相适应的品牌时,品牌才能使消费者产生一种印象:品牌代表了我。这个时候,品牌形象与自我形象才一致起来。这种神奇的效应是其他任何因素都替代不了的。

3. 品牌利益与品牌风险决定了消费者的品牌选择

英国品牌评估机构 Brand Finance 发布"2018 全球最有价值的 100 个汽车品牌"排行榜(Top 100 most valuable auto brands 2018)。德国梅赛德斯奔驰以两亿美元的微弱优势,超越日本丰田,成为 2018 年全球价值最高的汽车品牌。梅赛德斯奔驰品牌价值为 439.30 亿美元,比上年增加了 24%。名列第二位的丰田,品牌价值为 437.01 亿美元,比上年减少了6%。德国宝马品牌价值 417.90 亿美元,比上年增加了 6%。

100 强汽车品牌中既包括了轿车品牌,也有卡车、摩托车品牌,共有 21 个中国内地汽车品牌进入百强榜,哈弗和吉利今年都进入了前 20 强行列。电动汽车的发展和 SUV 汽车销量的增长,以及中国汽车市场的重要地位,影响到了不同汽车品牌价值的变化。

目前,中国汽车品牌与世界汽车巨头差距依旧较大,决定汽车行业未来发展控制权的关键领域和核心技术仍然被国际领先企业所主导,中国自主品牌汽车企业必须奋起直追,创新体制机制,加快掌握这些关键技术。

随着消费升级,中国消费者对于生活品质的细节越来越关注,无论是吃,还是用,由此催生了"新精致主义"。新精致主义代表的是消费者对更美好生活的自我满足与极致品质的追求。在汽车消费上,表现出消费者购车时受价格影响的趋势下降,而品牌、品质、颜值、技术成为消费者购车的主要决定因素。因此,未来汽车品牌及其价值将决定消费者的购车选择。

4. 品牌所提供的优质产品与服务左右着消费者的忠诚度

许多厂家、商家都清醒地认识到，消费者的忠诚度决定了他们产品的市场占有率，决定着潜在的消费者群的大小，决定着企业的经济效益。他们更应当清晰地认识到：他们的品牌所提供的优质产品和服务，决定着消费者的忠诚度。以我国自主品牌为例，红旗、奇瑞、吉利、比亚迪等几大品牌，他们为消费者提供的产品质量如何，他们的服务如何，消费者心里是最清楚的。他们手里的"选票"最终投给谁，就说明谁的产品质量与服务是值得信赖的。

5. 品牌与消费者的沟通是从眼到心的沟通

消费者对某一品牌的感知，是从它的外部开始的，主要是车的外形。车的外形是首先进入消费者认知世界的感性素材，也是消费者对车形成第一印象的关键。里边配置再好，质量再过硬，价格再合理，但外形没有抓住消费者，一切都白搭。接下来是对车的配置的感知，最后，是对车的性能的感知。品牌与消费者的沟通，就是这样，从外到内，从眼到心。眼是始端，心是终端。车的性能（舒适度、安全性、操控性、动力性等性能）是要靠心去体会的。

【案例10-3】　消费者非常注重车的品牌

一天，有一位女士走进了展厅。销售顾问小白一下子就认出了这是著名的歌唱家巴老师。"巴老师您好，欢迎您的光临！""你认识我？""当然啦，您的歌曲早已响遍了大江南北，还会有谁不认识您呢？"通过与巴老师的沟通，小白得知她想换一辆能体现自己身份地位的高档轿车，供自己上下班使用。她非常注重车辆的品牌，操控性不是她关注的，她更注重舒适性。于是小白向她推荐了A4 1.8T豪华版的车。"这款高档车最能体现车主尊贵的身份。著名钢琴家郎朗已经在慕尼黑被正式任命为奥迪全球品牌大使。郎朗的形象与奥迪完美、创新、激情的品牌理念一脉相承。您看A4前脸饱满霸气，多有王者风范，侧面流线优雅，后翘的尾部运动时尚，整个车身高贵中又富含时尚运动的个性，车的外形尺寸也非常适合女性车主。"看到巴老师微笑着点头，小白又请巴老师坐到驾驶的座椅上，帮她调好座椅，请她的随从坐到后座，然后小白坐到副驾驶的位子上，详细地向巴老师介绍操作功能，试CD的音响效果，巴老师非常满意，说："我不懂车，就想要操作简单方便的车，但是音响一定要好，开着车听优美的音乐，是一种享受，我看这款车不错，你说呢？"她转头问后座的随从。随从说："是的，您没有音乐怎么能行呢？A4一共有几款，都有什么区别？"小白说："这样吧，你们先坐到那边喝杯水，我给您拿份资料，您详细对比一下！"在对比过程中，小白向巴老师介绍了1.8T是最经典的一款发动机，三进两出动力更足，还有能体现豪华的真皮座椅、桃木内饰及天窗，特别是氙气大灯更适合夜间行车。然后，小白又邀请巴老师试乘试驾，亲身感受一下这款车，巴老师欣然答应。在试驾过程中，随从更感兴趣，不停地说："不错，不错，真有感觉，巴老师，就这款车了。"试完车之后，巴老师说："对车我很满意，就是价格能优惠吗？我买了这款车，等于也是给你们做了广告！"小白微笑着说："巴老师，首先非常感谢您选择我们的车，您开上这款车，才能体现您的身份，奥迪车是全国统一车价，价位是非常稳定的。其实，优不优惠对您并不重要，您看好的是这款车，要求优惠其实只是想得到一个心理满足，您说是不是呢？您买这款车是我们奥迪的荣幸，我们经理一定会有一份礼物送给您的，您看怎么样？""一定要送一份厚礼哦！"巴老师也笑着说。在选定颜色之后，巴老师交了订金："小白，我就等你的好消息了！"

思考题：小白成功的主要原因是什么？

【分析】　小白的成功，主要有两点原因：一是她抓准了客户的需要，即车主非常注重品牌，更注重舒适性，想买一部体现车主身份地位的高档轿车。抓准这一点之后，小白便能将符合要求的车型——对号入座，最后选定1.8T。二是小白特别善于沟通。

这个案例提示我们：作为一名优秀的销售顾问，首先要练就扎实的基本功，尤其是准确把握客户的需要，另外，要熟练地掌握沟通技巧，针对不同类型的顾客，采用不同的沟通方式和技巧，保障顺畅有效的沟通交流，才能促进交易的达成。

10.4　汽车广告对消费者购车决策的影响

10.4.1　广告的特点及其诉求方式

广告是为了某种特定的需要，通过一定形式的媒体，公开而广泛地向公众传递信息的宣传手段。广告有广义和狭义之分，广义广告包括非经济广告和经济广告。非经济广告指不以营利为目的的广告，又称效应广告，如政府行政部门、社会事业单位乃至个人的各种公告、启事、声明等，主要目的是推广；狭义广告仅指经济广告，又称商业广告，是指以营利为目的的广告，通常是商品生产者、经营者和消费者之间沟通信息的重要手段，或企业占领市场、推销产品、提供劳务的重要形式，主要目的是扩大经济效益。这里所指的汽车广告主要是商业广告。

1. 广告的特点

总结起来，广告具有以下特点：
(1) 以营利为目的。
(2) 传播商业信息。
(3) 通过一定的媒介和形式。
(4) 需要支付广告费用。
(5) 商品面向的对象不同，形式上有很大的区别。

2. 广告的诉求方法

广告有两种诉求方法：感性诉求、理性诉求。

1) 感性诉求

采用感性说服方法的广告形式，又称情感诉求。它通过诉求消费者的感情或情绪来达到宣传商品和促进销售的目的，也可以叫作兴趣广告或诱导性广告。感性诉求的广告不做功能、价格等理性化指标的介绍，而是把商品的特点及其能给消费者提供的利益点，用富有情感的语言、画面、音乐等手段表现出来。"威力洗衣机，献给母亲的爱"就属此类诉求方式。通常感性诉求广告所介绍的产品或企业都是以感觉、知觉、表象等感性认识为基础，是消费者可以直接感知的或是经过长期的广告宣传，消费者已经熟知的。采用感性诉求，最好的办法就是营造消费者使用该商品后的欢乐气氛，使消费者在感情获得满足的过程中接受广告信息，保持对该商品的好感，最终采取购买行为。

2）理性诉求

理性诉求广告采用理性说服方法的广告形式，通过诉求消费者的理智来传达广告内容，从而达到促进销售的目的，也称说明性广告。这种广告说理性强，常常利用可靠的论证数据揭示商品的特点，以获得消费者理性的承认。它既能传授给消费者一定的商品知识，提高其判断商品的能力，又会激起消费者对产品的兴趣，从而提高广告活动的经济效益。通常的理性诉求广告有承诺广告、旁证广告、防伪广告、比较性广告等。

10.4.2　广告对汽车消费者心理的影响

面对激烈的市场竞争，企业要使自己的产品从众多商品中脱颖而出，赢得消费者的青睐和信任，就必须以撼人心弦的力量把价值承诺传递给目标顾客。广告承担了这一任务，它是传播信息的重要工具，更是开拓市场的先锋。

1. 汽车广告

汽车广告是汽车企业为了宣传自己产品的性能、质量，通过一定的媒体形式，公开而广泛地向消费者传递有关汽车信息的商业手段。最早的汽车广告发源地在美国。1900 年，美国第一家汽车工厂——奥兹莫比尔汽车厂竣工，奥兹父子在工厂门口竖立了一块醒目的标志牌，上书"世界最大的汽车工厂"，来往行人无不驻足观看。对中国人来说，最著名的、留给他们印象最深的汽车广告，当属"车到山前必有路，有路就有丰田车"。丰田汽车这句气吞山河的广告词在中国家喻户晓。1979 年，日本的三菱公司在《人民日报》上刊登广告，这是最早在中国的媒体上刊登广告的汽车公司。应当说，汽车广告给它的广告主——各汽车厂家都带来了不菲的经济效益与社会效益。这也正是各汽车厂商不惜重金给自己的产品做广告的真正动力。

2. 我国汽车广告的现状

虽然我国的汽车广告给汽车经销商带来了一定效益，但还是有不少人认为，汽车广告投放量与品牌认知度不成正比，即投入多，产出少。另外，不少消费者认为，国外的汽车广告要么意境优美，要么幽默有趣，要么情节感人，能真正从内心打动人，然而中国的汽车广告远远不及。

早有人断言，要在当今汽车市场闯荡，必须备好三件东西：一副好身板，一个好名字，一条好广告。广告是打通汽车市场的敲门砖。也有人认为，广告在营销中的作用不超过10%。有人对电视中的汽车广告作了总结，认为电视汽车广告中充斥着超速、打滑和急刹车的危险驾驶镜头，这会给人们造成错觉：这样开车没问题，车就要这样开。

国内消费者对他们所接触到的汽车广告内容效果评价普遍不高。曾有调查结果表明，有 33.5％的消费者觉得"越看越不明白"，38.7％的消费者觉得"不能真实反映产品实际"，67.3％的消费者没有"因为广告好而产生购买的想法。"还有，有 53.86％的消费者对当前的汽车广告不满意，其中，26.92％的消费者认为汽车广告太过夸张，19.23％的消费者认为缺乏个性，就是说，这个广告词用到别的车上也行。就像有的观众说的那样，不同车的广告和画面却常常惊人相似，因而给人留下的印象同样模糊。

消费者想从广告中获得的信息与实际获得的信息差距也很大。有 34.62％的消费者希望能从广告中获得参考数据信息，但只有 19.23％的人实际上获得了信息；有 50％的消费者希望能获得汽车性能的信息,但只有 11.53% 的消费者实际得到了性能的信息。

据全球市场研究公司 AC 尼尔森的调查,某年度,国外汽车品牌在中国的广告投放中,本田获得的投资回报率最高。其广告投放额为 9500 万元人民币,是大众广告投入的 1/7、丰田广告投入的 2/7,却获得了 17% 的品牌认知度,其余参与调查的 4 个品牌的认知度均未达到两位数。调查结果反映出这样一个信息:汽车广告投放量与品牌认知度并不一定成正比。要达到广告的预期效果,汽车广告设计就需要创新。

3. 汽车广告对消费者的影响

广告宣传语作为汽车推向市场的敲门砖,其作用当然是不可估量的,许多汽车厂家对如何为自己的汽车构思出一条好的广告语而绞尽脑汁。

"驾乘乐趣,创新极限"是宝马的广告语,"生为强者"和"志在掌握",分别是速腾和帕萨特领驭的广告语,而"活得精彩"则是福特福克斯的广告语。据这些品牌汽车经销商介绍,他们的广告语都有着不同的市场定位和诉求。

从概念营销到技术营销,从性能营销到目标营销,汽车广告市场如同汽车市场一样弥漫着浓浓的火药味,让我们感受到它无处不在的竞争。

消费者在购车时,汽车的性能是最受关注的。因此,许多汽车厂家在汽车的广告语中也更重视向消费者传递有关汽车性能的信息。

现在多数汽车广告虽只有几个字,但却表达了汽车最核心的东西,因此,也更容易打动消费者。"有路必有丰田车"这个广告语被大家记住的同时,也让丰田车开到了中国的大街小巷。

一条好的汽车广告宣传语,不但能深入人心,同时,对打开市场、扩大销量也有着极其巨大的作用。一条广告语被消费者接受,惠及的是汽车,乃至品牌。

对此,福特中国副总裁许国祯说:"福克斯上市以来,销售情况一直很好,精彩的销售数据也得益于它'活得精彩'的营销口号和品牌理念。"

显然,一句与消费者价值观产生共鸣的广告语,将会增强消费者的好感,使其所代表的品牌为消费者所熟知,进而达到品牌和形象的传承。

【案例 10-4】 "别针"好用更安全——"富豪"的广告创意

1996 年法国戛纳国际广告节获平面广告金奖及全场大奖的"沃尔沃"(VOLVO)汽车(别针篇),一直被人奉为创意典范。如图 10-1 所示。

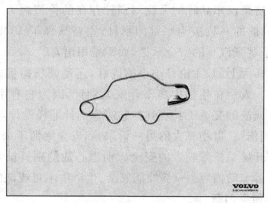

图 10-1 沃尔沃"安全别针"平面广告

广告在空大留白版面中用大型安全别针曲成汽车的外形,大标题是：你可信赖的汽车。配合这个广告,VOLVO轿车的广告语是：安全别针,你可信赖的汽车。

为进一步突显VOLVO的"安全"诉求,1997年,VOLVO又推出了在夏纳获奖的力作：一位面露微笑、神情安然自怡的婴儿躺在母亲硕大的双乳间,让人一见,"安全感"油然而生。

被瑞典人视为瑞典工业旗舰的富豪（VOLVO曾译名）汽车,是当今世界上仅有的几家专门为中产阶级生产高档轿车的厂商之一。所以,富豪品牌被引入中国之后,原本取之于拉丁文"lroll"之意的VOLVO,被毫不沾边地冠上了一个爆发感很强的品牌名称"富豪",无论这是厂家蓄意去讨好中国先富起来的"成功人士",还是折射了中国的老百姓渴望拥有豪华汽车急于富裕起来的心理,都丝毫不影响VOLVO品牌的精髓："安全、可靠和环保"。

从1924年富豪品牌创建伊始,其创始人 Assar Gavrielsson 和 Gustaf Larson 就宣称："汽车是由人来驾驶的,因此,我们制造车的基本原则——安全必须永远至上。"90多年来,富豪品牌因其产品定位为最安全的汽车而享誉全球,VOLVO品牌已经成为安全的象征,也正是基于安全可靠的卖点,富豪建立了自己在全球汽车竞争市场上独一无二的品牌识别。由于在家庭轿车上取得的成功,富豪将品牌逐渐延伸至卡车、大巴和建筑设备以及海上和工业动力系统。VOLVO由家庭汽车起步,最终发展成为一个跨国集团的公司品牌,不能不说是品牌的精髓造就了 VOLVO 的今天。

以安全坚固而著名的富豪汽车,在其品牌的推广和创意传播方面,也始终围绕这一核心要素。

1996年,在法国夏纳国际广告节上获得全场唯一大奖的富豪汽车广告,美国评委 Gary Goldsmith 给予评价说："它是一幅仅有一句文案（一辆你可以信赖的车）的广告——纯粹的视觉化创意。我认为我们所看到过的一些最好的东西,都是传递信息块,并且各位无需费神去思考或阅读。"

【分析】　这可能是最简单不过的汽车广告了,当然,也是最富有创意的汽车广告之一。这幅广告的成功,就在于它巧妙的创意。它从日常生活中极平凡的物和极平凡的事中,去创造了不平凡,制作了不平凡。该广告的成功不仅在于它的单纯、简洁,更在于这种单纯、简洁中所包含的商品广告和喻体特性之间的关联性：一是车体形状与巧手扭折过的别针十分相像,二是 VOLVO 诉求的是它的安全系数。在西方,这种类似车型的别针本名就叫"安全"别针,两者之间的过渡是非常自然、贴切的,商品个性与喻体情况的关联是自然、熨帖的,没有一丝的斧凿痕迹。

创意的神来之笔将富豪汽车品牌的灵魂与别针存在的价值融为一体,它打动你的不是视觉的审美,而是用你胸前的一枚极为平常的别针,重新演绎了 VOLVO 诞生以来对人生命的认识和审视,升华了富豪汽车的安全承诺,而不是用语言。

人的生命价值是至高无上的,无论是小小的别针,还是豪华昂贵的轿车,一切的设计和核心都应该是以人为本。人们在生活中离不开安全别针,因为它有用且安全方便；富豪汽车是你生活中代步不可或缺的交通工具,同时,它还像别针那样设计,处处为你的安全着想,你不必担心不小心的"刺伤"。以小见大的另一诉求是,安全来源于细致入微的考虑,富豪从汽车制造的每一个细节开始关注驾驶者的安全。别出心裁的别针被弯成汽车的形状,直观形象地表达了广告所要诉求的内容：一部性能安全、生活中不可或缺的 VOLVO 汽车。

【案例10-5】　广告创意创新

（1）路虎与蠢萌相关联的结果：荒郊野外没有限速,是否也得考虑一下兔子的感受。

耳朵都被你超速的车尾风吹得不美了。

（2）停车位无处不在：一张等比例的 Smart 贴纸，商场的橱窗、店铺的大门，只要能贴上的地方，就能有 Smart 的容身之地。

（3）个子小，度量大：用漏斗猛揣的节奏，难道，不会把小小飞度撑死吗？

（4）你还想跳哪里去：MINI 在你眼中是个什么角色，连广告牌都在上面不老实待着，活泼、调皮就是你眼中的 MINI 吧。

（5）捷豹的胃口真大：面包圈、酸奶、披萨，仔细看，这些都是什么？没错，奥迪、宝马、奔驰。一下子全给你们吃掉！

（6）开上哈雷，没有到不了的地方：开上哈雷，没有什么不可能，月球、海底、雪山都能去。

（7）我们比狮子跑得更远：马赛部落传统规定，每个勇士必须杀死一只狮子才能成人。"狮子比我们跑得快，但是我们跑得更远。"

（8）梅赛德斯首次夺取F1年度车队冠军：汉密尔顿与罗斯博格摆出了三叉星辉的标志，俨然一对好"基友"的表现。

（9）QQ 与笑脸：这是一组 QQ 与笑脸的广告图，买辆物美价廉的 QQ，找回你在拥挤的公共交通车上丢失的笑脸。

（10）拥有好运气的一天：鸟屎没有砸中我，油漆也没有泼到我，在家吃着火锅，看着别人的车被"空袭"。心里真是太爽了。

本 章 小 结

消费者心理的变化会直接影响其消费行为。因此，一个好的营销策略必须建立在认真分析消费者心理的基础上。汽车作为耐用消费品，已经进入普通家庭。汽车的性能、价格、品牌、广告等因素都对汽车消费者的心理具有一定的影响，并在消费者的购买决策过程中发挥不同的作用。

思 考 题

1. 汽车性能对消费者购车心理有什么影响？
2. 影响汽车价格的因素有哪些？汽车价格对消费者的购买决策有什么影响？
3. 汽车品牌对消费者心理的影响表现在哪些方面？
4. 举例说明汽车广告对消费者的影响。

实 训 题

以小组为单位，任选一汽车品牌，分别以品牌、价格、性能、广告为主题进行市场调研，通过查阅资料、实地调查等方式了解汽车消费者在购车决策中最关注的要素有哪些，并了解不同的营销策略对消费者实际影响的大小。调研结果以报告的形式进行说明和展示。

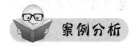
案例分析

大众奥迪——高价，攫取利润

作为国内中高档车标杆的奥迪 A6 的换代车型——新奥迪 A6，在 2005 年 6 月 16 日正式公布售价，除了核心配置和美国版有差异外，国产后的新奥迪 A6/L3.0 高出了美国版逾20 万元。当时据业内资深人士分析，德国大众旗下的奥迪品牌在主力车型上的过高定价一旦失误，很可能将加速大众汽车在华市场份额下滑，同时导致中国中高档车市重新洗牌。

一汽大众正式公布了全新奥迪 A6/L2.4 和 A6/L3.0 共 6 款车型的价格和详细装备表。其中 A6/L2.4 三款车型的厂家指导价格区间为 46.22 万～57.02 万元；A6/L3.0 三款车型的价格区间为 56.18 万～64.96 万元。这 6 款车型已于 2005 年 6 月 22 日正式上市销售。

据了解，自 1999 年投产以来，上一代国产奥迪 A6 经历了五次升级，在不到 5 年的时间里销量超过 20 多万辆，在国内豪华车市场多年来可谓是"一枝独秀"，直到 2004 年市场份额仍维持在 60% 左右。

按照这个价格，新奥迪A6的最高价格已经打破了日前国产豪华轿车最贵的一款宝马530i。国产宝马5系目前的价格是53万～61万元，市场报价还更低；日产的价格是24.98万～34.98万元，丰田的报价是32.8万～48万元，新奥迪A6等于"让出"了原来销量最大的价格区间。

奥迪美国官方网站上写道，美国市场上日前新奥迪A6只有3.2L和4.2L两个排量，其价格分别为4.262万美元和5.22万美元。这样，美国版的3.2L折合人民币为35万元，国内版本竟高出了21.18万～29.96万元。

业内人士分析说："和美国版的新奥迪A6相比，在核心配置方面，国内版的新奥迪A6发动机不是FSI的，而且不带全时四驱，变速箱还不是Tiptronic，且价格也贵出很多。"一位不愿意透露姓名的分析师说，如果市场证明新奥迪A6在定价上出现失误，很可能将加速大众汽车在华市场份额下滑，同时导致中国中高档车市的重新洗牌。

某全球机构中国首席汽车分析师则认为，从当时A6的定价来看，肯定是改变老A6的产品定位了，这将使得原来老A6在30万～40万元的区间被竞争对手们蚕食，假如奥迪今年年内没有弥补这个价格区间的车型，那么今年要想达到去年5万多辆的销量，几乎成了不可能完成的任务。

其实，奥迪采取高价策略，已经不是第一次了，以前奥迪A4也同样采用的是高价入市策略。这样，可以使汽车厂商在短时间内攫取大量利润，等到过一段时间后，竞争对手的车也上市了，消费者的热情也消退大半，再降价刺激市场，扩大市场占有率，提升销量。对于高档豪华轿车来说，顾客多是高收入个人、政府和企事业单位，对价格并不是太敏感，他们主要看重的是品牌。

奥迪采取高价策略，自己不可能不知道高价入市的风险，但这些年大众在华业务销量和利润都逐年下滑，如果没有利润增长点，很可能出现亏损。奥迪A6新车型如果高价入市成功，则很可能避免全年的亏损。由于奥迪在中国这么多年的先入优势，品牌在消费者心目中的地位，经销商的实力，这次的胜算很大。但越往后，消费者越成熟，信息越透明，中国的消费者没理由愿意与美国的消费者买同样的车却多花二三十万。

试分析：

1. 奥迪选择高价策略的原因是什么？
2. 如何选取不同的定价方法？

二手车消费者心理

导入案例：犹豫不决与爱车失之交臂

在二手车市场里采访，听到最多的故事就是一辆车被多个买家看上，但多数人犹豫不决，而等到下定决心买车时，却发现先前看上的车已被卖掉了。

李先生是个狂热的车迷，对各种汽车的了解程度不亚于一些专业人士。但就是他这样对汽车如此了解的车友，在购买二手车时却总不能如愿。据李先生介绍，他很喜欢二手车，平时出差到外地，宁可不去旅游景点，也要去当地二手车市场转转。上个月，他打算卖掉自己已开了 7 年的"北斗星"，换辆好的二手车。

可一个多月过去了，却一直没有如愿。

据熟悉李先生的车商说，李先生"心太细、太能挑"，好几辆车都看上了，但不是价格没谈拢，就是嫌车子有瑕疵，等到思量清楚想购车时，车子又卖了。

李先生对记者说，他最后悔的是错过一辆车龄 3 个月，仅开了 2000 多公里的"轩逸"。那辆轩逸无论车况、价格，还是颜色都让人满意。唯一让人不解的是，买了 3 个月的车为什么仅仅开了 2000 多公里？会不会是里程表被动了手脚？但李先生却没有找到可疑之处。最后，等到他考虑清楚，带着定金去买车时，这台车已经被卖掉了。

阅读并思考：

➢ 是什么原因导致李先生与爱车失之交臂？

➢ 造成这种原因的消费心理是什么？

学习目标：通过本章的学习，应了解二手车消费者的购车动机；掌握二手车消费者的购车心理。

关键概念：二手车（used car）　动机（motivation）　心理（psychology）

11.1　二手车市场的发展历程及其对汽车消费的影响

11.1.1　二手车的相关概念

二手车，英文翻译为"second hand vehicle"，意为"第二手的汽车"，在中国也称为"旧机动车"。北美是全球最发达的二手车市场，因为普通民众购买旧车的时候不一定能买到"第二"手的车，所以北美的通俗叫法是"用过的车"，也就是通常说的"used car"。

2005 年 10 月 1 日由商务部、公安部、工商总局和税务总局联合发布的《二手车流通管理办法》正式实施，此办法总则的第二条对二手车定义为："二手车是指从办理完注册登记手续，到达到国家强制报废标准之前，进行交易并转移所有权的汽车（包括三轮汽车、低速载货汽车，即原农用运输车）、挂车和摩托车"。据了解，在新的《二手车流通管理办法》出台之前，国家的正式文件上一直没有出现过"二手车"的字样，有的只是"旧机动车"。虽然它们的内涵基本相同，只是提法上的差异，但"旧机动车"让人感觉车辆很破旧，从而在一定程度上影响人们的消费情绪。实际上现在很多七八成新的汽车也流入了二手市场，所以"二手车"在提法上更中性、更通俗易懂，同时也与国际惯例接轨。

二手车交易市场是指依法设立、为买卖双方提供二手车集中交易和相关服务的场所。

二手车经营主体是指经工商行政管理部门依法登记，从事二手车经销、拍卖、经纪、鉴定评估的企业。

二手车经营行为是指二手车经销、拍卖、经纪、鉴定评估等。

（1）二手车经销是指二手车经销企业收购、销售二手车的经营活动；

（2）二手车拍卖是指二手车拍卖企业以公开竞价的形式将二手车转让给最高应价者的经营活动；

（3）二手车经纪是指二手车经纪机构以收取佣金为目的，为促成他人交易二手车而从事居间、行纪或者代理等经营活动；

（4）二手车鉴定评估是指二手车鉴定评估机构对二手车技术状况及其价值进行鉴定评估的经营活动。

二手车直接交易是指二手车所有人不通过经销企业、拍卖企业和经纪机构将车辆直接出售给买方的交易行为。二手车直接交易应当在二手车交易市场进行。

二手车置换是消费者用二手车的评估价值加上另行支付的车款从品牌经销商处购买新车的业务。

二手车市场监管指二手车市场监管主体对二手车市场活动主体及其行为进行限制、约束等直接干预活动的总和。

11.1.2　中国二手车市场的发展历程

1. 中国汽车市场发展状况

随着社会经济快速发展和人民生活水平不断提高，我国汽车化进程不断加快，汽车消费需求旺盛，汽车保有量保持快速增长趋势。截至 2017 年末，全国民用汽车保有量 21 743 万辆（包括三轮汽车和低速货车 820 万辆），比上年末增长 11.8%，其中私人汽车保有量 18 695万辆，增长 12.9%。民用轿车保有量 12 185 万辆，增长 12.0%，其中私人轿车 11 416 万辆，增长 12.5%。2010—2017 年，中国私人汽车保有量持续增长（见图 11-1），其中私人轿车的增长情况尤为显著。私人轿车这一指标在 2003 年统计公报中第一次出现，当年末全国私人轿车拥有量为 489 万辆，全年汽车产量 444.4 万辆，其中轿车产量 202.0 万辆。2010—2017年期间，全国私人轿车保有量从 3443 万辆增长到 11 416 万辆，如图 11-2 所示。随着私家车保有量的不断上升，以及私车的普及，二手车也应运而生，二手车交易已成为中国汽车消费市场的重要组成部分。

在国外汽车市场,二手车交易十分火爆。发达国家的车主基本上每三年换一辆车,如此高的换车频率,人人都买新车是不可取的。二手车由于其相对较高的性价比和低门槛成为了国外许多人的首选,既可以满足驾驶不同品牌的乐趣,又可以不增加过多的花销。据统计,目前美国、德国、瑞士和日本等二手车的销量分别是新车销量的 3 倍、2 倍、2 倍和 1.4 倍,其中美国旧车利润占利润总额的 45%。瑞士首都日内瓦大约有 165 万人口,一般情况有 26 万辆二手车在市场上流通,年新车销售量约 28 万辆,二手车的销售量为 56 万辆,二手车的销售量是新车销售量的 2 倍。作为汽车生产大国的德国,汽车的销量很大,但德国的用户在购买第一辆车时,有三分之二的消费者首选购买的是二手车。

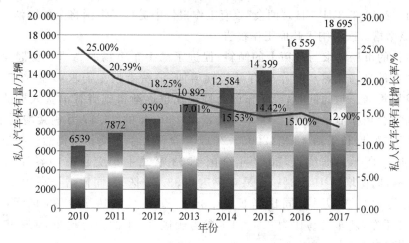

图 11-1　2010—2017 年全国私人汽车保有量及其增幅变化

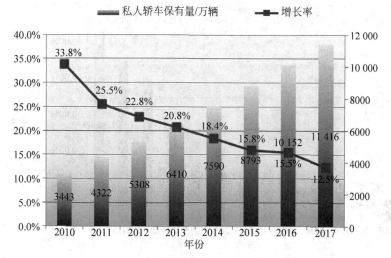

图 11-2　2010—2017 年全国私人轿车保有量及其增幅变化

2. 中国二手车市场的发展

回顾中国二手车市场的发展,虽然只有短短三十多年的历史,但每一个历史事件,都对中国二手车市场产生了巨大影响。

　　1979年，国家首次宣布允许私人拥有汽车，开启了中国汽车市场私人消费之路。资料显示，1988年，北京市一位市民花6000多元买了一辆二手菲亚特微型车126P，轰动一时。

　　在二手车市场政策方面，2005年8月，商务部发布《汽车贸易政策》，鼓励二手车流通，加快二手车市场的培育和建设；2005年10月，《二手车流通管理办法》正式实施，对二手车市场经营主体、流通规范及监督管理做出更加明确的规定。2006年3月，为加强规范二手车交易行为，商务部出台《二手车交易规范》，并明确规定二手车经销企业需为车辆提供质量保证。而2009年2月出台的《汽车产业调整与振兴规划》，则进一步明确了二手车市场发展的政策和措施。公安部、商务部、环保部三部于2017年3月联合发函，要求各地于4月14日起取消二手车限制迁入政策。限迁令取消后，国Ⅳ排放以下的二手车的流通将不再受到区域的限制。2018年3月5日，"两会"政府工作报告中提出了全国将全面取消二手车限迁政策，这是该举措首次被纳入政府工作报告。

　　不断增长的市场需求与政策上的倾斜，促进了二手车市场的高速和稳健发展。随着中国汽车产业的日趋成熟和新车保有量持续增加，消费者换车需求彰显，给二手车市场带来新的发展机遇。与此同时，二手车的高性价比也逐渐得到睿智消费人群的青睐。中国汽车流通协会数据显示，全国二手车交易量由2000年的25.17万辆猛增到了2017年的1204.09万辆，增长了约48倍，2005—2017年全国二手车交易量仍然保持迅猛的增长势头，如图11-3所示。据统计，2017年全国1068家二手车交易市场累计二手车交易1240.09万辆，同比增长19.33%，交易金额达8092.72亿元，同比增长高达34%。12月份二手车交易123.09万辆，同比增长13.85%，交易金额达746.83亿元，同比增长11.04%。二手车/新车交易比为0.4：1。参考美国3：1的交易比重，未来中国二手车交易市场规模空间巨大。

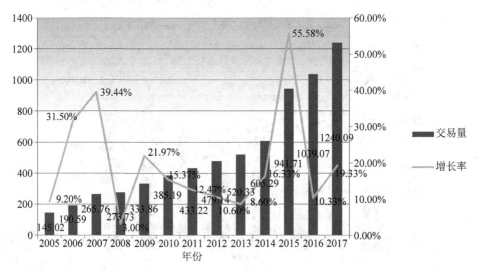

图11-3　2005—2017年全国二手车交易量（万辆）

　　刚性需求的存在和交易量的逐年攀升，使二手车市场悄然成为中国汽车业的又一巨大潜力市场。同时，对这个迅猛增长的市场，消费者也给予了空前的关注。为进一步满足消费者需求，二手车交易形式在逐步走入正轨的同时，也随之向多元化的方向发展。目前，国内二手车交易途径主要包括汽车交易市场、零散交易、品牌专卖、拍卖会、品牌化等，并分别呈现集贸中心交易、进入 4S 店和自发性交易的特点。

从目前国内二手车交易特点来看,车龄在 2～5 年的二手车最受欢迎,成交量也占到一半以上;当车龄超过 5 年时,随着车龄增加,成交量越来越低。

虽然二手车市场发展迅猛,但与国际上相对成熟的二手车市场相比,中国二手车市场还处于初级阶段,有着非常大的发展空间。一般来说,发达国家二手车的交易量是新车的1.5～3 倍,而中国二手车交易量只占新车总销售量 2/5。但伴随着二手车消费理念的深入和新车保有量的增长,中国的二手车市场将迎来巨大的发展机遇。

目前,我国二手车市场发展步入拐点,将实现重大转变。

首先,经营机构趋向规模化经营,行业集中度将显著提升,代表行业规模化经营特征批发环节的出现,将彻底颠覆长期存在的"小作坊"式经营方式。与此同时,专业化分工将更加明晰,收车、批发、零售等主营业务经营机构将取代以往经营实体的"万金油"特征。

其次,跨区域流转将成为未来趋势。区域性、全国性的交易服务平台建设与发展,将成为二手车领域新的亮点和产业发展的新动力。

我国的二手车市场发展距离国际成熟的汽车市场还有很大的差距,这也表明我国二手车市场的发展空间和潜力是巨大的。近几年,二手车电商市场兴起,2015 年二手车电商行业的投融资热潮持续升温,全年公开可查的关于二手车电商的投融资超过 20 起,并且有近七成的投融资超过 1000 万美元,有近四成的投融资超过 3000 万美元,无论在数量还是在规模上都远超 2014 年。李克强总理在 2016 年政府工作报告中提出,活跃二手车市场,加快建设城市停车场和新能源汽车充电设施。2016 年 3 月 14 日,国务院正式发布《关于促进二手车便利交易的若干意见》,从八方面促进二手车市场繁荣发展。《意见》的出台,首先解决了限迁问题,将更好促进二手车流通。由于二手车与新车的联动作用,未来,新车销量也将获得发展空间。频繁的利好政策出台,重要程度之高,政策力度之重,意味着我国二手车市场迎来广阔的发展前景。

11.1.3　国外二手车市场的发展及借鉴

国外汽车市场经过长期的发展,相较中国汽车市场更为成熟和稳定,二手车市场的发展也更加成熟和开放。以二手车交易和新车销售比例来看,美国市场为 2.67∶1、英国市场为3∶1、日本市场为 1.42∶1。与之相比,中国二手车与新车销售的比例仅为 0.3∶1,这一明显差距反映出中国二手车市场还是一个发展中的市场,同时也表明中国二手车市场拥有巨大的发展潜力与空间。

1. 美国二手车市场发展概况

过去这些年,美国新车的年平均销量为 1600 万辆,而二手车的年销量却高达 4000 万辆以上,基本上是新车的 2～3 倍。二手车的热销除了与美国大众对二手车有着异乎寻常的热情有很大关系之外,一个主要原因是美国二手车市场经过数十年的发展已经相当成熟,形成了一套行之有效的市场规则,从价格、质量、服务等多个汽车消费的关键领域给消费者提供了保证和信心。

美国二手车市场具体情况如下。

1）美国二手车市场的法规

美国的二手车市场总体上是一个具有很强自我规范能力的主体，政府在市场运作、车辆流通等环节的参与和干预力度都非常有限。在政策层面，美国联邦贸易委员会实行的《二手车法规》(Used Car Rule)是针对国内二手车流通管理的一部最重要的规定，主要内容包括以下两方面：

(1) 执照申领。《二手车法规》规定，在一个年度（12 个月）之内出售 5 辆二手车以上的经销商必须申领二手车销售执照，执照的发放由各个州自行管理。

(2)《买车指南》(Buyers Guide)。《二手车法规》提供了统一格式的《买车指南》，规定二手车经销商在出售二手车的同时，必须填写完整《买车指南》，并张贴在车内的明显位置，以供买方参考。《买车指南》的主要内容包括车辆的基本信息、质量状况、维修历史、厂家或经销商的质保承诺等重要信息，并且成为购车合同的一个重要组成部分，从而在法律上确保经销商提供的二手车信息的准确性，同时将消费者关心的保修承诺合同化，保证了消费者的权益。

2）美国二手车流通途径

美国二手车市场格局是以经销商为主，二手车连锁店为辅，即美国二手车销售主要由经销商、二手车连锁店和私人交易渠道构成。各渠道销量占比分别为 60%、25% 和 15%。经销商在二手车市场中占的比重最大。二手车利润率高于新车并且相对稳定，在经济波动时受到影响较小。在 2008 年经济危机中，二手车销量缩减速度小于新车销量，更具有防御性。

(1) 二手车汽车经销商。多数的汽车经销商同时经营新车和二手车业务，由于这些经销商的信誉比较好，规模也够大，对本品牌车辆的车型、性能更熟悉，有零部件储备和维修售后的优势，虽然这类二手车的价格略高于其他形式销售的二手车，但由于经销商的专业经营和高诚信度，消费者对此表示普遍接受并认可，有不少二手车客户愿意到这里买个放心。

(2) 二手车连锁店。规模比较大的二手车连锁店也是二手车销售的一个重要途径，此类连锁店通常对出售的二手车做一些外部整修，对部分二手车提供一定时间的保修服务，出售的价格比汽车经销商稍低。此外，还有一些规模很小的二手车出售点，一般只有 20～30 辆车，通常不会提供任何保修服务，消费对象多为附近收入较低的群体。Carmax 是美国最大的二手车连锁店企业，在美国已有 103 个店面，年销售二手车数量约 40 万辆。在已经开设了店面的地区，Carmax 的二手车市场份额通常可达到接近 10% 的水平。

(3) 私人。私人出售二手车多以在报纸上刊登广告为主，但由于良莠不齐，鱼龙混杂，又缺乏相应的保障，私人二手车的流通量相对比较小。

(4) 拍卖。拍卖的二手车多为车龄比较长、车况相对比较差的旧车，甚至还有接近报废的车辆，一般不提供任何保障，但价格非常低廉，主要针对社会低收入群体。

3）美国二手车的质量

质量和品质在汽车消费领域居于至关重要的地位，不仅对新车如此，对二手车则更突显出其重要性。二手车的质量规范体现在通过法律来保护消费者的权益。美国《二手车法规》中有规定的买车指南，就是政府强制规定二手车经销商必须增加其透明度，美国的二手车评估方法主要是由行业协会和大公司等权威机构定期发放各种车型车价信息范围，著名二手车交易公司如美翰可以用它 3000 多万的交易数据定期更新价格指数。同时全美也形成了几家权威的认证机构，遍布全国的网店可以根据顾客需求来提供评估检测报告。Carmax

也可以对经销商车辆检测，评估并代客人修理。如果客户买后发现有重大差异，可以提起诉讼，来解决在二手车交易过程中二手车买卖双方信息不对称的问题。

另外，在实际流通过程中，美国的二手车市场也形成了以下两条非常有效的做法，对于保证二手车质量起到了非常重要的作用。

（1）推广认证制度。从 20 世纪 80 年代开始，美国开始出现"认证"（certified）二手车，起初是由一些规模较大的经销商对自己出售的二手车进行认证，目前这项制度已经推广到几乎所有品牌的汽车生产商。

所谓二手车质量的认证制度，就是由汽车生产商或者大型经销商对二手车进行全方位的质量检测，以确保汽车的品质达到一定的出售标准，同时，经过认证的二手车还可以在一定时期内享受与新车同样的售后保障。

尽管认证二手车要比没经过认证的二手车平均售价高出 1000～1500 美元，但由于认证二手车的质量得到了保证，并可享受保修服务，消费者对二手车质量存在的顾虑便得以解决，极大地激发了消费者购买认证二手车的热情。

（2）建立历史档案。美国有专业而且独立的汽车评估公司，利用车辆识别代码（VIN）的唯一性，为每辆车建立档案，撰写"车辆历史报告"。报告的内容包括所有权及变更、里程数、尾气排放检验结果、使用、维修、抵押、事故等众多重要信息。这些信息来源于生产商、车辆使用者、管理检验部门、消防与警察部门，以及租赁拍卖公司等多个途径，一方面确保了车辆历史报告的全面性，另一方面保证了信息的准确性和公正性。

消费者在购买二手车的时候，可以通过支付少许费用获得此类报告，从而对二手车的使用历史及质量情况做到心中有数，避免了由于信息不全而造成的购车盲目性。

4）二手车价格

除了质量以外，价格则是消费者最为关注的另一个重要因素。二手车价格的高低直接关系到消费者的切身利益，如果无法获取一个客观和公正的二手车估价，则会成为消费者止步于二手车门前的一道拦路虎。

在美国，二手车价格不是由原车价格通过折旧来确定，而是取决于二手车的市场残值，即该车目前在市场上还能卖多少钱。美国没有专门的二手车鉴定估价师，消费者通常参考汽车经销商和二手车连锁店发行的二手车价格参考书。其中，美国汽车经销商协会（NADA）从 1933 年开始发行的《二手车价格指南》是较为权威的一种。该指南按东南西北把美国分为九个区，各地有不同的版本，每月发行一本。

指南中的价格分为置换价格（trade-in price）和零售价格（retail price）两大类别。置换价格是消费者在车行进行以旧换新时二手车的折价，通常也是经销商回收二手车的批发价，相对较低；零售价格则是车行单独出售的二手车价格，一般比置换价格高 20％左右。

2. 日本二手车市场发展概述

日本二手车市场最大的特点是已形成一张分布均匀且遍及全国的交易网。日本具有成熟的二手车市场，交易过程充满了诚信。在日本，经过检测的二手车上已经详细注明车况，不会存在水分，篡改车辆信息的情况很少发生，一旦发生就会公示，并会遭到十分严厉的处罚。这种用制度来约束二手车交易行为的方式是管理中的重要手段，多年的充分竞争和淘汰制度造就了日本十分诚信的二手车市场。

日本的二手车没有统一的认证标准,最主要的是几个较大的二手车公司的第三方认证标准,如 Gulliver 公司的"监价标准"、AUCNET 公司的"AIS"等。如日产、丰田、本田等汽车公司都认可并使用"AIS"。虽然各个公司的认证标准自成一家,但经过充分的市场竞争和长期的发展,都得到了社会的认同和信赖。一般在经销店里受过专门训练的评估人员在收车后,将二手车情况如实记录,传输给其加盟的二手车公司,很快就能够得到一个检测证明和根据目前市场状况对该车的基本估价。如果这个价格得到卖车人的认可,该经销商就可以出售这辆车了。无论怎样流通交易,经销店里的二手车都要经过检测,被贴上认证标签。

拍卖会是日本二手车流通的一个重要的方式,并且以会员制的形式组成。在日本,虽然不同地区的认证、评估价标准不同,但同一辆车的交易价非常相近。售出的车辆根据车型和车况,在规定时间和里程数内会有保修。东京 CAA 二手车公司的现场拍卖大厅有 500 个终端,每个终端可以有两个人同时参加拍卖。二手车以基本价起拍,由于经销商比较专业,二手车一般不会被拍出"天价",因而单车交易速度特别快,通常 20 秒内就会结束,每天有上千辆的交易量。但如果价格没有达到卖主的期望,控制中心的工作人员就会将该车流拍。远程拍卖在家里或经销店就可以参加。同样,未加盟二手车公司的经销商是不能得到终端设备、参加拍卖的。在举行拍卖的特定时间里,只要看好了,北海道的经销商也能得到东京的二手车。这就是远程拍卖的好处——资源共享。无论远程还是现场,拍卖结束后,车辆的交付在两个经销商之间进行即可,负责组织拍卖的二手车公司只是一个流通的渠道,最后将成交车辆的信息发送给买车的经销商,B to B 交易就完成了。

除了拍卖,很多汽车企业也建立了自己的汽车生活店,也可以经营二手车,为二手车市场的壮大和增加竞争打下基础,也让消费者能够买到更如意的二手车。

比如,日产建设了兼备新车和二手车销售以及零部件采购中心的综合汽车店。

Carest,就是这样的二手车和新车的汽车生活店。由 car 和 rest 组成,表示车及休息的意思,就是说顾客可以在充满创意环境里享受汽车生活。位于东京城以东的 Carest,室内外总面积超过 60 000 平方米,超过 50 台新车、1000 台二手车以及约 40 000 件汽车精品供顾客挑选。另外,一条长达 700 米的跑道供顾客试乘各款新车及二手车。除了以上所提到的项目外,Carest 还有购物中心、儿童游戏区及舒适的咖啡茶座,一家老少咸宜。维修车间拥有 38 个维修位置,同时提供最方便的自助洗车服务,最后,专业的评估区域可以让用户以满意的价格购入心仪的车辆等。这种多元化的汽车公园,相信不久也会在我国出现,周末闲着没事到这种全面的汽车公园;忙里闲逛,说不定选定一辆物美价廉的中意二手车。其实,Carest 这样的二手车或者汽车用品超市,值得国内汽车业进行尝试。日本汽车市场经过多年的发展,激烈的竞争使市场非常成熟、规范、可信,二手车的交易简单、透明,是一个完全开放的市场行为。

3. 其他发达国家二手车市场发展及其借鉴

其他发达国家的二手车市场基本特点相似,在数量上超过了新车,并且利润超过了新车。其特点主要有:

(1) 管理体制十分健全,二手车的保值率对新车的销售影响很大,二手车保值率无论是为新车还是二手车销售,稳定市场价格都有着十分积极的意义。

（2）交易量都很大，形成了规模效应，平均高出新车的交易量一倍以上。

（3）价格一般较低。虽然购买二手车需要一定的维修和保养费用，但就算加上这部分成本，也比新车价格低很多。汽车报废周期平均为 8～12 年，而汽车更新周期平均为 4 年，可见二手车市场有相当大的空间。发达国家成熟二手车市场实行规范化的售后服务标准。在税收、价格评估等方面，北美、欧洲等绝大部分国家和地区在二手车交易中是按照购进销售之间的差价征税，英国按照差价毛率征收增值税。各国通过制定法规和行业协会管理以及品牌汽车企业来确定经营者的资质资格，规范其交易行为。他们通过统一的服务标准，使购买二手车的消费者在一定时期内享受与新车销售相同的售后待遇。在国外，根据二手车的评估结果，车辆可以拥有符合车况的相应保修期。一般二手车的评估是由第三方评估机构和评估公司来实现。在瑞士，凡是购买二手车的车主都可以得到一张保修单，享受 2 年的保修期，这种承诺不仅在瑞士有保证，而且在全欧洲都有保证，如果 2 年之内车主将车转卖，保修期还可以随车主的更换转移给另一个车主。这样的做法，不仅解决了购买二手车的后顾之忧，也促进了二手车的销售。

一般发达国家成熟二手车市场均形成了一套比较完善的收购和销售体制。各国政府也制定了有关二手车贸易的相关法规，以保护消费者的权益。在瑞士，新车 5 年之内免检，5 年之后，每 3 年检查一次。在意大利，新车行驶 4 年之后，每 2 年检查一次。一般情况车辆行驶 8 年就会自行处理。如果超过 10 年直接由指定的拆解企业进行回收。这两个国家建立了科学、完善、权威的二手车评估体系。在瑞士有一个科学的二手车评估系统，这个系统是由二手车协会来制定，任何二手车的估价必须遵循这一套科学的评估系统来确定。二手车销售价格的制定，首先要经过技术检测部门的技术人员进行测定，列出测试清单，然后给出此车的估价，销售商根据二手车的估价和原销售价格，最终确定二手车实际销售价格。

11.1.4 二手车市场的发展对汽车消费的影响

随着二手车市场的稳健发展，消费者对于二手车的认识也发生了变化。随着汽车更新换代速度的加快，二手车销售已然成为汽车消费市场的重要部分。我国现在正处在全面建设小康社会的阶段，繁荣二手车市场，对促使汽车早日进入家庭，拉动国内消费需求，促进我国的汽车产业的发展和国民经济的发展具有十分重要的意义。

经历连续多年超高速增长后，目前国内新车市场已经出现了回落趋势，但二手车市场却持续上升。业内人士分析，随着国内换车潮的出现，二手车市场有望继续向好。2011 年对新车市场来说是一个政策退出的年份，但二手车市场却意外得到了政策的惠顾，二手车市场的崛起体现出我国汽车市场正在步入成熟阶段。2012 年，除了一系列老旧车辆淘汰更新刺激政策外，2011 年年底国家税务总局发布的新的《车辆购置税征收管理办法》，更是给二手车市场注入了强劲的发展动力。车辆购置税过户、转籍、变更业务的取消，为 2012 年中国二手车市场进一步发展打开了一个有利的空间。

此外，为了进一步推动二手车市场，商务部在 2011 年年底发布的《关于促进汽车流通业"十二五"发展的指导意见》中提出，鼓励发展品牌二手车经营，支持汽车供应商拓展品牌二手车业务，完善二手车流通网络。2013 年 12 月 31 日，国家质检总局、国家标准委正式发布了《二手车鉴定评估技术规范》，并于 2014 年 6 月 1 日起开始实施，该规范最大限度地解决了二手车信息透明化问题。2016年出台的"国八条"勾画了未来中国二手车行业发展的整体大环境,在2017年,进一步贯彻落实"国八条"二手车市场政策的实施,使得网络二手车市场更加规范化,运营进入正式轨道。从政策内容上看,建立健全信用保障机制,加大相关产业对于网络二手车市场的支持力度,这些制度都表现出国家对于二手车市场的大力支持。2016年至2018年初,国家在解除限迁和规范交易方面对二手车市场进行了政策方面的倾斜和扶持。虽然我国二手车市场的发展尚处于初级阶段,二手车市场的外在表现总体呈增速放缓的趋势,但从更长远的意义来看,有利于对整个二手车市场结构的重整,中国二手车乘用车市场未来必将获得更为健康和蓬勃的发展。因此,研究二手车消费者的购车心理及其规律,具有非常重要的现实意义。

11.2　二手车消费者的购车动机

1. 追求实用的购买动机

具有这种购买动机的二手车消费者比较注重汽车的实用性和质量,讲求经济实惠、经久耐用,而不过多地强调汽车的新颖性、包装等。对于二手车消费者而言,他们更为关注的是汽车的性价比,同样的车型,新车比二手车的价格要高出很多,如果买一辆使用时间较短、行驶里程不长的二手车,同样具有较好的性能优势,却可以节省不少成本。

2. 追求廉价的购买动机

二手车的经济性是用户选择二手车的主要原因,体现在价格导向和性价比两个方面。追求廉价的消费者通常希望以较少的支出获得较多利益,他们选购汽车时,在不同品牌或外观质量相似的车型中,会尽量选择价格较低的。二手车的低廉价格,对他们来说具有很强的吸引力。

3. 追求荣耀的购买动机

在生活水平迅速上升、贫富差距急剧拉大的社会转型期,攀比性消费心理表现得较为普遍和强烈。因好奇心、虚荣心,不甘落后他人而形成的购车动机,促成了一部分消费者转投二手车市场。他们购车往往不是出于急切需要,而是为了争强好胜、赶上他人、超过他人,以此来获得心理上的平衡和满足。这种购车动机具有偶然性和浓厚的情感色彩,购买行为带有一定的盲目性和冲动性。

4. 追求便利的购买动机

追求便利是现代消费者提高生活品质的重要内容。受这一动机的驱动,消费者把购买目标指向可以减轻劳动强度,改善生活水平,节约出行时间,降低出行成本的消费品——汽车,以求最大化地提高生活的便利性。随着现代社会生活节奏的加快,为追求便利而购买二手车的消费者也日趋增多。

11.3　二手车消费者的购车心理

1. 物美价廉心理

现在汽车的使用成本越来越高,汽油、保险、维护保养等开销成本愈加受到车主的关注,虽然汽车价格越来越便宜了,但是买得起车养不起车同样违背了经济用车的观念。一些收入不是很稳定或者不是很高的消费者开始降低买车的使用成本,购买一辆省油可靠的二手车,一方面不耽误用车,另一方面可以等到有合适的新车再进行置换。

【案例 11-1】　持币观望等到"白马王子"

康先生是柳州五菱汽车的一名技术人员,由于工作的原因使得他对市面上的在售车辆都非常熟悉。现在,康先生的座驾是一辆老款宝来 1.8 自动挡轿车,但这辆车无论是外观还是内饰都非常新,和刚用一两年的没什么区别。

据康先生说,这辆老款宝来是辆二手车,车龄已 6 年,但实际使用时间就两年。有幸买到这样的好车,缘于一次不成功的买车经历。康先生告诉记者,他尤其喜欢第一代宝来轿车,但由于第一代宝来上市时他没有能力购买,后来有能力购买时,这款车却已经停产了,这成了他心中的遗憾。为了买到心中喜欢的老款宝来,他一有空就往二手车市场跑,甚至结识了二手车市场的不少车商,他们知道他想买一辆老款宝来轿车,只要谁手头有这样的车都会告诉他。

在苦苦寻觅之后,一车行老板收到一辆质量挺好的老款宝来轿车,康先生听闻之后顾不得吃饭就赶往二手车市场,这辆老款宝来几乎和新车一样:全车没有刮碰,划痕也没有,公里数仅为 5700 多公里,没有贴防爆膜,两把原装钥匙一把没有用过,另一把也几乎没有磨损,内饰也是簇新的,就连塑料薄膜都还没有撕去。看着车子车况不错,康先生马上就掏钱买了下来,价格相当划算。据该车行老板介绍,车子的主人买车后仅使用 3 个月就出国了,车子就放到了地下停车场,一放就放了三年,后来车主出国回来后就把车子卖到了二手车市场。

【分析】　如今,像康先生那样喜欢一些老款车的车迷有很多,但像康先生那样找到喜欢的车,车况成色又如此好的不多见。应该说康先生是非常幸运的,经过耐心等待终于等到了自己的爱车。这也告诉我们,有时候如在二手车市场没有发现心仪车型,也不要盲目出手,等待下去或许就会有奇迹。

2. 经济实用心理

新车不断地降价其实也是一种矛盾的心态,一方面降价伤害了老客户的心理,另一方面新客户又只对"降价"有兴趣。对于使用时间较短的车来说,同类新车降价造成的间接折旧是最为明显的,相对于使用时间超过 5 年的二手车受到的影响就很小。一些消费者愿意选择使用在 2~3 年的二手车,一方面价格与新车有较大的差距,另一方面车辆状况还不错,购买这样的二手车,既节省了部分买车成本,又避免了新车降价的心理失衡,车辆的使用也不会受到太多的影响。

3. 保本挣面心理

中国消费者对于看重汽车本身的使用性能还是看重面子问题是存在一定矛盾的，有很大一部分消费者还是很看重汽车的"面子"问题的。相对来说，有时候购买新车的价格可以购买一辆高一个或者几个档次的二手车，尤其对于一些生意人而言，开着新款宝来不如开着老款奥迪 A6 能够挣面子。所以花钱购买二手车挣面子的消费群体还是大有人在的。

11.4　影响二手车消费者的购车因素

1. 买卖双方信息不对等

二手车属于非标商品，由于对于商品属性不了解，消费者在交易关系中处于弱势地位，在交易环节中很有可能承担二手车车况不完全透明等风险，要面对市场部分车商缺少诚信、车况以及流程不透明的问题，缺少专业鉴别能力的消费者往往就会因此望而却步。

前期二手车市场遗留下来的诚信问题虽有改善，但还未得到很好的解决，这在一定程度上影响了二手车消费者的购车决策，使他们对二手车市场持观望态度。信息不对等问题主要体现在两个方面：

1）车辆真实信息不对等

虽然现在二手车市场开始出现品牌化经营的趋势，但在二手车交易市场内，以及一些场外经济实力较弱的二手车经纪公司和经营公司，在销售车辆时，仍然会故意隐瞒车辆的真实状况，以次充好。在技术方面隐瞒的包括车辆事故、真实里程、车辆质量等，而在外表上却粉饰得非常漂亮。由于车辆本身技术上的复杂性，消费者上当后，即使打官司，也往往说不清、道不明。在手续方面，往往存在车辆违章罚款、欠费等陷阱。消费者在购买后，到办理过户时，往往还要缴上一笔费用。

随着二手车市场的发展，行业协会和部分二手车龙头企业为行业诚信做了许多贡献，然而我国还未建立起全国性的二手车交易信息网络系统，车辆的合法性信息、维修信息、事故记录信息等缺乏公开，其结果必然导致二手车交易过程中出现不诚信的现象。除此之外，我国二手车鉴定评估行业目前还没有形成一套较为完整、严谨、科学的二手车鉴定评估标准和汽车残值发布制度，因此存在评估结果偏离车辆实际价值的问题。可以说，排除政策性因素外，诚信问题是制约二手车市场发展的最大障碍。

2）车辆价格信息不对等

目前二手车市场上，虽然某些二手车企业宣称没有中间差价，但是实际交易过程中，买卖双方得到的报价却并不相同。地域差距、交易技术限制或者意识的差别都使得二手车市场处于分割状态中，某一市场的交易者不能共享其他市场的交易信息，无法准确了解同一品牌车型或相似车型在其他二手车市场的交易情况，这种情况所造成的信息不对称不可避免会导致消费者损失。

2. 售后质保问题复杂

二手车的售后质保问题影响了消费者的购车信心,其质保问题的产生主要是由四个方面的原因引起的:

(1)二手车经营者缺乏诚信。二手车经营者为了牟取不正当利益,对消费者隐瞒真实车况,提供虚假信息。

(2)二手车改装。有的二手车原车主在使用过程中进行了改装,但在出售时又恢复了原厂配置。这一类问题往往会对车辆造成"暗伤",并且即使在新车质保期内,生产厂商也不会给予索赔。不是非常专业的二手车经营者有时也无法检测出是否经过了改装。

(3)跨区域售后服务问题。即使二手车经营者提供了质量担保,往往也因为购车用户在外地,距离二手车经营者路途遥远而无法实现索赔。

(4)车辆技术复杂性。二手车经营者在提供质量担保时,往往容易造成消费者与卖车方在具体条款上理解的不一致。《汽车贸易政策》规定了二手车经营企业应当向消费者提供售后质量保证以及售后服务。但目前二手车市场还有数量众多的二手车经纪公司,这些公司按《二手车流通管理办法》的规定应该只从事经纪业务,但大多都有二手车买入卖出的交易行为。消费者从这些公司购车,无法得到应有的售后质量保证以及售后服务的权利。即使是经营公司,如果实力不足的话,也很难提供相应的售后服务。

3. 金融服务存在陷阱

二手车金融服务的核心就是以二手车为质押的融资。随着二手车市场的迅猛发展,二手车金融的渗透率也在逐年提高。不少人在看到超低首付、免息借款的宣传语后纷纷选择贷款买车,而有些急需用钱的车主在不清楚合同条款的情况下就匆匆签下借款条约。殊不知二手车金融市场中存在着各种各样的猫腻。在二手车金融市场中,存在融资租赁平台打着抵押贷款的幌子,实则骗取贷款人卖车的情况。

4. 保险和流通成本较高

二手车保险服务问题主要就是二手车质量担保的问题。保险公司开展二手车质量担保在我国刚刚起步,由于投保车辆基数小的原因,目前的二手车质量担保服务开展的规模很小,成本较高。另外,由于此项业务对于国内保险公司来说还是新业务,保险公司之前虽然有商业车险的理赔数据,但并没有建立系统的车辆维修费用数据库。因此,对于保险公司来说,在前期业务的开展中不得不持谨慎态度,造成现有的二手车质保费用高昂。由于市场诚信的问题,保险公司在开展二手车质量担保方面,不敢轻易和二手车交易市场内的经纪公司以及一般的经营公司合作,而只考虑和汽车生产厂商合作在4S店系统开展。

限迁政策是制约国内二手车跨区域流通的最主要因素之一,虽然许多城市已经发布的解除限迁政策文件,但实际落实效果不佳,二手车流通仍受到诸多制约。但随着政策的进一步落实,二手车扩区域流通将逐渐取得突破。同时,国内部分二手车电商平台致力于拓展跨区域交易服务,也将进一步促进市场的流通发展。

另外，我国各地二手车税费标准不一，这对于税费高的地区尤为不利，因为高税费阻碍了当地二手车市场的发展。当地二手车在转籍交易时，往往存在价格方面的劣势。有的地方政府沿用过去的管理思路，对二手车经营设置进入屏障，限制二手车经营者的数量，这不利于二手车市场的自由竞争。以上种种因素阻碍了二手车全国范围流通。

11.5　中国二手车市场发展趋势

我国二手车市场在今后相当长的一段时间内仍将保持高速增长，并呈现全国性流通、信息透明、私人购车比例不断提高、二手车行业法规不断健全、与相关市场联系日趋紧密的特点。全国二手物品交易量逐年增加，充分说明人们对于购买物品新旧的认识发生了根本性的变化，不再是一味图新图面子而是以实用实惠为主，这给二手市场提供了很大的增长空间。

新车与二手车价格和成本之间的差距将推动二手车交易量的进一步提升；二手车市场主要交易车辆的车龄在3~5年之间，为二手车市场的发展提供了良好的基盘；二手车金融的快速发展为二手车市场的发展提供助力；购买群体的不断增加将缩短汽车更换的年限；二手车经销商规范化的管理和发展，也将赢得更多客户的信任。

面对这样一个潜力巨大的市场；把握二手车消费者的心理变化及其规律，将有助于二手车销售企业的战略制定和市场拓展，帮助企业在激烈的市场竞争中准确把握消费者需求，适时调整发展战略，不断提高市场竞争力，整合企业的优势，优化企业的资源。

本 章 小 结

随着私家车保有量的不断上升，以及私车的普及，二手车也应运而生，二手车交易已成为中国汽车消费市场的重要组成部分。与国际上相对成熟的二手车市场相比，中国二手车市场还处于初级阶段，有着非常大的发展空间。二手车消费者的购车动机主要有追求实用的购买动机、追求廉价的购买动机、追求荣耀的购买动机，以及追求便利的购买动机。二手车消费者的购车心理主要体现在物美价廉、经济实用、保本挣面三个方面。

思 考 题

1. 对比分析国内外二手车市场的发展现状。
2. 二手车消费者的购车动机有哪些？
3. 二手车消费者的购车心理体现在哪些方面？

实　训　题

　　实训内容：以小组为单位，通过多种渠道，搜集资料，调研分析二手车市场的营销现状，及二手车消费者的购车心理。各小组可任选某一切入点进行研究，并以 PPT 的形式对调研结果进行总结和说明。

　　评价方法：学生自评与互评相结合，并以此为主；以教师评价为辅。

"骑驴找马"车主变玩家

　　想淘辆二手车，但在二手车市一时碰不上合适的怎么办？多数人会选择等待。

　　但也有一些车友则会先买上一辆车代步，等买到目标车型后再把代步车处理掉。

　　从事法律工作的张先生是个二手车迷，拿驾照才五六年，但换过的车已近 10 辆。张先生告诉记者，当年刚拿到驾照，就在衡阳路的一家二手车行花 2.8 万元买了辆二手"夏利"，当时想先拿这车练手，等驾驶水平提高再换辆好车。车子开了几个月后，二手车行老板突然致电，称有客户想买夏利车，问其是否愿意出卖然后换辆好车。后来张先生果然把夏利车出售，然后加 1 万元钱换了辆桑塔纳。不过桑塔纳也只开了几个月，之后张先生又把它卖掉，再加钱换了辆宝马 740……

　　就这样，张先生每隔一段时间就换一辆车来开，如今他的座驾是辆丰田锐志。

　　试分析：

　　1. 是什么原因让张先生频繁换车？

　　2. 促使二手车主频繁换车的心理动机是什么？

参 考 文 献

[1] 李晓霞,刘剑.消费心理学[M].北京:清华大学出版社,2006.

[2] 徐萍.消费心理学教程[M].3版.上海:上海财经大学出版社,2008.

[3] 臧良运.消费心理学[M].北京:北京大学出版社,2017.

[4] 迈克尔·所罗门.消费者行为学[M].10版.北京:中国人民大学出版社,2014.

[5] [美]德尔·霍金斯.消费者行为学[M].北京:机械工业出版社,2014.

[6] 斯蒂芬·罗宾斯,蒂莫西·贾奇.组织行为学[M].北京:中国人民大学出版社,2016.

[7] 高博.消费心理学理论与实务[M].北京:电子工业出版社,2017.

[8] 曹旭平,唐娟.消费者行为学[M].北京:清华大学出版社,2017.

[9] 菲利普·科特勒,凯文·凯勒.营销管理[M].上海:上海人民出版社,2006.

[10] 郭建北.看故事,弄懂客户心理:赢得客户的121种销售攻心术[M].北京:人民邮电出版社,2010.

[11] 肖俊涛.汽车营销政策与法规研究[M].北京:知识产权出版社,2011.

[12] [美]德尔·霍金斯,戴维·马瑟斯博.消费者行为学[M].符国群,吴振阳,等译注.北京:机械工业出版社,2011.

[13] 牛艳莉.汽车消费心理学[M].重庆:重庆大学出版社,2016.

[14] 裘文才.汽车消费心理学[M].上海:上海科学技术文献出版社,2016.